별 하나에 사랑과

주옥같은 문학의 별을 찾아 나서는 문학기행 여행

별 하나에 사랑과

★

지은이 **김수현**

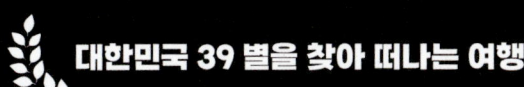
대한민국 39 별을 찾아 떠나는 여행

&앤바이올렛

| 머리말 |

  데자뷔는 프랑스 언어로, 처음 해 보는 일이나 처음 보는 대상, 장소 따위가 낯설게 느껴지지 않는 현상, 즉 언젠가 있어던 거와 본 것 같은 느낌을 말할 때 쓰는 단어이다. 마치 내가 그랬다. 나는 1977년 10월에 대구 달성공원에 있는 민족시인 이상화 시비를 찾아갔었던 이후로 무려 40년 만인 2017년 4월 30일에 다시 찾은 이상화 시인 시비였다. 이 시비는 1948년에 세워진 한국 현대문학의 최초의 시비이기도 하다.
  그래서 문학기행을 계획하면서 제일 먼저 떠오른 것이 대구 달성공원의 이상화 시비였다. 그날 막상 내가 그 시비 앞에 다시 섰을 때는 말로 표현하기가 어려울 정도로 기쁨이 있었다.

  '마돈나 밤이 주는 꿈, 우리가 얽는 꿈, 사람이 안고 뒹구는 목숨의 꿈이 다르지 않으니, 아, 어린애 가슴처럼 세월(歲月) 모르는 나의 침실(寢室)로 가자, 아름답고 오랜 거기로'

  그야말로 10대 후반의 이상화가 썼다고는 믿을 수 없는 시다.
  연세대 마광수 교수는 에세이 『나는 야한 여자가 좋다』에서 이 시야말로 우리나라 연애 시 중에서 가장 격렬하고 드라마틱한 내용을 담은 시라고 했고, 김동길 교수는 그 당시 일제 강점기의 현실적인 사회적 상황을 생각해 보면 과연 천재적인 시인이라고 아니 할 수가 없다고 했다.

이처럼 그날 이후로 나는 전국에 흩어져 있는 시인들 그리고 소설가들의 흔적을 탐방하며, 드디어 지난달 8월 16일에 경북 영양군에 있는 청록파 조지훈 시인 문학관 탐방을 마지막으로 8년여 동안 39번에 걸친 문학기행 여정을 완성하고 문학기행 집 『별 하나에 사랑과』를 출판하게 된 것이다.

한국문학을 대표할 만한 시인들 그리고 소설가들의 문학관, 생가, 시비, 문학비, 묘소 등을 방문하고 그분들이 살아왔던 시대 상황 그리고 그분들이 한국 문학에 끼친 문학사적 업적과 영향을 내 나름대로 평가해서 독자들한테 재조명하고 상기시키고자 함이다.

물론, 2009년 11월 8일에 민족문제연구소(민문연)에서 발간한 친일 인명사전에 수록된 시인과 소설가는 제외했다. 다만, 김상용 시인에 대해서는 문학기행을 위해 자료를 준비하면서 일제 말기 그의 행적이 친일 논란에 휩싸였었던 것을 알게 되었다. 즉, 1943년 경성 매일신보에 일제의 의용대 모집을 독려하는 내용의 글을 게재했던 것이 발단이었다.

나는 지난 2010년 10월에 독도수호대에서 주관하는 울릉도·독도 탐방 행사에서 몇몇 민문연 회원들과 인연을 맺었다. 그 행사엔 한국정신대연구소, 문인, 기자, 교수 등등 다양한 사람들이 함께했다. 물론, 역사적 사실을 돌릴 수는 없겠지만, 분명히 짚고 넘어가고 기억함으로써 그러한 일들이 되풀이되지 않도록 후손들에게 각성을 시켜줄 필요가 있을 것이다.

 이번에 문학기행 집 『별 하나에 사랑과』가 나오기까지 많은 수고를 해주신 앤바이올렛 출판사 노우혁 대표님께 감사의 말씀을 드리며, 아울러 표사의 글을 써주신 한국매일뉴스 보도본부 편집국장 이원희 시인께도 감사의 말씀을 드린다.

 꿈이 있는 사람은 세월의 흐름도 비껴간다고 했다.
 그만큼 그 꿈을 이루어 가는 과정이 기대되기 때문에 나는 내일 또 내일이 기다려지는가 보다.
 따라서 이제부터는 그동안 관심이 많았던 조선시대의 건축물들을 답사하면서 거기에 얽힌 이야기들을 펼쳐나가고자 한다.
 궁궐 박사 홍순민 교수의 말에 따르면 궁궐의 건축물에는 8단계의 계급이 있는데, 그 규모에 따라 "전당합각재헌루정(殿堂閤閣齋軒樓亭)"이라 했다.
 대표적인 서울 경복궁을 비롯한 경회루, 함양 농월정, 진주 촉석루, 남원 광한루, 정읍 피향정, 간성 청간정, 강진 해월루, 보길도 세연정, 담양 취가정 등은 이미 답사를 마쳤으며, 앞으로 전국을 여행하면서 삼척 죽서루 등등 약 30개 정도를 더 탐방할 예정이다.
 지난 2016년 3월 삼남길을 걸으면서 강진 구간을 통과할 때 다산초당을 지나 천일각을 우측으로 끼고 한참을 오르면 해월루가 나온다, 이는 바다위에 뜬 달이라는 뜻이라는데 해월루 난간에서 저 멀리 강진만의 가우도 출렁다리가 희미하게 보이던 기억이 난다.

갑자기 그 해월루를 다시금 가보고 싶다.

그래서 다음으로 출판하게 될 건축물 이야기는 아마도 강진 해월루에서부터 시작이 될 듯싶다.

2025년 가을에
김수현

| 차례 |

머리말 ·· 4

시인 이상화 ··· 12
소설가 이윤기 ·· 20
시인 김상용 ··· 26
시인 정지용 ··· 34
시인 윤동주 ··· 40
시인 만해 한용운 ··· 46
천재 시인 기형도 ··· 52
풀꽃시인 나태주 ··· 60
소설가 채만식 ·· 66
소설가 김유정 ·· 76
시인 박두진 ··· 84
시인 수주 변영로 ··· 90
방랑시인 김삿갓 ··· 98
시인 신석정 ··· 106
소설가 심훈 ··· 116
소설가 황순원 ·· 124
소설가 이외수 ·· 134
시인 박인환 ··· 142
시인 신동엽 ··· 150

소설가 이효석 ·· 160
시인 이육사 ·· 168
시인 김소월 ·· 180
시인 정채봉 ·· 190
소설가 박경리 ·· 198
시인 천상병 ·· 208
박목월 시인, 김동리 소설가 ····························· 218
시인 유치환 ·· 236
시인 백석 ··· 246
시인 홍사용 ·· 260
시인 조병화 ·· 272
시인 김춘수 ·· 286
시인 박재삼 ·· 298
시조 시인 고산 윤선도 ····································· 306
시인 김영랑 ·· 316
소설가 박완서 ·· 328
시인 박용철 ·· 338
작가 전혜린 ·· 348
소설가 김말봉 ·· 360
시인 조지훈 ·· 370

시인 이상화

시인 이상화

제1차 문학기행(대구 달성공원, 2017년 4월 30일)

　사람은 누구나 태어나서 한평생을 살다가 다시 한 줌의 흙으로 돌아간다. 그래서 한 번 밖에 살 수 없는 인생이라 하여 이를 일생(一生)이라고 한다.
　영국의 어느 교육자의 말에 의하면 "인생은 연극이다"라고도 했지만, 나는 "인생은 여행이다" 라고 말하고 싶다.
　여행만큼 삶을 풍부하게 하고 즐겁게 하는 것은 없다고 생각하기 때문이다. 여행이 있는 그대로의 사물들을 느끼기 위한 발자취라면, 기행은 느끼고 싶은 대상을 정하고 그것을 미리 조사하고 준비해서 감흥을 최고로 하기 위한 여행의 일종이라 할 수 있다. 따라서 작년에 일 년 동안 바람과 함께 걸었던 삼남길 역사 기행을 성공리에 마치고(역사 기행문 『걸어서 삼남길』 참조), 이번에 새롭게 시작하는 문학기행은 문학인들(소설가, 시인)의 삶과 발자취를 따라 탐방하고 거기서 보고 느낀 것을 수필체 양식을 빌어 기행문 형식으로 표현하고자 함이다.
　이미 대학 1학년 때부터 나는 노트에 여행하고 싶은 곳을 그때그때 적어 놓고 틈나는 대로 여행을 다녔다.
　실제로 대학 3학년(1977년) 가을에 홀로 전국 여행을 한 적이

있는데 그 중의 하나가 민족시인 이상화 시비가 있는 대구 달성공원이었다.

마침, 그 당시 대구에는 친구 최충국(경북고 영어 교사 역임) 군이 경북대를 다니고 있어 들렀던 것이며, 달성공원을 물어 이상화 시인의 시비를 스케치했던 것이다. 그래서 삼남길 역사기행을 마치고, 문학기행을 계획하면서 문득 떠올랐던 것이 바로 대구 달성공원의 이상화 시인의 시비였다.

앨범과 노트를 뒤져 그때의 사진과 스케치 내용을 찾아내 대구로 첫 번째의 문학기행을 떠났다.

이른 더위에 달성공원은 여름을 맞이한 듯 햇살이 따갑게 내리쬐었고, 공원을 찾는 시민들로 북적였다.

예전의 기억은 가물가물했지만 공원은 아주 깔끔하고 아름답게 잘 가꾸어져 있었다. 꽃길을 걸어 올라가다가 범상치 않은 키 큰 나무 한 그루가 잔디 공원 중앙에 서 있었는데 반은 하얗게 꽃이 핀 듯 그리고 반쪽은 초록색 그대로 이어서 일종의 데칼코마니를 연상케 했다.

능선을 따라 조금 더 오르니 이상화 시비가 눈에 들어왔다.

무려 40년 만의 만남이었다.

시비는 그 자리에 그대로 묵묵히 서 있었고 예전 그대로 아담하고 소박했다.

1948년 우리나라 최초로 세워진 시비 상단의 "(상화 시비)" 글씨는 오세창이 그리고 앞면에는 시인의 초기 대표작인 '나의 침실로' 후반부의 2행이 세로로 새겨져 있는데, 이 글씨는 상화의 막내아들인 태희 씨가 11세 때 썼다고 하며, 글씨체가 소박한 시비와 잘 어울린다.

"마돈나 밤이 주는 꿈.
우리가 엮는 꿈.
사람이 안고 뒹구는
목숨의 꿈이 다르지 않으니.
아 어린애 가슴처럼
세월(歲月)모르는 나의 침실(寢室)로 가자
아름답고 오랜 거게로".

마돈나의 상징적 의미는 지시적 의미에 따라 기독교의 성모 마리아, 즉 인류를 구원하는 박애적인 모성을 나타내기도 하며, 시대적 상황을 고려한다면 민족의 해방을 가져다줄 절대적 존재, 즉 해방된 조국을 나타낸다. 이들은 모두 시적 화자에게 부활을 가져다줄 '구원의 여성'을 표상하고 있다고 해법 문학의 현대시에서는 이렇게 평하고 있다. 한편, 연세대 마광수 교수는 그의 에세이 "나는 야한 여자가 좋다"에서 "나의 침실로"라는 시는 우리나라 연애 시 가운데 가장 격렬하고 극적인 내용을 담은 퇴

폐적 상징시의 백미(白眉)라고 평했다.

또한, 김동길 교수는 어느 TV 토론회에서 연사로 나와 '나의 침실로'라는 시를 줄줄이 외우며 이러한 시를 고등학교 2학년 때 쓴 이상화 시인은 그 당시 일제 강점기의 현실적인 사회적 상황을 생각해 보면 과연 천재적인 시인이라고 아니 할 수가 없다고 했다. 여기서 김수현 산문집 『바람처럼 재즈처럼』에서 「서러운 조화」 편을 일부 되새겨 보자. 독립 운동가이며 민족 시인이셨던 이상화 선생의 시 2편이 새로이 발굴되었다고 오늘 자 《한국일보》에 기사가 났다. 일제강점기 '빼앗긴 들에도 봄은 오는가'를 쓴 저항시인 이상화의 시 두 편과 수필 한 편을 찾아내 『근대서지』 최신 호를 통해 공개했다. 시의 끝에,

"이른 봄 힘없는 이 땅은 발버둥을 쳐보아도 죽은 무덤과 같이 가위만 눌린다."

라는 대목에서 일제강점기라는 암울한 시대와 마주했던 시인의 내면과 절망적인 현실을 극복하고자 하는 의지가 담겨있다고 할 수 있다……. 중략.

계산성당 정문 쪽 우측으로 길게 늘어선 담을 따라 걸어가다가 끝나는 지점에서 왼쪽 기와집이 그가 1943년 43세의 일기로 세상을 떠나기 전에 4년간을 살았던 집이라고 했다.

상화 고택에는 그의 삶과 문학을 조명할 수 있도록 흉상도 서 있고 작품들과 글씨들이 전시되어 있다. 고택 우물 옆 담벼락 앞에 시인을 소개하는 기념비와 시인의 대표 시비 두 개가 세워져

있는데 '빼앗긴 들에도 봄은 오는가'와 '역천'이다.

이상화 고택 안쪽에는 '계산예가'라는 건물이 있는데, '계산동 예술의 집'이라는 뜻이다.

이곳은 대구시 중구의 골목 투어를 활성화하고 이 지방 출신 예술인들의 예술혼을 기리기 위하여 "근대문화체험관 계산예가"라는 이름으로 313㎡의 터에 영상실과 한옥 전시실, 휴식 공간을 갖추어 놓았다.

이상화 고택이 있는 계산오거리 인근 매일신문사에서 동산의료원까지 이르는 골목길은 대구시 문화재로 지정되어 있는데, 이 골목길에서 당시 대구 보통고등학교, 계성고, 대구 신명학교 학생들이 3월 8일에 만세운동을 시작한 곳이기 때문이라고 한다.

시인의 연보를 살펴보면, 대구에서 부친이 세상을 떠난 뒤 서울로 올라와 지금의 중앙고를 졸업했으며, 이듬해에 고향 대구로 내려가 삼일운동에 가담했다가 검거를 피해 서울로 다시 올라와 하숙을 전전하며 피신하게 된다.

1921년 고향 친구인 현진건의 소개로 박종화를 만나 "백조" 동인에 가입한다.

이때부터 창간호에 '말세의 희탄'을 발표하면서 홍사용, 나도향, 박영희와 함께 본격적인 문학 활동을 시작한다.

이후 프랑스로의 유학을 꿈꾸며 일본 도쿄에서 공부하던 중, 1923년 관동대지진 때 동포들의 참상을 목격하고 귀국하여 서울 가회동에 기거하면서 작품활동에 몰두하게 되는데, 문단 초기에는 위에서 언급한 「나의 침실로」(1923년 백조 3호)와 같은 탐미적인 경향의 시를 쓴다.

이어서 1925년에는 김기진, 박영희와 함께 카프(조선 프롤레타리아 예술동맹)를 창립한다. 카프 가입이후에 사회적인 책임감을 느끼며 『백조』 동인의 나약하고 낭만적인 시인에서 탈피하여 향토적인 저항시인으로 거듭난다.

이 무렵부터 일제의 탄압에 저항하는 시를 쓰게 되는데, 이때 저항시의 백미인 식민지 민족 현실을 노래한 '빼앗긴 들에도 봄은 오는가'(1926년 개벽 6월호에 발표)를 발표한다.

1927년 다시 대구로 돌아와 신간회 대구지회 출판 간사 직에 있었던 상화는 의열단 사건에 연루되어 말 못 할 고초를 겪고 이후로도 독립운동 혐의로 몇 차례 감옥생활을 하게 된다. 이어 중국으로 건너간 상화는 북경, 남경 등을 전전하다 1936년 귀국하여 교남학교(지금의 대륜중·고)에서 교사 생활을 하게 된다.

교가 가사를 작사한 것이 문제가 되어 가택수색을 당했고, 자신의 시고 전부를 압수당했다. 1939년에 교사 생활에서 물러난 상화는 문학 활동에만 열중했으나 악화한 병세를 이기지 못하고 1943년에 이곳 계산동 고택에서 생을 마감하였다.

상화 고택을 방문하면서 이상화 기념사업회에서 발행하는 소식지(2016년 12월 제16호)를 얻을 수가 있었다.

발행인인 기념사업회 박동준 회장은 "지금이 바로 상화 정신이 필요한 때"라고 강조한다.

일제 시절 우리 민족에 서린 저항정신을 나타낸 대표적인 문학가인 상화 선생의 독립 의지와 문학세계를 오래도록 전하고자 어김없이 회원들이 애써온 흔적들을 소식지에 담아 두었다고 한다. 점심 후에 수성못을 갔었으면서도 그곳에 있다는 시비를 보질 못한 것이 못내 아쉽고 다음번엔 반드시 상화동상과 또 다른 시비가 있다는 두류공원과 상화 가족묘역을 둘러보면서 다시 한번 그의 저항 문학가 정신을 고취해 보고 싶다.

시작이 반이라 했던가, 이제 내 인생의 문학기행은 비로소 첫발을 디딘 것이다.

앞으로 3년여 동안 만나게 될 문학인들의 발자취가 기대된다.

소설가 이윤기

소설가 이윤기

제2차 문학기행(양평, 2017년 6월 4~5일)

　우리 시대를 대표하는 지성이자 소설가이며 탁월한 번역가인 동시에 신화 연구가인 소설가 고 이윤기 선생과는 2011년 영풍문고에서 구매한 그의 산문집 『위대한 침묵』으로 처음 알게 되었다. 나무를 사랑하고 나무를 키우며 작품 활동을 하다가 그가 키운 나무숲에 묻혔다.
　그곳이 양평군 단월면 향소리 마을이다.
　팔당대교를 지나 신양수대교를 건너서 홍천 방향으로 한참을 가다가 단월면 보룡교 다리 밑에서 좌회전하여 비발디파크 이정표를 보고 가다가 향소리와 부안리가 갈라지는 삼거리를 만나게 된다. 부안리 소재 평동 카페지기네서 하룻밤을 지낸 우리는 다음 날 초여름의 상큼한 아침 공기에 일찍 눈을 뜬다.

　조반을 마치고 카페지기님을 앞장세워 향소리로 향한다.
　향소교를 지나면 바로 우측에 '승은이네' 식당이 나오는데, 다행히 생전의 이윤기 선생과 친분이 두터웠다는 식당 주인인 양인석 씨의 안내로 우리의 차량 2대가 그를 뒤따른다.
　그리 멀지 않은 거리이지만 마을 안길로 접어들면서 길도 좁아지고 일반인들의 출입도 거의 없는 그의 작업실로 가는 길은 미로에 가까웠다. 거의 막다른 길에 다다르자, 출입문이 자물쇠로 잠겨진 채 굳게 닫혀 있는 아담한 집 한 채를 만난다.

양인석 씨가 자물쇠를 열고 철문을 밀어 간신히 안쪽으로 들어갈 수가 있었다. 그가 안내를 안 했다면 우리는 집을 찾기도 어려웠겠지만, 안으로 들어갈 수도 없을 뻔했다.

작업실 사방은 이윤기 선생이 심었다는 단풍나무, 은행나무, 메타세쿼이아, 목련, 구상나무 등등 1,000여 그루의 나무들이 빼곡히 에워쌌다. 입구에 과인재(過人齋), 나그네집이라는 나무판이 걸려있는 그의 작업실은 현대식으로 아담하게 지어졌으며 주인이 세상을 떠나고 그곳에 상주하는 사람이 없어 쓸쓸하기만 했다. 요즘엔 부인인 화가 권소천 화백이 가끔 들르곤 한다고 양인석 씨는 전한다. 아직도 살아계셨다면 안채로 들어가 그의 풍부한 인문학적 지식과 탁월한 유머 감각을 한 수 배우며, 좋아하셨다던 막걸리로 대작을 하면서 데칸쏘(데카르트, 칸트, 소크라테스)를 논했을 텐데……

작업실 바깥 뒤편에 있는 서재에도 많은 책들이 진열되어 있었는데, 일종의 방치로 인해 먼지들이 두께를 더해가고 있었다.

빼곡히 들어서 있는 나무들 사이로 조그만 연못을 지나 실개천을 건너 묘소로 향한다.

나무숲 중턱 작은 공터에 그의 묘소가 있다.

풀밭 가장자리엔 넓적한 돌로 둥그렇게 원이 그려져 있고 중앙 한가운데엔 아주 키 작은 나무 한 그루가 심겨 있다.

봉분도 없고 비석도 없으며 당연히 문학비도 안 보였다.

그 나무 밑에 이 선생의 유골이 안치되어 있다고 했다.

우리끼리만 왔다면 작업실에 들어올 수도 없었겠거니와 설사 들어왔다고 해도 그의 묘소를 알아차리진 못했을 것이다.

양선생의 말에 따르면 유족들이 선산인 대구시 군위군 우보면으로 이장을 하고 거기에 문학관도 세울 계획이어서 아직 임시로 안치를 해 놓은 것이라고 했다. 그제야 의문이 풀렸다.

맞다, 그의 고향은 대구시 군위군이다.

어려서 대구로 이사를 한 뒤 문단에 데뷔한 후에 줄곧 과천에서 살아왔다. 그가 과 인재라는 이름으로 살던 천장까지 책으로 빼곡하다는 과천집을 정리하고 굳이 양평으로 작업실을 옮긴 것은, 세월이 흘러 몸은 늙어 가는데도 세상과 맞설 철학은 성숙할 기미를 보이지 않고, 재물도 늘어나질 않아 늘 곤핍하여 차라리 황무지를 개척하여 나무를 심으면서 생활하는 편이 훨씬 나을 것이란 판단하에 양평으로 이사를 했다는 것이다.

일종의 작업실이라기보다는 차라리 쉼터라는 개념을 앞세웠다고 했다. 여기서 과인은 지나갈 과(過)와 사람 인(人) 그리고 재(齋)을 뜻하므로 지나가는 사람의 집, 즉 인생의 나그네 집을 뜻한다고 했다.

그의 소설 『하늘의 문』에서는 과인을 '초인간적인 사람'으로 표현했다.

이 세상을 살면서 나그네 이상 도대체 그 무엇일 수가 있냐는 뜻이라 한다. 나무를 많이 심는 것이 그의 큰 희망이어서 빈 땅에는 늘 나무를 심었다. 그의 산문집 『위대한 침묵』 초반부엔 이렇게 나무를 심는 이야기가 많이 나온다.

"나는 나무를 심는다. 빈 땅에는 나무를 심는다. 나는 늙겠지만 나무는 자랄 것이다. 나는 냇값을 못 할 만큼 늙어 가겠지만 나무는 언제나 제값을 할 것이다."

그가 한 말이다.

마치 한국판 미국 작가 스콧 니어링(Scott Nearing) 부부를 보는 듯했다. 그들의 공동 저서 『조화로운 삶』에선 급진주의자, 사회운동가, 정치가로서의 도시 생활을 마감하고 50세에 양심과 신념을 지키고 남은 삶을 자기 것으로 만들기 위해 소박하고 평온하게 살 수 있는 곳, 즉 버몬트에서의 전원생활을 위해 떠났던 이야기로 이어진다. 그들은 그렇게 전원생활의 삶을 통해서 100세를 살았지만, 안타깝게도 이윤기 소설가는 심장마비로 짧은 64세의 일기로 생을 마감하였다. 하지만 중원산 자락의 그 넓은 산등성이를 온갖 나무들로 가득 심어 숲을 일구어 놓은 이윤기 선생의 나무사랑 그리고 전원생활은 작가로서의 행복한 삶을 충분히 누렸을 것이다. 양인석 씨의 말에 따르면 생전에 이윤기 소설가님하고 과인재에서 막걸리를 자주 하곤 했으며 쌀과 콩, 등등을 동네 주민들이 지은 것으로만 사 먹었다며 그분과의 추억을 되새겼다.

그리스와 로마 신화의 작가이기도 한 그는 굳이 신화에 관심을 두게 된 이유를 토마스 만의 말을 인용하면서 "시에 관심 많은 사람은 심리에 관심을 갖게 마련이고, 심리에 관심을 가진 사람은 신화에 관심을 갖게 된다고…"

또한 문학의 근원은 독서에 있다고 하면서 어려서부터 독서광이었던 그는 생전에 하루에 10시간 이상을 남의 글을 읽었다고 전한다.

시인 김상용

시인 김상용

제3차 문학기행(연천군, 2017년 7월 22일)

　이번 문학기행 제3차 여행은 지역을 먼저 선택했다.
　고교 후배들이 오래전부터 세밀화가 김혜경 화백의 갤러리를 가보고 싶다고 해서 기회를 엿보다 연천군 출신인 김상용 시인을 찾아냈다. 따라서 문학기행과 연계해서 인근의 갤러리와 조각가 작업실도 방문하는 일정을 잡았다.
　학창 시절 국어책에서 배웠던 '남으로 창을 내겠소'라는 시가 바로 떠올랐다.
　'창문을 왜 남쪽으로 내려고 했었는지?'
　그리고 기억으론 괭이, 호미, 강냉이 등등… 어릴 적 보아왔던 농기구들의 순수한 시어(詩語)들이 그리고 마지막 소절은 '왜 사냐 건 웃지요'라는 표현이 재미있어서 아직도 친구들과의 대화 속에 그의 시가 자주 인용이 되고 있다.
　기행을 위해 자료를 준비하면서 일제 말기 그의 행적이 친일 논란에 휩싸였었던 것을 알았다.
　즉, 1943년 경성 매일신보에 일제의 의용대 모집을 독려하는 내용의 글을 게재했던 것이 발단이었다. 민족문제연구소(민문련)에서 2009년에 발간한 친일 인명사전에 김상용 시인의 이름이 친일 문인 명단에 올라있다는 것이다.

  나는 지난 2010년 10월에 독도수호대에서 주관하는 울릉도·독도 탐방 행사에서 몇몇 민문련 회원들과 인연을 맺었다.
  그 행사엔 물론 한국정신대연구소, 문인, 기자, 교수 등등 다양한 사람들이 함께했었다. 역사적 사실을 돌릴 수는 없겠지만, 분명히 짚고 넘어가고 기억함으로써 그러한 일들이 되풀이되지 않도록 후손들에게 각성을 시켜줄 필요가 있을 것이다.
  왜냐하면 같은 시대적 상황에서 그렇게 안 했던 더 많은 사람이 있었기 때문에 그들의 순탄치 않았던 삶도 존중해주어야 하기 때문이다. 이러한 무거운 문학적 배경을 감수하고 그의 문학사적 공적을 바로 알기 위해 고향인 연천군 왕림리를 찾아 지역 주민들이 자발적으로 세웠다는 시비를 방문하기로 했다. 기상청에 의하면 7월 22일(토)에 경기도 연천, 포천 지역에 호우주의보가 예보되어 있었다. 산행하거나 계곡으로 놀러 가는 것이 아니기 때문에 예정대로 인천(김수현, 박경숙, 성윤경, 유호룡, 이상희, 정일현, 황경하+1, 대전(임용표 교수 내외)에서 출발한 차량 3대가 오전 11시경에 처음 방문지인 도감포에 위치한 자연그림터 꽃나루 미술관에 차례대로 도착했다. 오는 동안 비가 흩뿌리긴 했어도 오늘 행사에는 지장이 없을 정도로 하늘은 맑게 개었다. 다행히 오늘 행사 하는 동안에는 비가 전혀 오질 않아서 무사히 마칠 수가 있었으나, 다음 날엔 이 지역에 폭우로 인해 물난리가 났다.
  임진강의 지류인 한탄강과 임진강이 만나는 도감포에 위치한 갤러리는 조용한 자연 속에 위치해서 자연생태를 세밀하게 묘사해야 하는 세밀화를 그리기에 아주 적합한 장소임을 알 수 있다.

자연에서 직접 동식물을 채집해서 관찰하고 사진촬영 및 기본 스케치 모두를 전부 자연에서 하는 김혜경 화백은 생태 세밀화가 1세대로 유명하다.

시간차를 좀 두고 도착한 우리 일행은 관장이 마련한 차와 스낵류를 들면서 부군인 홍순민 교수(궁궐 박사)의 임진강 유역의 산과 강에 얽힌 역사 강의를 짧게 애피타이저로 들었다.

이어서 전시실로 이동해 김관장의 작품설명이 이어진다.

개인적으론 벌써 2번째 방문하는 나로선 우리 꽃과 우리 풀에 대해서 관심을 더욱 갖게 되었으며, 특별히 "엘레지꽃(꽃말은 바람난 여인)의 일생"이란 제목의 작품에서 그 꽃에 대한 시간과 공간을 좁은 화폭에 그려내려 했던 화백의 발상과 표현력에 감탄을 금치 못했다.

 단체로 인증사진을 한 후, 우리는 그리 멀지 않은 파주시 적성면 두지리에 있는 민물매운탕집에서 푸짐한 점심을 대접받았다.
 점심을 해결한 우리는 시인의 고향인 왕림리로 출발을 했다.
 하지만 생가가 있다는 왕림리 죽터골까지 가보았지만 군부대가 들어서 있어서 접근이 불가능했다.
 그래서 차를 돌려 왕림리 삼거리 근처를 지나면서 길옆에 세워진 그의 시비를 발견하고 차를 멈추어 세웠다.
 통행이 뜸한 곳이라서 발견하기 조차도 쉽지 않았다.

 차에서 내린 우리는 시비 앞에 섰다.
 대표적인 시 '남으로 창을 내겠소'가 새겨져 있었다.

 왜 사냐건 그냥 웃지요~

 그렇다, 정답일 수도 있다.

누군가 왜 사는 것이냐고 물어 왔을 때, 이런저런 얘기를 장황하게 늘어놓을 수도 있겠지만….

시를 썼을 당시 일제시대의 상황을 생각해 본다면 그 이상의 답이 오히려 구차할 수가 있었다.

굳이 창을 남쪽으로 내겠다는 의미는 햇빛을 가장 많이 받는다는 남향집에서도 알 수 있듯이 일제 강점기의 어둡고 암담한 사회상을 감안하면 밝고 따뜻한 이상향을 찾으려 애써 현실에서 도피하려는 시인으로서의 심리도 엿보인다.

시비의 뒤편에는 이러한 글귀가 새겨져 있었다.

"왕림리 사람들 마음모아 시인 최중기 쓰고 임동규 새기다.

이천칠년 옥수수익는날" 이 또한 참 재미있는 표현이다.

시비 옆에는 우리문학기림회에서 기증한 또 하나의 기림비가 세워져 있다.

우리가 조용한 시골 마을에서 시를 얘기하고 사진을 찍고 시비를 둘러보고 왁자지껄하는 것을 보고 길 건너 마을회관 앞에 모여있던 분들 중 한 분이 다가온다.

아마도 우리가 시비를 보러 온 것을 알고 오는 것 같았다.

그랬다. 우리가 먼저 김상용 시인의 고향을 방문하고 시비를 보러 왔다고 했더니 마침 자기가 시비를 건립할 때 주도적인 역할을 맡았던 윤상협이라 했다.

그의 말에 의하면, 연천군 왕림리 사람들은 김상용 시인을 기억하고 자랑스럽게 여기고 있으며 당시 시대적 상황에서 벌어졌던 친일 행적에 대해서는 인정을 하지만 그 고장 출신의 훌륭한 문인으로 후세에 알리고, 그의 작품을 발굴 및 개발하자는 목적으로 시비를 건립하게 되었다고 하면서 시인 김상용을 추모하는 의미를 되새겼다.

우리는 감사하는 마음으로 인천의 명물 소성주 막걸리를 건네 주었다. 연두색 이끼가 끼어있고 담쟁이 넝쿨도 시비의 담을 넘는 그의 시비가 얼핏 초라해 보이긴 했지만 주민들의 애향심과 시인에 대한 자부심이 대단해 그 의미만큼은 너무나도 짙게 배어 있음을 느낄 수 있었다.

어느 시 전문지에서는 이렇게 그를 평가하고 있다.

김상용 시인의 전원적이면서 자연친화적 경향의 특성은 당대의 시대적 상황과 함께 한국시의 전통적 특성과 연관되어 있다.

그의 시엔 시적 화자인 나와 시적 대상인 자연 사이의 동일성이 전제되어 있으며 시적화자인 인공적이고 인위적인 삶을 거부하고 자연의 품에 안긴 삶을 지향한다. 그의 대표작 〈남으로 창을 내겠소〉처럼 가벼운 해학과 다소 자유로움을 표현하며 자연 속에서 영위되는 삶의 소박한 아름다움을 꿈꾸고 있는 것이다.

이렇게 해서 문학기행을 마친 우리는 파주시로 넘어가는 아마니고개에 있는 조각가 김창곤 교수 작업실로 이동을 했다.

1년 만에 다시 찾은 작업실은 지금도 열심히 무에서 유를 창조하고 있는 중이다.

이제 서서히 조각 작품들이 조금씩 윤곽을 들어내고 있었다.

10년을 목표로 많은 작품들을 제작을 해서 조각공원을 조성한다는 원대한 꿈을 그리고 있다. 물론 그에 필요한 엄청난 재료들(돌)을 무상으로 얻게 되는 행운도 따라주었고, 그러한 꿈을 실현할 수 있도록 재정적인 후원자도 만났다고 한다.

조작가와 재료들 그리고 든든한 재정적 후원자, 이들 모두가 훌륭한 조작공원을 조성하는데 필요한 우리의 자원이다.

무더위가 한창인 여름 한낮에도 김교수의 야외 작업실에선 대형 선풍기가 그의 수고를 조금이나마 덜어주고 있었다.

그렇다, 이번 3차 문학기행은 생태 세밀화 갤러리, 시인 김상용시비 그리고 조각가 김창곤 교수 작업실을 방문함으로써 어느때 보다도 알찬 문학기행이었음을 함께한 모든 분들께 감사를 전합니다.

다음번 4차 문학기행을 그려보며⋯.

시인 정지용

시인 정지용

제4차 문학기행(옥천군, 2017년 9월 23일)

"그곳이 참하 꿈엔들 잊힐 리야~"

정지용 시인의 대표작인 '향수'의 마지막 구절이다.

작곡가 김희갑은 시인의 가사에 맛깔스럽게 노래를 만들었다. 그러면서 원작에 없는 그곳이 차마 꿈엔들 잊힐리야를 중간중간에 계속 반복 삽입하여 주체할 수 없는 향수를 불러일으키게 하는 기법을 썼다.

테너 박인수와 가수 이동원이 멋진 듀엣으로 이 노래를 선보였을 때 그 반향은 굉장했다. 그 일로 인해 테너 박인수는 대중가수와 함께 대중가요를 불렀다는 이유로 세종문화회관 무대에 한동안 서지 못했다는 웃기지도 않는 일도 있었다.

1902년 암울함의 시대에 태어나 1950년 6·25동란 초기에 사망했다는 소문만 남기고 사라진 현대시의 아버지라 칭송받는 시인 정지용은 줄곧 순수 지향적 예술세계를 고집하던 시인이었다. 그런데, 해방 후 정부수립 이듬해에 국민보도연맹이 결성된 이후에 좌익 작가로 분류되어 김기림, 박영희 등과 함께 서대문 교도소에 수용되었다가 북한군의 서울 점령으로 인해 납북되어 사망한 것으로 알려져 있으나 그의 죽음에 대해서 아직도 정확히 보도된 정보가 없는 것이 안타깝다.

문학관의 문화해설사 말에 의하면 납북이 된 뒤에 1953년 평양 감옥에서 사망했다고 알려져 있으나, 북한에서 발행되는 통일신보에 의하면 1950년 9월 납북이 되는 과정에서 동두천 인근에서 미군의 폭격으로 사망했다는 내용의 기사를 발표했다고 한다.

아무튼 시인 정지용의 묘소는 없다.

다만, 충북 옥천에 생가와 문학관 그리고 그를 기리는 문학비만 남아있다. 그런데, 지난해 삼남길 오류동~인천시청 구간을 걷는 중에 역곡역 사거리를 지나 소사역에서 차도를 피해 왼쪽으로 방향을 틀어 샛길로 들어서 걷다가 다시 소명지하차도 옆을 걸으니, 셔터가 내려진 허름한 가게에, 눈에 확 띄는 글귀로 인해 그가 잠시 기거하던 곳임을 알게 되었다.

"한국 현대시의 큰 별인 정지용 시인이 가장 어두웠던 시대에 약 3년 동안 은거하며 시심(詩心)을 키우던 곳"이라고 복사골 문학회에서 기둥 벽에 돌판을 붙혀 새겨 놓은 것이다.

그가 가장 힘겹고 암울했던 시절을 경기도 부천에서 보낸 사실은 아직도 소수 연구자와 문인에게만 알려져 있을 뿐 베일에 가려져 왔다.

민음사에서 1988년 펴낸 최초의 『정지용 전집』 연보에는 정지용 시인이 1944년 제2차 세계대전 중 서울에 내려진 소개령으로 부천군 소사읍 소사리로 가족을 데리고 이주해 1946년 서울 돈암동으로 이사할 때까지 살았다고 기록돼 있다.

현재 도로명 주소는 부천시 소사구 경인로 316이다.

우리는 문학관 전시실로 들어섰다. 입구에는 시인의 젊은 시절 모습의 밀랍 인형이 벤치에 앉아 방문객들을 반긴다.

4년 전에 왔을 때는 중년의 모습이었는데… 해설사는 많은 방문객들을 만나다 보니 의복이 헐어서 젊은 시절의 모습으로 새 단장을 한 것이라고 한다.

영상실에는 정지용 시인의 문학세계를 입체적으로 조망해 주어 그의 시 세계를 음악과 이미지로 전달해 주고 있다.

전시실에서는 시인의 문학을 주제에 따라 접할 수 있도록 시인의 연보와 삶과 문학 그리고 시·산문집 초간본 등등을 다양하게 전시하고 있다.

특이한 것은 시 낭송 체험실이다.

관람객이 마이크로 배경음악과 함께 자막으로 흐르는 정지용 시인의 대표 시 〈향수〉를 직접 낭송을 해볼 수 있도록 마련해 놓아서 아주 흥미로웠다.

　임용표 군이 1절을 교수답게 너무나도 근엄하게(?) 그리고 2절은 정일현 군이 익살스럽게 낭송해서 주위를 한바탕 즐겁게 해주었다.

　문학관을 나와 앞뜰에 있는 시인의 동상 앞에서 단체 사진으로 인증사진을 했다. 이어서 바로 옆의 생가로 이동했다.

　생가 초입에 있는 문학비에 새겨진 향수의 주옥같은 시어들을 다시 한 번 천천히 읽어 보았다. 방안에 놓여 있는 소품 질화로와 등잔은 자연스럽게 '향수'를 다시금 음미하게 하고 있다. 부엌문 옆에는 이곳이 정지용 생가임을 알리는 표시판을 만날 수 있다. 1988년 정지용의 해금 조치가 있은 후, 모임이 시작되었다는 '지용회'가 붙여놓은 표시판이라고 한다. 생가 앞 청석교 아래는 여전히 '향수'의 서두를 장식하는 실개천이 흐르고 있으며 그 모습은 변한 지가 오래되었겠지만 흐르는 물은 예전과 같아 맑기만 하다.

시인 정지용은 초기엔 모더니즘과 영세명이 '프란치스코'에서도 알수 있듯이 가톨릭 신자인 관계로 주로 종교적(로마 가톨릭 교회) 경향의 시를 주로 발표하였다.

그러나 이보다는 더 널리 알려진 작품 〈향수〉에서 알 수 있듯이 후기엔 서정적이고 한국의 토속적인 이미지의 시들을 많이 발표함으로써 그만의 시 세계라고 평가 받는 전통 지향적 자연시 혹은 산수 시라 일컬어진다.

문학관 탐방을 마친 우리는 윗동네에 위치한 육영수 여사 생가도 둘러보았다. 평소엔 주말이면 관광버스로 꽉 들어찼다던 그곳도 요즘 세태가 반영된 듯 관광객들의 발길이 뜸했다.

그리고 근처에 있는 옥천군 향토 음식의 대표주자인 "대박집"에서 민물고기 국수와 도리 뱅뱅이로 점심을 했다.

점심을 마친 우리는 다음 코스인 대전 장태산 휴양림 메타세콰이어 숲에서 힐링 산행을 하고 서구 흑성동에 위치한 윤서네 밥상 집에서 이른 저녁을 했다.

반드시 사전에 예약하고 메뉴를 정해야만 맛볼 수 있는 정갈한 한정식집이다. 여주인장의 비법이 담긴 오리백숙의 특이한 향과 식감은 아직도 군침이 돈다.

산문집 『바람처럼 재즈처럼』을 건네주고 집으로 향하는 차 안에서는 계속해서 허밍으로 향수 노래가 지속된다.

"넓은 벌 동쪽 끝으로 옛이야기 지즐대는 실개천이 휘돌아 나가고 그곳이 차마 꿈엔들 잊힐리이이이야 으으으음……"

시인 윤동주

시인 윤동주

제5차 문학기행(서울 종로구 부암동, 2018년 4월 21일)

지하철 3호선 경복궁역에서 만난 우리는 토속 민속촌 삼계탕집에서 삼계탕으로 이른 점심을 하고 마을버스를 이용해 윤동주 시인 문학관 앞에서 내렸다. 창의문 못미처 왼쪽 언덕 초입, 시인의 언덕 아래에 마치 카사비앙카를 연상케 하듯 하얀색 건물이 파란 하늘빛과 아름답게 보색 대비로 조화를 이룬다.

인왕산 자락에 버려져 있던 청운 수도가압장과 물탱크를 리모델링해서 만든 곳이라 한다.

문학관에 들어서서 제1전시실로 가면 중앙에 낡은 우물이 있고, 시인의 일생이 담긴 자료들과 친필 원고 영인본이 보이고, 시인이 평상시에 즐겨 읽던 책들의 표지가 한쪽 벽에 가득히 붙어있다. 유난히 눈에 띄는 것은 천재 시인 백석 시집과 정지용 시집이다.

윤동주는 이 두 시인을 무척 좋아했던 모양이다.

시인 정지용은 윤동주보다 15년이 연상이고 기독교 사립학교인 일본 교토 도시샤(同志社)대학에서 수학했으며 20년 먼저 입학했다. 유서 깊은 캠퍼스 한 가운데 가장 좋은 곳에 두 시인의 시비(詩碑)가 놓여져 있다고 한다.

그 이유가 도시샤대학을 다닌 위대한 분들이기 때문이라고는 하는데 조국을 잃은 두 청년 유학생은 아름다운 캠퍼스를 드나들면서 그래도 가끔은 낭만을 즐기고 자주 현실을 원망했을 것이다.

친필로 작성한 원고를 친필 그대로 새겨 놓았다는 서시(序詩).

우리나라 사람이라면 누구나 한 번쯤은 읊어보았을 불후(不朽)의 명시를 다시 한 번 읊어본다.

죽는 날까지 하늘을 우러러/한 점 부끄럼이 없기를
잎새에 이는 바람에도/나는 괴로워했다.//
별을 노래하는 마음으로/모든 죽어가는 것을 사랑해야지
그리고 나에게 주어진 길을/걸어가야겠다.//
오늘 밤에도 별이 바람에 스치운다.

별을 유난히 사랑한 시인, 그리고 암울했던 식민지 상황의 여러 부정적인 요소들과 충돌하면서도 중심은 늘 기독교의 본을 따르려는 삶을 살고자 했으며 시대적 상황에 따른 갈등과 형이상학적 가치관의 대립으로 늘 번민하였고, 그의 시적 상상력은 이것을 비극적 황홀로 형상화했다고 어느 연구논문에서는 그를 이렇게 평했다.

그가 기독교 학교인 연희 전문(현, 연세대)과 일본 도시샤대학으로 유학을 떠난 것도 기독교인이셨던 할아버지의 영향으로 신앙 생활을 해왔던 이유였을 것이다.

열린 우물이라 이름 지어진 제2전시실은 저장되었던 물의 흔적이 벽체에 그대로 남아있어 시간의 흐름과 기억의 퇴적을 느끼도록 해 놓았다. 이어서 제3전시실로 이어지는데 좁은 계단을 따라 조금만 내려가면 옛날의 물탱크를 그대로 보존하여 침묵하고 사색하는 공간으로 만들었다.

어두운 회색빛의 콘크리트 벽체와 막힌 좁은 공간 그리고 위 오른쪽 구석에 빛이 들어오게 만든 작은 창은 마치 그가 수형을 당했던 일본의 후쿠오카 교도소 감옥을 형상화한 듯했다.

이곳에서는 시인의 일생과 시 세계를 담은 영상을 감상하도록 했다. 불이 꺼지고 전면의 화면에선 영상이 펼쳐진다. 시간이 흐를수록 옆 사람의 숨소리도 안 들릴 정도로 정적이 이어진다.

왜 그랬을까?

나는 그 영상을 보면서 얼마 전에 보았던 영화 "동주(東柱)"가 떠올랐다. 가느다란 햇빛이 달그림자처럼 희미하게 드리우는 후쿠오카 교도소의 그 조그만 감방을 연상케 하는 작은 창으로 나는 자꾸만 눈이 간다.

조선인 유학생을 모아 놓고 조선의 독립과 민족문화의 수호를 선동했다는 죄목으로 체포된 지 1년 반 만에 의문의 주사로 조국의 해방을 6개월 앞둔 시점에 옥사한 그의 애석한 젊은 죽음이 생각이 나서 그랬을 것이다.

이러한 그의 애달픈 죽음은 우리들의 가슴속에 영원한 저항 시인, 청년 시인으로 남게 했다.

15세부터 시를 써왔다는 그는 〈하늘과 바람과 별과 시〉라는 제목으로 1941년 연희 전문 졸업 당시에 시집을 발간하려고 했지만, 그 뜻을 이루지 못하고 사후에 유작으로 지인들에 의해 정음사에 출간이 되었다. 정지용 시인이 발문을 달고 1948년에 드디어 세상에 나오게 된 것이다.

시인 윤동주는 만주 땅 북간도 명동촌에서 출생하여 연길(옌지)시 룽정에서 중학교를 졸업하고 연희 전문을 거쳐 도쿄 릿교대학 그리고 교토 도시샤대학에서 수학하다가 방학을 맞이하여 고국으로 돌아오는 길에 독립운동 혐의로 체포되어 2년 형을 언도 받고 후쿠오카 교도소에서 수감 중 1년 6개월 만에 옥사했으며, 유해는 연길시 용정에 있는 동산의 교회 묘지에 안장이 되었다. 나는 2013년 7월에 백두산 천지를 거쳐 윤동주 생가, 묘소 그리고 그가 다녔던 용정중학교를 방문하고자 장도에 올랐다가 비자 문제로 중국 창춘 공항에서 끝내 입국 허가받지 못하고 당일로 돌아와야만 했던 그 아쉬움이 이번 문학관을 방문한 것을 시작으로 내년 여름에 다시 시도를 해볼 작정이다.

그리고 이어서 교토 도시샤대학에 있는 그의 시비 및 큐슈의 후쿠오카 교도소도 방문할 계획이다.

여기서 창춘 공항에서 되돌아오는 비행기 안에서 썼던 글을 다시 적어 본다.

아! 창춘(長春).

창춘은 엄격했다. 그들은 나의 실수를 용서하지 않았다.

작은 배려도 가능했으련만 과연 그들의 동북공정(東北工程)다웠다.

백두산 천지와의 만남이 이렇게도 힘들고 어렵단 말인가?

5년을 기다려 계획하고 떠난 탐방 여행인데 중국 문턱에서 막히다니…

역시 백두산 천지, 너는 정녕 신산(神山)이요 신지(神池)로다.

그래! 인정한다. 하지만 나는 곧 다시 온다.

그땐 화려하게 나를 맞이해다오!

해맑게 반기어다오!

되돌아가는 나의 이 정신적 혼란을 너는 위로해다오!

선양(沈陽)을 지나 안산(安山)과 단동(丹東) 그리고 다롄(大連)의 삼각점, 즉 무게중심 G를 지나면서 비행기 창문 밖을 내려다본다. 그 옛날 고구려의 양만춘 장군이 당 태종을 호령하던 랴오둥(遼東)반도 산악지대를 거대한 두 강줄기가 휘감으며 구불구불 내달리더니 한 곳에서 교미(交尾)한다. 이후, 한참을 흘러 큰 강줄기는 서조선만(西朝鮮灣) 앞바다에 방사(放射)를 해낸다. 거대한 중국과 조그만 한반도가 새 생명을 탄생시켜 넓은 서해바다에 토해내는 것이다.

대륙을 벗어난 비행기는 서해바다를 가로지르며 날아간다.

점점 날이 어두워져 간다. 이제 칠흑의 바다다.

머지않아 새 생명은 외가(外家)로 돌아갈 것이다.

잠시 몸집을 키워서 생명의 근원인 신산(神山) 백두산과 신지(神池) 천지를 반드시 만나 보려고…

- 2013년 7월 31일
중국 창춘공항으로부터 돌아오는 비행기 안에서.

시인 만해 한용운

시인 만해 한용운

제6차 문학기행(충남 홍성, 2018년 12월 22일)

크리스마스 연휴를 맞이하여 오랜만에 여행 삼아 충남 홍성에 있는 만해 생가와 문학 체험관을 찾았다.

만해(卍海) 한용운 시인은 일제강점기 불교계에 혁신적인 사상을 전하고 독립운동에도 앞장을 섰던 승려이자 시인이며 독립운동가이다. 법명이 용운, 법호는 만해이며, 1905년 백담사에서 득도한 뒤 수년간 불교 활동에 전념했다고 한다.

1918년 불교 잡지 〈유심〉을 창간하고 계몽적 성격의 글을 발표했다. 너무나 잘 알려진 바와 같이 3·1운동 때는 민족 대표 33인의 한 사람으로 참여해서 기미독립선언서에 그 유명한 공약 3장을 추가한 장본인이며, 그 일로 인해 일제에 체포되어 3년 형의 옥고를 치렀다. 이 부분에서 내가 읽은 고(故) 김동길 교수의 산문집 중에서 '나이 듦이 고맙다'에 이러한 글이 나온다.

3·1운동에 참여했던 민족 대표 33인 중에 왜 변절자가 많이 나왔는가를 깨닫습니다.

그들에게는 희망이 없었다는 것, 즉 언젠가 이 나라에 해방이 오리라는 믿음이 없었다는 것이 변절의 이유라 할 만합니다.

왜정 말기 일본이 전 세계를 지배하리라는 전망이 너무도 우세해지자 그들은 더 이상 조국의 해방을 기다리지 못하고 변절자 대열에 들어서고 맙니다. 문학계에서는 명사로 이름 날렸던 춘원 이광수나 육당 최남선 같은 이들의 변절은 그래서 안타깝기 짝이 없습니다. 하지만 이와는 달리 한용운 선생 같은 분은 끝까지 변절하지 않고 애국자로서 자신의 생을 영광스럽게 바쳤습니다. 만해의 생각은 이러했을 것입니다.

"아무려면 일본이 한반도를 영원히 지배하겠는가? 우리 한민족이 어떤 민족인가?

이 민족은 절대 누군가의 지배 속에 놓일 민족이 아니다"라는 조국의 해방에 대한 믿음이 그분의 생을 붙잡고 있었던 것입니다. 그래서 나는 만해 한용운 시인을 존경하고 이광수나 최남선은 이 문학기행 대열에서 일찍이 제외했습니다.

만해는 1925년에 한국 근대 시사의 불후 업적 〈님의 침묵〉을 펴내어 민족의 현실과 이상을 시적 이미지로 형상화한 것으로도 유명하다. 고등학교 때는 이 시를 외우느라 힘들었지만 여기서 그 시를 다시 한 번 읊조려 본다.

"님은 갔습니다. 아아, 사랑하는 나의 님은 갔습니다.
푸른 산 빛을 깨치고 단풍나무 숲을 향하여 난 작은 길을
걸어서 차마 떨치고 갔습니다.
황금의 꽃같이 굳고 빛나던 옛 맹세는 차디찬 티 끝이 되어서
한숨의 미풍(微風)에 날아갔습니다….

우리가 홍성군 결성면 만해로318번길 83에 위치한 만해의

생가 및 문학 체험관을 찾은 시각은 겨울 햇빛이 그나마 온기를 거의 잃어갈 때쯤인 늦은 오후였다.

추운 겨울 날씨임에도 불구하고 중학생들을 태우고 현장 교육을 온 관광버스 1대가 나름 반갑기만 했다. 벌써 관람을 다했는지 이내 재잘거림은 버스와 함께 사라져갔다.

우리가 찾은 만해 생가는 두 칸으로 된 초라한 한옥이다.

"법의 바퀴는 크게 굴러간다"라는 뜻의 (전대 법륜)이 친필로 제작된 현판 좌측 밑으론 "님의 침묵" 액자가 걸려있다.

나는 방명록에 "님의 독립 의지, 절대 잊지 않겠습니다"라는 기록을 남겼다.

생가 뒤뜰 마당에는 감나무 한 그루가 몇 개 안 남은 까치밥을 간신히 붙들고 차마 떨어뜨릴세라 앙상하게 떨고 있다.

생가를 지나 계단을 올라 사당으로 들어가니 사당 좌우에 키가 제법 큰 목백일홍 일명 배롱나무 한 쌍이 데칼코마니 식으로 마주 보고 서 있다.

문이 잠겨있어 사당 안을 들여다볼 수는 없었지만 해가 점점 기울어가는 언덕마루에 세워진 사당은 관람객이 더 이상 없어 쓸쓸함을 더했다. 다시 내려와서 만해 시비 공원 안에 있는 동상 옆에서 인증 사진을 찍어 본다.

그 아래로 만해가 기미 선언문에 추가로 기재할 것을 주장한 공약 3장의 문구가 새겨져 있는 비석에서는 그의 독립 의지의 결연함을 엿볼 수가 있었다.

입구 주차장 쪽에는 만해 문학 체험관이 있다.

체험관 안으로 들어가니 왼편에서는 한용운 시인의 일대기를 보여주는 동영상이 계속해서 반복적으로 나오고 있다. 전시관에는 만해의 작품들과 서적들이 빼곡히 전시되어 있다.

한편, 수년 전에 둘러본 적이 있는 강원도 인제군 용대리 내설악의 백담사, 만해 시인의 대표적인 시 〈님의 침묵〉을 집필한 곳이기도 한 이곳 백담사 경내에는 만해 선생의 민족사랑 정신을 계승하기 위해, 지난 1997년에 완공한 기념관이 있다.

110여 평 규모로 모두 800여 점의 유물이 상설 전시되고 있으며, 기념관 한편에서는 만해의 일대기가 비디오로 상영되고 있고, 만해를 기리는 후학들이 만든 조각품 및 초상화 등도 선보이고 있다. 여기서 나는 한 가지 재미있는 사실을 알아냈다. 가수 심수봉의 "남자는 배 여자는 항구"라는 노래에서 제목과 가사가 만해 한용운의 시 "나룻배와 행인"을 많이 닮았다는 것이다.

나룻배와 행인

나는 나룻배
당신은 행인
당신은 흙발로 나를 짓밟습니다.
나는 당신을 안고 물을 건너갑니다.
나는 당신을 안으면 깊으나 옅으나 급한 여울이나 건너갑니다.
만일 당신이 아니 오시면 나는 바람을 쐬고 눈비를 맞으며 밤에서 낮까지 당신을 기다리고 있습니다.
당신은 물만 건너면 나를 돌아보지도 않고 가십니다그려.
그러나 당신이 언제든지 오실 줄만은 알아요.
나는 당신을 기다리면서 날마다 날마다 낡아갑니다.
나는 나룻배
당신은 행인

만해는 위의 시에서 시적 화자(話者)인 나와 당신의 관계를 나룻배와 행인의 관계로 설정하며 인내와 희생 그리고 사랑에 대한 숭엄한 의지를 노래하고 있다.

이 시에서는 "나는 나룻배"로 "당신은 행인"으로 시작하는데 노래 가사와 대비해 보면 남자(배)는 당신(행인), 여자(항구)는 나(나룻배)와 연결이 된다. 즉, 한쪽은 묵묵히 기다리고 베푸는 존재, 다른 쪽은 이용만하고 떠나는 존재이다.

노래에서는 한쪽이 쓸쓸한 표정 짓고, 돌아서면 잊어버리는 다른 쪽을 원망하지만, 시에서는 흙발로 나를 짓밟는 당신을 안고 물을 건너가는 희생이 탐탁하여 마음이 기쁘다.

이러한 희생은 만해 특유의 글에서의 종교적 심성이다.

한편, 만해 생가 가는 길 조금 못 미쳐 좌측으로는 청산리대첩의 영웅, 백야 김좌진 장군의 생가 및 기념관도 둘러보았는데 고즈넉하게 잘 조성되어 있다.

관람을 마친 나의 애마는 다음 여행지인 고군산군도를 꿈꾸며 장항선의 종착역으로 달려간다.

천재 시인 기형도

천재 시인 기형도

제7차 문학기행(광명시, 2019년 3월 2일)

경기도 광명시가 최근 아주 바빠졌다.

아니, 즐거운 비명을 지르고 있다. 그것은 바로 폐광이었던 광명동굴의 변신 성공과 요절 시인 기형도문학관의 건립이었다.

경기도 시흥군에서 시로 승격된 광명시는 2004년에 개통한 KTX 광명역 그리고 이케아 매장으로 주목받기 시작했을 뿐, 조선시대 청백리였던 오리(梧里) 이원익 선생의 생애와 공적을 기린 오리서원 외에는 그동안 이렇다 할 관광 명소가 없었다. 하지만, 원래 금광을 캐던 시흥광산이 폐광하면서 소래포구의 새우젓 창고로 쓰이던 것을 광명시에서 2011년에 매입하여 동굴 내부를 인공적으로 단장해서 광명동굴로 재탄생시킴으로써 현재는 광명시의 주요 관광 명소가 되었다.

또한 인문학적으로 보면 2017년에 광명시 오리로 268번지에 시인 기형도문학관이 건립된 것도 관광산업에 크게 기여하고 있다. 이곳은 시인이 유년 시절을 보냈던 곳이며 그는 생전에 소하동에 살면서 서울, 안양 등지로 오가며 시인으로 또 신문기자로 사회생활을 하였던 곳이기도 하다.

시인의 작품들은 다른 작가들의 창작 원천이 되어 여러 편의 시(김영승 시인, 나희덕 시인 외)와 소설(신경숙의 빈집, 김연수의 기억할 만한 지나침 등등)이 새롭게 탄생하는 계기가 되었다고 한다.

작년에 신문을 통해서 알게 된 기형도문학관, 그래서 기형도 시인에 대해서 관심을 두고 가까이 가 보기로 했다. 올해 3월은 기형도 시인의 사후 30주년이 되는 해이다. 때마침 나는 연휴 기간에 그곳을 찾아가 보았다.

시인은 만 29세에 우리 곁을 떠났고, 영원한 젊음의 상징이자 단 한 권의 시집, 그것도 유고 시집인 "입속의 검은 잎"으로 30년 동안이나 회자하는 시인 기형도, 이름만큼이나 기이한 천재시인 기형도문학관은 제2경인고속도로 고가 아래 큰 도로변에 있다.

사진에서 보듯 파스텔 색조로 깔끔하게 지어진 문학관 옆에는 시인의 생전 모습과 그의 시인 '빈집', 시인에 대한 설명과 '엄마걱정'이란 시가 새겨져 있다.

　부스스한 머리에 엷은 미소가 담긴 그의 얼굴에서 너무나 젊은 나이에 그를 잃어버렸다는 아쉬움과 그의 웃는 낯을 피해 어디론가 숨어버리고 싶은 연민의 정을 느꼈다. 그래서 그의 사진을 한참이나 들여다보고 나서야 문학관 내부로 들어갔다.
　이른 시간이라서 그런지 우리가 첫 손님이었나 보다.
　안내 데스크에서 친절하게 맞이하는 직원들과 시인에 대해 몇 마디를 나누고 1층 전시실부터 둘러보았다. 깔끔하게 꾸며진 전시실에는 기형도 시인의 필체가 담긴 노트, 그가 받은 각종 상장, 동아일보 신춘문예 상패 그리고 생전에 발표했던 시들의 원고 등이 전시되어 있으며 그의 삶과 문학에 대한 전반적인 설명이 되어 있어서 시인의 생애를 금방 파악할 수가 있다.
　전시실 내부를 지그재그로 관람할 수 있도록 이야기 하나, 둘, 셋으로 나누어 놓았다.
　이야기 하나, "유년의 윗목"에서는 그의 탄생, 어린 시절 그리고 청소년 시절부터 시를 쓰게 된 동기가 그려져 있다.
　이야기 둘, "은백양의 숲"에는 은백양나무들로 가득한 연세대 캠퍼스 생활에서 연세 문학회에 가입해 시와 소설로 정치적 억압으로 시대를 아프게 했던 1980년대를 헤쳐 나가며 절친이었던 소설가 성석제, 원재길 등과 교류를 해나가기 시작한 내용들이 나온다.
　그는 연세대를 졸업하기 전에 중앙일보에 취직해서 기자 생활로 사회에 첫발을 내디뎠다. 1985년에 동아일보 신춘문예에 '안개'가 당선되어 시인으로 정식 등단하게 된다.

1987년 6월 민주항쟁을 계기로 드디어 암울한 시대가 걷히면서 시인의 내면에 낀 짙은 안개도 조금씩 다른 모습으로 빛을 뿜기 시작했다. 연세 문학회 후배였던 국회의원 우상호는 시인에 대해 "형은 시에 모든 것을 바쳤다. 부끄럽거나 괴로운 마음을 굳이 숨기지 않고 시에 솔직하게 드러냈다. 사람들이 여전히 형을 추억하고 사랑하는 이유는 아픔과 슬픔을 감추지 않는 그 마음이 애틋하고도 아름다워서일 것이다"라고 했다.

이야기 셋, "저녁 정거장"에는 기자로서의 생활보다는 좋은 시를 쓰고 싶어 했던 시인이 1987년 미국, 유럽 그리고 1988년 대구, 부산, 전남 등지를 여행하면서 견문을 넓히고 재충전하는 시간에 대한 이야기들로 꾸며져 있다.

이 무렵에 입속의 검은 잎, 여행자, 진눈깨비, 기억할 만한 지나침 등등 시인을 대표하는 시들이 탄생했다. 이러한 탐색 과정으로 새로운 세계를 구축해 간 시인에 대한 세인들의 평가도 그만큼 높아져 갔다. 그런 이유로 해서 평소 꿈꾸어 오던 "문학과 지성 시인선"의 출간 제의를 받고 즐거운 마음으로 원고를 정리하던 중 1989년 3월 7일 뇌졸중으로 타계했다.

시인은 천주교 수원교구 안성 추모 공원에 안장이 되었다.

나는 조만간 시간을 내어 그곳을 가보고자 한다.

사후 두 달 뒤에 유고 시집 『입속의 검은 잎』이 출간되었다.

2층으로 올라가니 북카페와 도서 공간이 있다.

책갈피에서 평소 관심이 있는 수주 변영로 시집, 백석 시인 전집 그리고 신석정 시집을 꺼내 소파에 앉아 부분 부분 읽어 본다. 조용하던 북카페에 사람들이 드문드문 모여들기 시작했다.

테이블 위에 놓여있는 시인의 시구절을 스탬프로 만들어진 것을 찍느라고 열심이다. 나도 무언가 족적을 남기고 싶어 종이를 꺼내 들었다가 막상 정리가 안 되어, 그냥 내려왔다.

문학관을 나와 주차장으로 가는 길에 좀 전에 들렀던 시인 사진 쪽으로 가서 '빈집'이란 시를 다시 한 번 읽어보았다.

사랑을 잃고 나는 쓰네

잘 있거라, 짧았던 밤들아
창밖을 떠돌던 겨울 안개들아
아무것도 모르던 촛불들아, 잘 있거라
공포를 기다리던 흰 종이들아
망설임을 대신하던 눈물들아
잘 있거라, 더 이상 내 것이 아닌 열망들아

장님처럼 나 이제 더듬거리며 문을 잠그네
가엾은 내 사랑 빈집에 갇혔네

기형도 시인이 마지막으로 쓴 이 시는, 시인이 어느 술자리에서 말을 실수하여 애인과 헤어지게 된 후에
절망적인 심정으로 자책하며 쓴 시라고 전해지며, 요즘 젊은 층에서 가장 사랑한다는 이 시에서 그들은 청춘을 읽고 즐긴다

고 한다.

또한 예술가들은 시인 기형도를 노래로, 그림으로, 연극으로 그리고 영화로 재생산하고 있으며, 따라서 그의 시들은 아직도 젊음에서 영원으로 살아 움직이고 있다.

나는 문학관 기행을 마치고 인천으로 내려와 대한서림에서 기형도 전집을 구입하여 읽어 보았다.

시, 소설 그리고 산문 순으로 되어 있는 전집에서 특별히 "짧은 여행의 기록"이라는 산문을 먼저 읽었다. 이 글은 1988년 8월 2일(화요일) 저녁 5시부터 8월 5일(금요일) 밤 11시까지 3박 4일간의 짧은 여행의 기록이다.

여름휴가를 얻어 어디론가 떠나야 한다는 마음은 앞섰으나 막상 어디를 가야 할지를 몰라 하던 시인은 대구에서 친구를 만나 그 당시에 수십 통의 편지를 주고받았던 여대생 H를 불러내〈레테〉다방에서 장난을 치고, 이어서 H는 부득불 문우(文友)들이 많이 있다는 부산까지 시인과 친구를 이끌고 따라내려 왔으나 막상 친구들은 만나지 못하고 혼자서 그냥 매우 쓸쓸한 얼굴로, 대구로 돌아가 버렸다.

그게 시인이 그녀를 본 마지막 모습이었는데…, 지금 만나면 'H'구나 라고 할 수 있겠느냐고 여운을 남긴다.

이 대목에서 마치 내가 대학 3학년 때 대구 친구 C와 부산으로 가서 펜팔로 사귀던 부산 여전 학생 J 양과 보낸 하루 동안의 일기와 거의 흡사해서 나도 좀 놀랐다.

사실 나도 그 J 양을 지금 만나면 J구나!

할 수 있을까?

나 또한 이것이 나름 궁금하다.

이 짧은 여행의 기록은 대구, 광주, 전주, 순천에서의 여정 그리고 그 여정에서 만났던 사람들과의 대화가 흥미롭게 때론 의미있게 전개된다.

산문의 마지막 부분은 이렇게 막을 내린다.

"나는 돌아가고 있는 것이다. 나를 기다리고 있는 일상들을 향해 기차는 전속력으로 달린다.

영등포역에 내리다. 밤 11시. 또 다시 움직이는 세계. 낮게 소리 없이 서울에 섞여든다.

축복의 나날들을 내 스스로 피워내기 위하여, 모든 가식과 허위를 버리고, 이 짧은 여행에서, 만났던 사람들을 기억하며, 서울에서 나는 멎는다."

풀꽃시인 나태주

풀꽃시인 나태주

제8차 문학기행(공주시, 2019년 4월 6일)

　나태주 시인은 1945년 3월 16일에 충남 서천에서 태어나 공주에서 사범대를 졸업하고 초등학교 교사로 40년을 재직했던 동안 줄곧 지금까지 공주에서 살고 있다.
　시인의 흔적이 있는 공주 풀꽃 문학관은 나태주 시인의 시와 그가 그동안 살았던 흔적들이 있는 곳이다. 공주 시내가 전면으로 한눈에 내려다보이는 공산성에서 그리 멀지 않은 곳에 금강의 지류인 제민천 길을 따라가다가 조금 위쪽으로 올라오는 길에 공주사대부고 바로 옆에 자리하고 있는 공주를 대표하는 문학관이다.
　시인은 1971년 서울신문 신춘문예 시 「대숲 아래서」로 등단을 했으며 2009~2017년 6월까지 공주문화원 원장을 지냈으며 그동안 충남 문인협회장, 공주 문인협회장, 공주 장기초등학교장으로 재직했었다.
　또한 2014년 9월 제26회 정지용문학상을 수상한 바 있다.
　공산성은 3년 전 삼남길(해남 땅끝마을에서 서울 광화문을 거쳐 강화 마니산까지)을 걸을 때 공주 구간을 통과할 때 걸었던 산성이다.

금강 기슭 산언덕에 능선을 따라 석축을 쌓은 공산성은 세계유산 백제역사유적지구로 지정된 이후에 사람들의 발길이 계속 늘어나고 있다고 한다. 그 공산성을 마주한 10분 거리에 풀꽃문학관이 있는 것이다. 주말을 이용해 차를 몰아 고교 선배님이 원장으로 근무하는 오산 성모의원을 들러 기름기 있는 메뉴로 점심 대접을 잘 받고 우리는 풀꽃문학관으로 내달았다.

공주 시내에 다다르자, 공산성이 계속 우리를 따라온다.

금강을 가로지르는 다리를 건너 공산성 못미처 우측으로 돌아 얼마 안 가면 우측 나지막한 언덕에 풀꽃문학관이 자리하고 있다. 주차장에 차를 세우고 자전거를 형상화한 조형물 앞에서 목련꽃이 흐드러지게 핀 문학관을 배경으로 사진을 찍어 본다.

생각보다 작고 아담하게 지어진 풀꽃문학관은 1930년대 법원 관사로 쓰였던 일본식 가옥을 개조해 시인의 작품들을 전시하고 있다. 안으로 들어가기 전에 원편 풀꽃 마당으로 먼저 들어서 시인의 대표 시인 풀꽃시비에서 인증사진을 했다.

'자세히 보아야 예쁘다. 오래 보아야 사랑스럽다. 너도 그렇다.'

최근에 많은 사람들로부터 회자하고 사랑받는 아주 짤막하고 간단한 이 시는 시인 나태주의 '풀꽃'이라는 시이다.

그래서 시인을 일컬어 "풀꽃시인"이라 칭하게 되었고 문학관 이름도 풀꽃문학관이다.

주변에 많은 봄꽃들과 인사를 나누고 문학관 안으로 들어섰다. 자그마한 현관과 나무로 된 복도, 창틀 등 세월의 흔적이 담긴 문학관 실내는 소박하고 정겹다.

직원의 설명을 듣고 차례로 내부를 관람한다.

현관에서 왼쪽으로 난 좁은 복도를 지나면 차실이 나온다.

차실은 나태주 시인의 삶과 문학 세계를 한눈에 알 수 있도록 마련해 놓은 공간이다. 넉넉하게 웃고 있는 나태주 시인의 사진을 담은 액자는 시인의 출생부터 2014년까지 시인의 삶과 문학의 발자취를 자세하게 보여주고 있다. 한쪽에는 서울신문 신춘문예에 당선된 후 받은 상장도 전시돼 있다.

문학관은 관람객 누구나 이용할 수 있는 커피와 차를 비치해 두고 있어서 찾아오는 방문객들은 한층 여유롭게 시인의 작품을 감상할 수 있다.

또한, 나태주 시인의 대표작 《풀꽃》과 《선물》 등 시인의 시집과 시화집, 그리고 손수건과 거울 등 기념품도 판매하고 있으며 수익금은 전액 풀꽃문학관 운영에 사용된다고 한다.

우리도 '나태주 대표 시 전집'을 한 권씩 샀다.

마침, 시인이 외출 중이어서 사인을 못 받은 것이 못내 아쉽다. 직원의 말을 빌리면 매주 금요일엔 늘 그곳에 계신다고 했다. 다음번에 방문을 위해서는 이것을 기억해 두어야겠다.

자전거를 타고 다니신다는 시인, 어쩐지 그날은 자전거가 보이지 않았다.

나태주 시인은 1973년 첫 시집인 『대숲 아래서』를 출간한 후 『산촌엽서』(2002), 『눈부신 속살』(2008), 『자전거를 타고 가다가』(2014), 『풀꽃』(2014) 등 모두 36권의 시집을 출간했다.

어려서부터 나무와 바람, 들꽃 등 자연을 좋아한 시인은 특히 삶의 정경, 인정, 사랑, 자연의 아름다움, 신비함을 통해 소박하고 맑은 감성을 노래하는 시인으로 알려지게 되었으며 서정적인 시를 좋아해 박목월 시인에게서 가르침을 받기도 했다고 한다.

나태주 시인의 대표작 '풀꽃'의 이름을 딴 풀꽃문학관은 2014년 10월 17일 개관했는데, 살아 있는 문인의 문학관이 건립된 것은 무척 이례적인 일이다.

시 '풀꽃' 정신을 기리고 '풀꽃'과 같은 시를 발굴하기 위해 풀꽃문학상도 제정됐다. 제1회 풀꽃문학상 시상식에서 김남조 시인은 축사를 통해 풀꽃을 이렇게 표현했다.

"풀꽃은 작은 꽃이 아니란다.
상품으로 사고팔고 하는 꽃도 아니란다.
풀꽃은 이 세상의 모든 야생화들의 이름이란다.
꽃 중의 꽃이고 참으로 깊이 있고 축복받은 꽃이란다"

한편, 시 '풀꽃'은 시인이 2002년 상서초등학교장으로 재직할 당시 공부에 싫증이 난 아이들과 풀꽃에 관해 이야기를 나누다 쓰게 된 시라고 한다.

작가 김애리는 말하기를 시인이란 "대신 울어주는 사람이다"라고 했다.

즉, 시인이란 단순히 글을 창조하는 사람이 아니고 타인의 내면을 어루만지고 보듬어 슬픔과 상처를 글로써 대신 울어주는 사람이라는 것이다. 그렇다, "삶의 과정에서 생기는 온갖 상처를 꽃으로 승화시킨 것이 시"라는 나태주 시인의 표현처럼 시인의 작품을 더 널리 그리고 오래도록 전하는 풀꽃문학관이 되어주길 바라는 마음에서 오늘도 그의 시집을 펼쳐본다.

소설가 채만식

1936년 개성에 거주할 때
Stayed in Gae Sung(1936)

소설가 채만식

제9차 문학기행(군산시, 2019년 5월 5일)

　5월 초에 회사에서 샌드위치 휴가를 얻어 남도 여행을 시작했다. 매년 4월이 되면 나는 박목월 시 김순애 곡 "4월의 노래"를 즐겨 부르며, 또한 5월 첫날이 되면 Bee Gees의 "First of May"를 즐겨 부르며 듣는다.
　이 노래를 부르고, 또 듣고 있노라면 한창 사춘기의 열병을 앓았었던 내 청소년기의 아련한 추억이 되살아나서 좋다.
　이번 남도 여행의 최종 목적지는 소설가 채만식 선생의 고향이자 문학관, 문학비, 생가터 그리고 묘소가 있는 군산이다.
　애마를 몰아 청보리가 익어 간다는 고창으로 내려갔다.
　청보리밭 축제가 열리는 학원농장은 전 국무총리 진의종과 부인 이학 여사가 1960년대 초반 고창군의 야산 약 33만㎡를 개간하여 조성하였다.
　1992년 초 설립자의 장남인 진영호 씨가 귀농하여 정착하면서 보리와 콩을 대량으로 재배하고, 화훼 농업을 병행하면서 관광 농업을 시작하였고, 2000년대에 들어 관광객들이 크게 늘자 봄에는 보리, 가을에는 메밀을 번갈아 재배하여 아름다운 농장 풍경을 가꾸었다.

아직 청산도 보리밭은 가지는 못했지만, 사진으로만 보면 학원농장만큼은 비교가 안 될 듯싶다. 어려서는 보리밭을 본 기억이 있고, 몇 해 전에는 논산 쪽에서 오르는 대둔산 초입의 보리밭도 상당히 컸던 기억이 있다. 축제 기간과 겹쳐 많은 관광객과 그 광활한 청보리밭의 정취에 몸과 마음을 담으니 푸른 하늘처럼 그리고 초록의 들판처럼 상쾌해지고, 고창군 관광자원의 하나로 자리매김을 한 학원농장이 주차료, 입장료도 없이 운영하는 것이 더욱 고맙고 자랑스럽다.

장성으로 자리를 옮겨 백양사 밑에서 하루를 묵었다.
그다음 날 아침에 백암산에서 흘러내리는 계곡 물소리에 잠이 깨어 아침 산책을 하고 나니 단풍두부집 식당의 조반이 더 꿀맛이었다. 백양사는 내장산 국립공원 안에 있는 절로 주차장에서 대웅전까지 가는 길은 수령이 오래된 갈참나무와 단풍나무가 울창한 숲을 이루어 5월 초 더위에 상큼함을 더해 준다.
백양사 관람을 마친 후, 선운사의 말사인 부안 내소사로 향했다. 입구의 전나무숲길을 걷기 위해서다.
전나무들은 사시사철 푸르름을 뽐내지만, 주변의 다른 나무들의 연둣빛이 더해져서 그 어느 때보다 싱그러움을 더해주었다. 내소사 일정을 마치고 군산으로 향했다.

서울 남산공원만큼이나 규모가 제법 큰 월명공원을 먼저 들러 채만식 문학비가 있는 위치를 알아보았다.

반대편 군산서초등학교 쪽이 문학비에서 훨씬 더 가까워 보였다. 예비 답사를 마치고 야경이 멋있는 군산 내항에서 짐을 풀었다. 다음 날 일흥옥에서 콩나물국밥으로 해장하고 월명공원으로 향했다.

군산의 상징인 월명공원에서는 사방으로 군산 시가지를 조망할 수 있다. 해망굴 옆 흥천사 입구에 차를 대고 계단을 오르면서 월명공원 산책이 시작된다.

수시탑에 이르러서는 군산 앞바다를 오가는 작은 어선들과 대형 선박들, 금강 건너편의 장항 일대가 시원스레 내려다보이고, 이어서 바다조각공원에서 다양한 작품들을 감상할 수 있었다. 조각공원에서 조금 더 산책로를 따라 걸어 올라가면 채만식 문학비와 만나게 된다.

문학비의 앞뒤 비문에는 상단에 "백릉 채만식 선생 문학비"라고 쓰여 있으며 그 아래로 그의 일대기가 자세하게 적혀 있다.

둘레길을 걷는 사람들은 제법 많았으나 문학비를 찾는 사람들은 거의 없어 주변엔 잡초만 무성해서 군산시의 문학비 관리에 아쉬움이 숙제로 남는다. 인증 사진을 찍고 올라왔던 산책길로 되돌아 내려왔다. 이어서 채만식문학관으로 향했다.

문학관 방문은 사실 이번이 두 번째다.

지지난해 12월에 들렀을 때는 겨울비가 내리고 독감 기운이 있어 제대로 관람을 못 했기 때문에 다시 둘러보기로 했던 것이었다. 주차장에서 문학관으로 향하는 길에는 겨울과 달리 하얀 철쭉꽃 동산이 맞이해주었다. 군산시가 백릉 채만식(1902~1950) 선생의 작가 정신을 기리고 지역 문학인들의 문화공간으로 활용하고자 건립하였다.

채만식 문학관은 소설「탁류」의 배경인 금강 변에 위치하였는데 전체적으로 정박한 배의 형상을 갖추고 있다. 문학관 입구에 들어서니 여성 해설사분이 반갑게 맞이하며 문학관의 연혁과 채만식 선생의 일대기 그리고 대표작「탁류」의 줄거리를 설명해 나갔다.

군산이 고향이라는 그녀는 특유의 전라도 사투리로 실감이 나도록 잘 설명해 주어서 나는 부모님이 6·25 때 인천에서 아구리(피난민들을 수송하기 위한 임시 배) 배를 타고 군산으로 피난 온 것, 작은 매형이 군산상고를 나온 것 그리고 한국유리 근무 시절 이곳 군산 공장에 자주 출장을 와서 군산과 남다른 인연을 강조하며 정감 있는 얘기를 주고받았다.

어제 예비 답사길에 공원 안내 표지판에 "채만식 문학비"를 "채안식 문학비"라고 적혀 있던 내용과 오늘 들렀던 문학비 주변 관리에 대한 소홀함을 군산시 측에 알려서 시정하도록 부탁을 드리기도 했다.

　설명을 들은 다음, 전시실을 관람했다.

　1층 전시실은 선생의 삶을 정확한 고증과 검증을 통해 자료와 정보가 보다 사실감 있게 보관 및 재현해 놓아서 60여 년 전의 작가의 삶을 더욱더 잘 느낄 수가 있었다.

　2층의 영상, 세미나실은 좌석이 50석으로 독서 감상회 등, 강사와 함께 그룹 토의도 할 수가 있으며, 선생과 관련한 영상 작품 감상이 가능하게 되어 있다.

　1902년 전북 옥구군에서 태어난 소설가 채만식 선생은 중앙고보를 거쳐 일본 와세다대학 영문과를 중퇴했다.

　춘원 이광수의 추천을 받아 1925년 단편 '새 길로'가 조선 문단에 추천되면서 문단에 데뷔했다.

　1919년 3·1운동 이후 일제의 식민지정책이 문화정치로 전환하고, 러시아혁명의 영향으로 사회주의 사상이 광범위하게 확산하면서 새롭게 등장한 프롤레타리아 문예 운동단체이자 한국 최초의 전국적인 문학 예술가 조직인 카프(에스페란토 식 표기의 머리글자를 따서 '카프(KAPF)'로 약칭) 문학에 가담하지는 않았지만, 그 문학적 이상을 일정 부분 공유했다.

그런 이유로 1~2편의 유사 작품을 창작한 것이 논란이 되기도 한다. 그리고 초기의 작품들에서 충분히 예시되고 있는 것처럼 그는 프로 작가로서 남다른 자의식을 지니고 있었던 것이 사실이다. 이러한 채만식의 문학적 경향성을 고려한다면 그는 카프에 참여했던 것이 오히려 자연스럽다고 할 수가 있다.

1933년까지 발표한 여러 작품은 프롤레타리아 문학에 동조하는 경향을 나타내고 있다.

그러나, 그 이후 희곡 〈인텔리와 빈대떡〉과 자전적 소설〈레디메이드 인생〉 등과 같은 풍자적인 작품을 발표하면서 독자적인 문학세계를 보여주어 한국 문단에서 기반을 확고히 다지기도 했다. 특히 〈레디메이드 인생〉은 일제강점기의 '직업 동냥'에 나선 지식인이 겪는 좌절과 그 현실을 풍자와 냉소로 제시하고 있고, 그의 대표작 「탁류(濁流)」는 장편소설로서, 일제강점기에 호남평야에서 생산된 미곡을 일본으로 반출하던 항구도시 군산을 배경으로 한 여인의 수난사를 그려냈다.

「탁류」라는 제목에서도 암시하듯이 타락한 사람들로 이루어진 사회, 위선·음모·살인이 횡행하는 1930년대 한국 사회의 단면을 예리하게 해부한 작품이라고 할 수 있다.

「탁류」는 1937년 10월 12일부터 1938년 5월 17일까지 《조선일보》에 연재된 작품으로, 한 여인의 비극적인 삶을 통해 일제강점기의 어둡고 혼탁한 현실을 고발하고 있다.

소설의 주요 내용은 순수한 처녀가 세파에 시달리고 악한 사람들에게 유린당한 끝에 결국은 살인자가 되어 버린 것을 맑은 강물이 점차 혼탁해지다가 거센 탁류가 되어 서해로 빠지는 것에 대응한다는 것이다.

이 작품의 등장인물들은 탁류와 같은 현실을 살아가는 금강 연안 하층민들이며, 주인공 초봉의 가족은 당대 몰락한 계층의 전형이라 할 수 있다.

초봉과 같은 순수한 인물이 그녀의 세 번째 남자인 장형보가 딸을 학대하는 모습을 견디다 못해 장형보를 살해하고, 계봉과 승재에게 뒷일을 부탁하고 자수하는 것으로 결말이 지어진다. 살인과 고립으로 나아가는 것은 비극적 운명이라 할 수 있으며, 이것은 공포와 연민의 카타르시스를 불러일으킨다.

동시에 절망감을 딛고 일어서서 당대 사회의 속악성과 대결할 것을 기약하는 계봉, 남승재 등의 새로운 인간상도 작품에서는 보여 주고 있다.

나는 해설사의 인상 깊었던 탁류의 내용 전개가 궁금해서 인천에 올라온 즉시 대한서림에서 「탁류」를 구입해 출퇴근길에 재미있게 읽어 내려갔다. 700여 페이지가 넘는 장편소설임에도 전혀 지루하지가 않았다.

군산까지 흘러와서 서해와 합쳐지는 금강을 두고 채만식은 '탁류'에서 눈물의 강이라고 불렀던 것처럼 주인공 초봉의 삶은 그렇게 혼탁했다.

채만식은 한국전쟁 직전 고향인 군산 근처에서 가난과 폐결핵이라는 병고로 시달리다 마흔여덟의 짧은 나이에 숨을 거두었다. 문학관을 둘러보고 시간이 없어서 그의 생가터와 묘소를 찾아가지는 못했지만, 군산시 임피면 사거리의 임피파출소 건너편에 생가터 비석이 세워져 있으며, 바로 뒤편에 있는 비디오 상점이 진짜 생가 자리라고 한다.

생가 안에는 선생의 흔적은 모두 사라지고, 다만 우물만이 그대로 자리하고 있다고 하는데, 현재 보존 상태가 좋지 않기 때문에 근대 문화유산으로서의 건축학적 가치는 떨어지나, 일제 강점기 군산을 대표하는 소설가 채만식을 기념하는 차원에서라도 더 이상의 훼손을 막기 위한 조치가 필요하다고 하는 것이 중론이다.

채만식 선생은 왕성한 작품 활동을 통하여 열정의 삶을 살다 홀연히 떠난 작가다.

그는 시대적 아픔 속에서 희생당한 작가이며, 불운했던 시대, 그 일제의 강점기에 활동했던 수많은 문인이 겪어야 했던 아픔 속에서 민족문제연구소(민문연)에서 2009년에 친일 인명사전이 발간되면서 채만식의 이름도 올려져 있어 친일 논란으로 또 한 번 아픔을 겪어야만 했다.

최남선, 이광수, 김동인, 노천명, 모윤숙, 유진오, 서정주, 주요한 등 40여 명이 넘는 문인들이 도마 위에 오르면서 친일과 문학적 업적 사이에서 방황하는 모습이다.

친일 행적이 문학적 업적까지 폄하해서는 안 될 것이다.

정도의 차이는 있을 테지만, 36년의 긴 일제 강점기에 그들이 겪어야 했던 무거운 십자가를 감내하기에 벅찬 감도 있었을 것이다. 실제로 채만식 선생은 해방 후, 1948년 『백민』에 게재된 단편 「민족의 죄인」에서 일제 강점기하의 어려운 가계 때문에 일제가 주최한 강연회 등에 참석한 일에 대하여 자신을 "민족의 죄인"이라고 반성하였다.

  어쨌든 그의 친일 행적은 분명 잘못되었고 비판받아야 할 사항이지만 그 사실은 역사적 판단에 맡기고, 문학적 업적은 업적대로 정당한 평가가 내려져야 함이 어떨지……

  문학기행을 마치면서 친일 문학인들의 행적과 한편으로는 펜을 굽히지 않았던 애국 문학인들의 상반된 삶을 내 자신은 어떻게 평가해야 하는지가 숙제로 남는다.

소설가 김유정

소설가 김유정

제10차 문학기행(춘천시, 2019년 6월 8일)

　소설가 김유정은 학창 시절 국어 교과서를 통해서 알게 된 인물이다. 대표작이 「동백꽃」, 「봄봄」 등등으로만 기억이 날 뿐이었다. 그런데 어른이 되고 나서부터 춘천을 여행 다니면서 김유정은 춘천 출신 문학인이었기 때문에 내 마음속에 늘 가까이 자리매김을 하고 있었다.

　사실 7~80년대만 하더라도 춘천은 젊은 사람들의 여행지로서는 로망이었다. 그 당시 유행하는 말로는 "사랑하는 사람이 있다면 그와 함께 춘천으로 데이트를 가면 결혼으로 골인할 수 있는 확률이 매우 높다"라고 회자할 정도로 호반의 도시 춘천은 나름대로 데이트 분위기가 다른 도시들과는 확연히 다른 그 무엇이 있었던 것은 사실이다. 실은 나도 졸업 후, 입사 다음 해 겨울 크리스마스쯤에 막 사귀기 시작한 와이프와 그녀의 친구들 그리고 나의 입사 동기들이 미팅을 통해 1박 2일로, 춘천으로 여행을 갔었다. 물론 40년 전의 일이긴 했지만, 그중에 우리 커플만 결혼으로 골인했다. 아무튼 춘천이란 도시는 지금까지도 그만큼 매력이 넘치는 도시임은 틀림없다.

　경춘선을 타고 강촌역을 지나 춘천에 다다르게 되면 만나는 역이 김유정역이다. 우리나라 철도 역사상 처음으로 사람 이름을 붙인 것이 김유정역이다.

1930년대 가장 대표적인 문학인이었던 소설가 김유정은 바로 이곳 춘천의 실레마을 출신이다.

1968년 김유정 31주기를 맞아 발족된 김유정 기념사업회는 김유정 문인비와 행장비를 의암호 도로변에 건립하고, 김유정 문학의 밤, 김유정 추모제를 개최하였다고 했다.

김유정문학촌은 몇 년 전 가을에 금병산 산행을 하고 둘러본 곳이기도 하지만, 이번 현충일 연휴에 문학기행 차원에서 다시금 둘러보게 되었다.

그때와는 사뭇 다르게 기념사업회 측에선 김유정 작가의 생가를 안방과 대청마루, 사랑방, 봉당, 부엌 그리고 곳간으로 이루어진 전형적인 "ㅁ" 자형으로 복원하고 기념전시관 및 부대시설도 마련하고 작품의 무대인 실레마을에 문학 산책로를 조성하는 등 김유정 작가의 문학적 업적과 문학정신을 알리기 위해 노력해 왔으며 지금도 잘 운영되고 있었다.

그날도 많은 탐방객들로 곳곳마다 북적북적했다. 김유정문학촌에는 마을의 지도와 함께, 각각의 장소가 배경이 된 작품 설명이 명시된 안내판이 있다.

바로 뒤에 있는 금병산은 사춘기 남녀가 애정과 개성에 눈떠가는 과정을 전원 서정 속에 특유의 해학적 수법으로 표현한 그의 대표작『동백꽃』의 배경이 되었으며 그의 작품들에는 시골을 배경으로 쓴 것들이 많아 자연적으로 지방색이 짙은 사투리를 아주 많이 접하게 되나 정확한 뜻을 잘 몰라 작가가 표현하고자 하는 본래의 뜻을 이해하기가 쉽지 않았으나 해학 같은 표현들이 많고, 대부분 단편이라서 낯익은 작품들을 며칠 안 걸려서 다 읽을 수가 있었다.

그런데, 이처럼 아담한 규모의 문학촌을, 문학관이 아닌 문학촌이라 명명한 이유는 이곳에는 김유정의 유품들이 단 한 점도 없기 때문이라는데, 이는 유정이 폐병으로 투병 생활을 하다가 외롭게 숨을 거둔 후에 오랜 친구인 안희남이 그의 유고들, 편지, 일기, 사진 등등 모든 유품을 가져가서 보관하던 중 6·25가 발발하자 모두 가지고 월북했기 때문이라고 전한다. 하지만 유물은 없어도 일단 기념관에 들어서면 충분히 김유정을 느껴볼 수는 있다.

김유정의 일대기를 설명하는 비디오물을 감상하면 불행했던 그의 삶과 그 속에서 꽃피운 문학세계를 접해볼 수가 있으며, 태어난 해부터 사망했을 때까지의 기록을 연대별로 전시를 해 놓아서 당시 한국 문학의 흐름을 파악해 볼 수 있다. 우리나라 문학관 중에 관람객이 직접 참여하는 체험 행사를 지속적으로 마련하고 있는 김유정문학촌에서는 매월 작품 속의 모티브를 활용한 문학체험 행사를 진행하고 있다고 한다.

그리고 문학촌 안에는 아담한 연못과 정자가 마련되어 있어 계절이 주는 아름다운 경치를 만끽할 수가 있다.

한편 동상 뒤편에 자리한 김유정전시관에는 작품들을 년도별로 구분하여 전시되어 있으며 해설사의 도움으로 작품의 이해도를 높일 수도 있다.

 또한 문학촌을 중심으로 김유정 소설 속의 실제 지명을 순례할 수 있는 문학 산책로가 조성되어 있으며 금병산을 오르는 산행의 시발점이기도 하다.

 그럼 여기서 그의 생애를 살펴보면, 실레마을에서 태어난 김유정은 줄곧 서울에서 자라고 생활하다 1931년에 23살의 나이로 귀향해서 금병의숙이라는 일종의 야학을 설립하여 농촌 계몽 운동을 벌이던 그가 처녀작인『산골 나그네』를 발표한 것은 2년 후인 1933년이다.

 실레마을에서 실제로 목격한 일을 소재로 활용한 처녀작 이후로도 김유정 소설의 대부분이 실레마을에서 구상되었고, 작품의 등장인물도 상당수가 이곳에 실존했던 인물들이었다.

김유정은 1935년 단편소설 『소낙비』가 조선일보에, 노다지가 중앙일보의 신춘문예에 각각 당선되어 문단에 올랐다.

그는 등단하던 해에 『만무방』, 『봄봄』 등을 발표하였고, 그 이듬해엔 『산골 나그네』, 『동백꽃』 등을 발표하였으며, 1937년에는 『땡볕』, 『따라지』 등을 발표하였다.

그 뒤 후기 구인회(九人會)의 일원으로 김문집, 이상 등과 교분을 두면서 창작활동을 하였다. 구인회란 1920년대의 시문학파(詩文學派)에서 추구한 순수 문학의 흐름을 계승하여 1930년대 이후의 민족 문학의 기반을 마련하고 근대 문학적 성격을 현대 문학적 성격으로 전환하는 데에 크게 기여한 문학 단체이다.

1933년 8월 이종명, 김유영의 발기로 이효석, 이무영, 유치진, 이태준, 김기림, 조용만, 정지용 등 9인이 결성했다. 이후 이종명, 김유영, 이효석이 탈퇴하고 박태원, 이상, 박팔양이 참여하였다. 그 뒤로 다시 유치진, 조용만이 탈퇴하고 김유정, 김환태가 가입하여 항상 9명의 회원만을 유지하면서 『시와 소설』이라는 기관지를 1회 발간하기도 했다.

이렇듯 그는 불과 2년 남짓한 작가 생활을 통해서 30편 내외의 단편과 1편의 미완성 장편, 그리고 1편의 번역 소설을 남길 만큼 왕성한 창작 의욕을 보였으나, 30세의 젊은 나이에 병사했다는 것이 무척 아쉽다.

김유정의 문학세계를 살펴보자면, 소설은 그의 체험적 소재에 따라 크게 세 갈래로 나눌 수 있다.

그 하나는 고향 실레마을 사람들의 가난하고 무지하며 순박한 생활을 그린『봄봄』,『동백꽃』등으로 그의 작가적 특징이 가장 잘 나타난 일면이다.

다음은 그의 금광 체험에서 얻어진 것으로서, 일제 치하의 가난 속에서 일확천금의 꿈에 한 가닥 희망을 걸고 사는 사람들의 생태를 그린『노다지』,『금 따는 콩밭』등 그리고 도시에서의 가난한 작가인 본신의 생활을 투영시킨『따라지』,『봄과 따라지』등이 그것이다.

그의 문학세계는 본질적으로 희화적(戲畫的)이어서, 냉철하고 이지적인 현실감각이나 비극적인 진정성보다는 따뜻하고 희극적인 인간미가 넘쳐흐르는 게 특징이라고 할 수가 있겠다.

문학촌을 둘러보고 문인비와 행장비를 찾아가 보기로 하고 의암호로 향했다. 의암댐을 건너 얼마 안 가서 구도로 좌측 편에 키다리 김유정 문인비와 그 옆으로 김유정 행장비가 그대로 자리 잡고 있다. 지금은 강촌을 지나면서 의암댐 아래편으로, 시내로 진입하는 새로운 넓은 도로가 건설되어 있어서 그 옛날에 다녔던 그 좁은 도로는 차들이 가끔 지나칠 뿐이고 오히려 사이클 행렬 및 트래킹하는 사람들만 자주 지나간다.

1991년 2월에 가보고 실로 28년 만에 그것들과의 해후였다.

다시금 같은 자리에서 같은 자세로 인증사진을 했다.

춘천이 자랑하는 것이 있다면 소양강댐, 청평사, 춘천댐, 의암댐, 위도유원지, 공지천 등등이 있겠지만 요즘 들어 새롭게 주목받는 명소가 있다면 바로 김유정문학촌일 것이며 이번 문학기행을 마치면서 바람이 있다면, 바로 의암호 주변에 위치한 문인비와 행장비도 찾아보고 호수 건너편에 우뚝 솟아 있는 삼악산 정경과 석양이 내려앉는 의암호 주변의 아름다운 정취에 젖어 보는 것도 괜찮을 듯싶다.

시인 박두진

시인 박두진

제11차 문학기행(안성시, 2019년 11월 30일)

　안성시 보개면 남사당로 198-11에 있는 박두진 문학관은 일제강점기부터 60년 동안 20여 권의 시집을 펴내며, 1,000여 편의 시와 400편이 넘는 산문을 발표했던 혜산(兮山) 박두진 시인의 문학사상을 널리 알리고 기념하며, 박두진 관련 자료의 체계적 수집과 보존을 목적으로 그가 태어나 유년 시절을 보냈던 안성에 2018년 11월에 건립되었다.

　서운산을 넘는 강렬한 햇빛과 짙푸른 하늘 그리고 사갑들 평야의 거센 바람으로 기억되는 안성의 자연환경은 훗날 박두진 시인의 중요한 시적 소재가 되었다.
　안성의 진산인 서운산은 재작년 제물포고 동문 산우회에서 9월 월산행으로 다녀온 바가 있으며 그곳에서 그림을 그리고 있는 후배(민대홍 군, 처사촌 매제) 내외가 그 유명한 안성 포도를 참가자 전원에게 선물로 주어서 맛있게 먹었던 기억도 있다.
　지난 10월 역사 기행문 『걸어서 삼남길』 출판기념회 서두에서도 언급한 바 있듯이 최근 시행하고 있는 문학기행 다음 행선지가 안성에 있는 시인 박두진 문학관이었다.

11월 30일(토)에 때마침 용인에서 결혼식이 있어서, 결혼식 참관 후 근처의 안성 박두진 시인 문학관을 둘러보기로 했다.

안성의 하늘은 그날도 파란 가을 색이었다. 후배 내외는 외지로 출타 중이었으므로 우리끼리만 관람했다.

박두진 문학관은 시민공원으로 조성된 안성맞춤랜드 안에 3층 건물로 되어 있으며 청록파 시인의 문학 세계를 살려 자연 친화적으로 아주 독특한 설계를 바탕으로 전시, 교육, 휴식이 함께 하는 복합문화공간으로 아름답게 지어졌다.

1층 안내 데스크에 들어서니 마침 교육프로그램이 진행되고 있었으며, 문화해설사의 도움으로 상세한 설명과 함께 북카페 그리고 2층에 있는 상설 전시실과 기획전시실을 둘러볼 수가 있었다.

상설 전시실은 박두진이 문학적으로 걸어온 발자취와 그가 펴낸 시집들을 한눈에 살펴볼 수 있도록 1부 '박두진의 시를 읽다'와 박두진의 일상생활과 관련된 자료를 전시하고, 서재를 재현한 2부 '박두진의 일상을 보다'와 그가 직접 수집한 수석들을 모아 전시하고 있으며, 글씨, 그림 등 다양한 예술 분야에서 활동한 박두진의 작품과 예술세계를 감상할 수 있도록 준비한 3부 '박두진의 예술세계와 만나다'로 구성되어 있다. 전시실을 둘러보는 중에 눈에, 띄는 것은 소프라노 조수미가 불러 낯익은 박두진 시 '꽃구름속에' 시가 표구되어 전시되어 있다.

꽃바람 꽃바람
마을마다 훈훈(薰薰)히
불어오라

복사꽃 살구꽃
화안한 속에
구름처럼 꽃구름 꽃구름
화안한 속에

꽃가루 흩뿌리어
마을마다 진한
꽃향기 풍기어라 … 중략.

또한 전시실 바닥으로는 시 작품들이 비치는데, 내가 즐겨 부르는 서유석의 노래 "하늘"이란 시가 때마침 펼쳐져 사진에 담았다.

하늘이 내게로 온다.
여릿여릿
머얼리서 온다.
하늘은, 머얼리서 오는 하늘은
호수처럼 푸르다.
호수처럼 푸른 하늘에
내가 안긴다.
온몸이 안긴다 … 중략

기획전시실에는 매년 새로운 전시를 개최하는데, 현재는 박두진의 서울 연희동 자택 서재에 보관되어 있던 박두진 저서를 비롯한 2천여 권의 책들, 제목을 알기 어려운 고서와 시집, 소설, 외국어 서적, 잡지 등 다양한 종류의 문학 자료들을 전시하는 〈박두진 서재에서 찾은 문학유산〉 특별전(2019년 12월 31일까지)이 열리고 있었다.

또한 다목적실에서는 박두진 관련 영상을 상영하거나 문학 교육 행사를 진행하게 되어 있다.

3층으로 올라가면 박두진의 문학적 토대가 되었던 안성의 아름다운 자연환경을 직접 느껴볼 수 있는 전망대가 있으며 거기서 그의 묘소가 있는 비봉산을 정면으로 바라볼 수가 있다.

그의 고향 안성에서는 그의 시 정신을 기리고 오늘에 되살리는 뜻에서 해마다 10월에 '혜산 박두진 문학제'가 열리며, 공모를 통해 '혜산 박두진 문학상'을 시상한다고 한다.

시인 수주 변영로

시인 수주 변영로

제12차 문학기행(부천시, 2020년 9월 6일)

생시에 못 뵈올 님을

생시에 못 뵈올 님을 꿈에나 뵐까하여
꿈 가는 푸른 고개 넘기는 넘었으나.
꿈조차 흔들리우고 흔들리어
그립던 그대 가까울 듯 멀어라.

 부천시 고강동 고리울이란 동네에 부천시 향토 문화유적인 밀양 변(卞) 씨 선조들의 묘소와 변 씨 고택(종가)이 아직도 이곳 강상골을 지키고 있으며, 수주 변영로 묘소에는 위의 시가 새겨져 있는 기념비가 세워져 있다. 변색이 되어 버린 그 옛날 대학교 때의 내 시작(詩作) 노트에 이 시가 적혀있는 것을 보면 그때부터 나는 수주를 무척이나 좋아했던 것 같다.
 그동안 오랜 세월 속에 그의 묘소를 찾는다는 것이 지척에 있으면서도 늘 마음의 고향인 듯 '그립던 그대 가까울 듯 멀어라'의 시구(詩句)처럼 40여 년이 지나서야 겨우 얼마 전인 9월 6일에 그의 묘소를 찾아갔다.

동네 어귀에서 골목길을 지나 변 씨 고택(종가) 앞에 차를 세우고 변씨 문중 묘역으로 올라갔다.

수주 묘소 앞에서 간단한 기도로 예를 갖추었다.

추석이 다가오는데 문중에서는 아직 벌초하지 않아 묘역 전체에 풀이 발목까지 차오른다. 묘역 외곽으론 둘레길이 있어 사람들이 수시로 오가고는 있으나 수주 묘소와 기념비를 찾는 사람은 없다.

둘레 길을 조금 걷다가 김포공항이 가까워 비행기가 수시로 아주 낮게 날며 내는 소음 때문에 황급히 그곳을 내려왔다.

부천시 향토 문화유적이란 말이 어색하듯이 묘역이 전반적으로 초라하고 관리가 허술해 보였으며, 변씨 문중과 부천시에서는 수주 변영로 문학관 정도는 건립하여 그의 문학 활동에 대한 업적을 널리 알리고 보존해야 하는 것이 아닌가 하는 생각이 자꾸만 드는 이유는 무엇일까?

고교 동기인 변종돈(전 공군 소장) 군과 박종석(개인 사업) 군 그리고 오세일(개인사업) 군이 바로 이곳 오정 초등 출신이며 변종돈 장군은 수주와 같은 밀양 변씨 문중(門中)이다.

예기치 않았던 코로나 사태로 인해 거리두기 실천으로 함께 문학기행을 못 한 것이 못내 아쉽다.

변영로 시인은 아호가 수주(樹州)이며 서울 재동보통학교를 거쳐 1910년 사립 중앙학교에 입학하였으나 1912년 체육 교사와 마찰이 일자 자퇴를 하고 만주를 유람하다가 같은 해 이흥순(李興順)과 결혼하였다.

1915년 조선중앙기독교청년회학교 영어반에 입학하여 3년 과정을 6개월 만에 마치고 1931년에 미국 캘리포니아주립 산호세대학에서 수학하였다.

이후 그는 조선중앙기독교청년회학교 및 중앙고등보통학교에서 영어 교사를 지내기도 하였으며, 1919년에는 독립선언서를 영문으로 번역하기도 했고, 1936년 독일 베를린올림픽에서 손기정 선수(1912~2002)가 세계신기록으로 마라톤에서 금메달을 획득한 소식은 일장기를 말살하여 신문을 제작하기도 했었다.

또한 1920년에 '폐허(廢墟)', 1921년에는 '장미촌(薔薇村)' 동인으로 참가하였으며, 신민공론(新民公論) 주필을 지내기도 하였다.

1923년에 이화여자전문학교 강사로 부임하였다.

1933년 동아일보 기자로 근무하다 해방 후 1946년에 성균관대학교 영문과 교수, 1950년에 해군사관학교 영어 교관으로 부임하기도 했다. 1955년에는 제27차 비엔나국제펜클럽대회에 한국대표로 참석한 바 있다.

논개

거룩한 분노는
종교보다도 깊고
불붙은 정렬은
사랑보다도 강하다.
아! 강낭콩 꽃보다도 더 푸른그 물결 위에
양귀비꽃보다도 더 붉은그 마음 흘러라……

고등학교 때 국어책에 실려서 외우고 다녀서 지금까지도 저 위 구절은 생생히 읊조릴 수가 있다.

한편, 가수 이동기는 1982년에 제4집 앨범에 논개(이건우 작사)라는 노래를 실어 공전의 히트를 했으며, 1987년도에는 우연히 일본의 TV 방송국에 출연하여 논개라는 노래를 불러서 대박이 나는 바람에 4년여 동안 일본을 오가며 돈을 많이 벌었다고 한다.

몸 바쳐서 몸 바쳐서 떠내려간 그 푸른 물결 위에
몸 바쳐서 몸 바쳐서 피다간 그 사랑 그 사랑 영원하리.
(논개 가사 중 말미 부분임)

그런데, 아이러니하게도 논개는 실존 인물로서 진주목(晉州牧)의 관기(官妓)로 1593년(선조 26) 임진왜란 중 진주성이 일본군에게 함락될 때 왜장을 유인하여 순국한 의기(義妓)인데, 이동기 씨의 말에 의하면 일본 방송국에서 공연할 때 가사를 전혀 안 바꾸고 불렀는데도 일본 사람들이 그 노래를 그렇게 좋아했다고 전

한다. 나는 진주가 본관인 진주(晉州) 김 씨로서 2013년 6월에 그곳 진주성 촉석루와 논개의암을 방문했었다.

나는 대학교 1학년 어느 날 교양 과목인 국어 강의 시간에 교수님을 통해서 바로 그 유명한 수필 『명정(酩酊) 40년』이란 책을 소개받았다.

하굣길에 바로 서점에 들러 사서 읽었을 정도로 그 내용들이 무척 궁금했었기 때문이다.

술꾼들의 필독서가 된 이 수필집은 자신이 저지른 실수 내용들을 솔직 담백하게 써 내려갔다. 막걸리를 좋아했던 나로서는 당연히 읽어야 했고 그러한 그의 삶에 은근히 끌렸다.

명정(酩酊)이란 단어에서도 알 수 있듯이 술 취할 '명(酩)'에 술 취할 '정(酊)'이다.

첫 장부터 수주는 명정 40년 이란 수필들을 쓰게 된 동기를 솔직하게 밝히고 있다. 즉, 1898년에 태어나 1961년에 63세의 나이로 소천한 그는 말 그대로 근대를 살아오며 남들은 툭하면 30년 동안 해외에서 민족해방 운동을 하였느니, 40년간 독립운동을 하였느니 큰 소리로 꾸짖는 판에 내가 무슨 할 일이 없이 50에 가까운 나이에 40년을 늘 술에 취해 성했다가 쇠하기는 한단 말인가. 술 때문에 비극성을 띤 자신 삶이 희극으로 일관했던 내용들을 '술 바람'에 신나게 써 내려갔던 것이다.

그래서 수주의 글을 읽노라면 같이 술에 취해가는 느낌이 들기도 하고, 술의 멋이라는 무엇인가를 다시 한번 생각하게 된다. 명정 40년의 클라이맥스는 역시 '백주에 소를 타고' 편이다.

술을 좋아하는 공초(空超) 오상순(吳相淳), 성재(誠齋) 이관구(李寬求), 횡보(橫步) 염상섭(廉想涉) 등과 함께 지금의 성균관대학교 뒷산에 올라가, 동아일보 편집국장이던 고하(古下) 송진우(宋鎭禹)가 보내 준 50원으로 고기 안주에 술을 마시면서 객담·농담·문학 담을 두서없이 나누면서 즐겁게 지낸다.

그러다가 갑자기 내린 폭우 속에서 만세를 부르고 공초의 기상천외한 발언으로, 즉 대자연과 인간 사이의 이간물인 옷을 모두 찢어 버리자는 의견에 호응하여 서로 춤을 추고 노래를 부르다가 언덕 아래 소나무에 매여 있던 소를 타고 시내로 진출하려다가 봉변을 당해 실패했다는 내용이다. 가히 수주가 아니면 과연 이런 해학(諧謔)과 풍자(諷刺)가 있을까?

아무튼, 시인으로서 그의 시작 활동은 1918년 청춘(靑春)에 영시 코스모스(Cosmos)를 발표하면서부터 시작되었는데, 그 당시에는 천재 시인이라는 찬사를 받기도 하였다.

수주는 1924년에는 첫 시집 『조선의 마음』이 평문관(平文館)에서 간행되었는데 거기에는 「버러지도 싫다하올 이몸이」를 비롯한 28편의 시와 수상록 8편이 수록되었다.

그러나 이 시화집은 내용이 불온하다 하여 발행과 동시에 곧 총독부에 의하여 압수되어 폐기 처분되었다고 전한다.

그의 시작품들은 가락이 부드럽고 말씨가 정서적이어서 한때 시단의 주목을 받았으며, 작품 기저에는 민족혼을 일깨우고자 한 의도도 깔려 있었다.

그의 시 세계는 크게 3기로 구분된다.

1기는 시집 『조선의 마음』이 발간되기까지인데, 민족시인으로서의 의식이 표출된 시기이다.

이 무렵의 대표작으로는 저 위의 「논개」를 들 수 있다.

2기는 그 뒤부터 해방되기까지의 시기로, 자신을 둘러싼 상황인식에서 오는 절망감 속에서도 선비적 절개와 지조를 고수하려는 태도가 잘 드러나 있다. 이 시기의 대표작으로 「실제(失題)」·

「사벽송(四壁頌)」 등을 들 수 있다.

3기는 해방 후부터 1961년 소천하기 전까지의 시기로 「돛은 되었건만」과 같이 민족의 앞날을 걱정하는 우국적 시를 주로 썼다. 시작 활동 이외에도 우리 문단에 영미문학(英美文學)을 소개하고 우리 문단의 작품들을 영역하였으며, 남궁 벽(南宮璧)의 유고 일문시(日文詩)를 『신생활』에 소개하여 별로 알려지지 않은 시인의 위치를 확고하게 하는 등 시사(詩史)에 공헌한 바가 크다고 할 수 있다.

저서로는 수필집 『명정사십년(酩酊四十年)』(1953) 『수주시문선(樹州詩文選)』(1959) 영문 시집 『진달래동산(Grove of Azalea)』(1948) 및 1981년 유족들이 간행한 『수주변영로문선집(樹州卞榮魯文選集)』 등이 있다.

시와 수필에 남다른 재주를 보였고, 영문학에도 능하여 고전 시조의 영역으로 사람을 놀라게도 하였다.

교육가로서 언론인으로 성문을 높였으며 거의 일생을 술과 더불어 시종하였으니 남달리 예리한 감각의 소유자로서 36년간 가혹한 왜정의 질곡 속에서 생생한 본정신을 가지고는 비분강개한 나머지 실신 지경에 이르지 않을 수 없었던 탓으로 호리건곤 도피하여 세간의 갑자(甲子)를 망각하려 하였던 것이 아니었든가 라고 어느 문학평론가는 그를 이렇게 평가했다.

그랬다. 명정 40년이란 그의 수필에서는 이를 증명하고도 남음이 있다.

수주는 63세를 일기로 작고하여 그 유해가 이곳 부천 고강동 밀양 변 씨 묘역에 잠들어 있다.

방랑시인 김삿갓

방랑시인 김삿갓

제13차 문학기행(영월, 2020년 9월 26일)

    추석을 며칠 앞두고 우리는 강원도 영월에 있는 시인 김병연의 고택과 묘소 그리고 문학관을 찾아보기로 했다.
    흔히들 김삿갓을 방랑 시인, 그리고 풍자와 해학이 넘치는 시를 남긴 기행의 시인쯤으로 알고 있으나, 정말 그것이 김삿갓의 참모습일지를 살펴보기로 한 것이다. 그의 일대기를 돌아보면 다음과 같다. 양반의 신분을 버리고 방랑하는 삶을 선택한 조선 후기의 시인 김삿갓(1807~1863)의 본명은 병연(炳淵)이요, 삿갓을 쓰고 다녔기에 흔히 김삿갓 또는 김립(金笠)이라고 부른다.
    안동 김씨와 한 집안이었기 때문에 그의 할아버지도 벼슬을 할 수가 있었으니 이름은 익순(益淳)이요, 그의 아버지는 안근(安根)이다. 그는 세 아들 중 둘째로 태어났다.
    벼슬이 높았던 그의 할아버지는 그가 다섯 살 때 평안북도 선천군 부사로 나가 있었던 1811년에 평안도 일대에서 홍경래가 주도한 농민전쟁이 일어났다.
    이때 농민군들은 가산·박천·선천군을 차례로 함락시켰는데, 가산군수 정시는 항복하지 않고 거역하다가 칼을 맞아 죽었고, 선천부사 김익순은 재빨리 몸을 피했다.

그 뒤 김익순은 농민군에게 항복해 직함을 받기도 하고, 또 농민군의 참모 김창시를 잡았을 때 그 목을 1천 냥에 사서 조정에 바쳐 공을 위장하려는 술수를 쓰다가 모반 대역죄로 참형을 당했다. 이로써 정시는 만고의 충신이 되었고, 반대로 김익순은 비열한 인물로 사람들 입에 오르내렸다.이에따라 그의 집안은 폐가가 될 수밖에 없었다.

역적의 자손이니 그 자식과 손자들은 법에 따라 죽음을 당하거나 종이 될 운명에 놓여 있었지만 죄는 당사자 김익순한테만 묻고 아들 손자들은 종이 되는 신세를 면했는데, 여기에는 안동 김씨들의 비호가 있었던 것으로 보인다. 김삿갓의 어머니는 큰아들 병하(炳河)와 작은아들 병연은 종을 딸려 황해도 곡산으로 가서 숨어 살게 했고, 그녀는 막내아들을 데리고 강원도 영월로 옮겨가 살았다. 이후 김삿갓 형제는 세상이 좀 잠잠해지자, 어머니가 있는 영월 땅으로 와서 살았다. 그녀의 어머니는 집안 내력을 철저히 숨기고 살면서 남달리 영민한 작은아들 병연을 글방에 다니게 했다. 그는 고을에서 보는 향시에 나갔다.

시제는 다음과 같았다.

"가산군수 정시의 충절을 논하고 선천부사 김익순의 죄가 하늘에 닿는 것을 탄식한다."
論鄭嘉山忠節死, 嘆金益淳罪通于天.

김삿갓은 시를 써 내려갔는데, 그중 마지막 한 구절만 보면 이렇다.

임금을 잃은 이날 또 어버이를 잃었으니 한 번만의 죽음은 가볍고 만 번 죽어 마땅하리 춘추필법을 네 아느냐 모르느냐 이 일을 우리 역사에 길이 전하리.

　　김삿갓은 이 시로 장원급제를 했고 이 사실을 어머니에게 자랑이라도 하듯 알렸으나 그의 어머니는 아들의 마음을 가라앉히려 했는지 스물두 살 때 장가를 보냈고, 이어 손자도 보았다.
　　그러나 그는 마음을 잡지 못했고 연민을 거듭한 끝에 그는 아무도 모르게 가족과 이별했다.
　　이로부터 고통을 토해내는 그의 방랑 생활이 시작되었다.
　　그는 삿갓을 쓰고 전국 방방곡곡을 돌아다녔다.
　　삿갓을 비스듬히 쓰고 해학을 토해내면서 이름을 물어도 대답하지 않고 고향을 물어도 모르는 체했다. 그러니 김삿갓으로 통했다. 그의 호는 난고(蘭皐)였는데, 이는 바위틈에 자라는 난초라는 뜻으로 고고함을 드러내려는 호였다. 그는 형인 병하가 죽었다는 소문을 듣고 2년 만에 집으로 돌아왔다.
　　이때 둘째 아들이 태어났고, 어느 날 또다시 훌쩍 집을 떠났으니, 이것이 어머니와 아내와의 마지막이었고, 이 둘째 아들은 뒤에 아버지를 찾아 헤맸다. 그 뒤 그의 발걸음은 안 닿는 곳이 없었다. 위로는 강계·금강산·영월, 아래로는 여산·지리산·화순까지 끝없는 방랑의 길을 떠돌았다.
　　그의 발길이 닿는 곳마다 시가 물처럼 쏟아졌고, 그의 숨결이 닿는 곳마다 해학이 넘쳤다. 그는 세상을 환히 알고 있었다.
　　거들먹거리는 양반의 모습, 거짓에 찬 훈장의 몰골, 정에 굶

주린 기생, 굶주림에 허덕이는 농민, 수탈만을 일삼는 벼슬아치……. 그의 눈에 비치는 것은 모두 가식과 위선뿐이었다. 이런 현실을 보고 그는 풍자와 해학을 일삼았지만, 실제는 달인의 경지에 이르러 있었다. 그는 술만 보면 통음을 했으며 발길이 닿는 대로 살면서도 어머니에 대한 그리움을 떨쳐버릴 수가 없었다.

한 번은 어머니가 홍성군 결성면에서 친정살이한다는 소문을 듣고 찾아왔으나, 이미 세상을 떠났다는 말을 듣고 외가에 들르지도 않고 발길을 돌렸다.

아마 패륜아의 심정으로 발길을 돌렸을 것이다. 그는 철종 14년(1863) 57세의 나이로 전라남도 화순군 동복면에서 숨을 거두었다. 그의 아들은 시신을 거두어 그의 연고지인 영월 땅 태백산 기슭에 묻어주었다. 이렇게 영월은 김삿갓 방랑의 시작지이자 종착지가 되었다. 그렇다면, 그의 참모습은 무엇인가?

세상 사람들은 그를 방랑 시인, 철인, 광인, 술꾼으로 거듭 일컫고 있으나, 그는 서민의 애환을 노래하고 민중과 벗이 되었으며, 한문을 조선 것으로 만들고 한시의 틀에 박힌 정형을 깨부순 시인이다. 한시를 짓는 선비나 시인들은 운자를 맞추고 글자의 고저를 따지고 또 화조월석이나 음풍농월만 일삼았다.

그래야만 시의 격이 높고 품위가 지켜진다고 생각했다. 그는 이런 것을 거부했다. 그의 시가 비록 칠언고시(七言古詩, 한 구가 칠언으로 된 한시의 형식) 등의 형식을 빌려 운자를 달았지만, 이것은 하나의 외형일 뿐 그가 다루는 주제는 모두가 인간의 일이었고 그가 쓰는 시어는 더러운 것, 아니꼬운 것, 뒤틀린 것 그리고 우리말의 속어, 비어가 질펀하게 깔려 있다. 예전에 박지원이 비·속어를 마구 써서 문장을 만들자, 젊은 문사들이 이를 추종했다. 그러자 정조는 이를 두고 크게 염려하여 고전의 문장으로 돌아가라는 의미로 '문체반정'을 지시했다고 한다.

아무튼 김삿갓은 조정에서 벼슬도 하지 않았고 양반 노릇을 하지도 않아 이런 간섭을 받지 않았고 제멋대로 시를 짓고 또 읊었다. 언젠가 그가 개성에 갔을 때, 어떤 집 문 앞에서 하룻밤 재워주기를 청하자, 그 집 주인은 문을 닫아걸고는 땔감이 없어 재워주지 못한다고 하자 그의 입에서 이러한 시가 튀어나왔다.

고을 이름은 개성인데 어찌 문을 닫아걸며
邑名開城何閉門
산 이름은 송악인데 어찌 땔감이 없다 하느냐
山名松岳豈無薪

이 시는 단순히 해학으로만 볼 것이 아니라 한문 또는 한시를 대중화한 것이라 할 수 있다.

이와 같은 그의 일대기를 염두에 두고 우리 제물포고 동문 일행(김성근, 장광덕, 조형식)은 아침 일찍 인천에서 출발하여 10시 반에 김삿갓 문학관에 도착했다.

강원도 영월군 김삿갓면을 알리는 도로 표지판이 재미있다.

COVID-19 여파로 문학관을 잠정 폐쇄되어 배경으로 인증사진하고 아쉬움을 달랬다.

김삿갓 문학관은 영월에 대한 애향심이 깊었던 고(故) 박영국 선생에 의해 1982년 김삿갓의 묘소와 주거지를 찾게 되었고 그 이후 김삿갓의 숨어있던 시들도 발견되어 전국에서 관련 자료들이 수집되었고 난고 김삿갓문학관이 건립될 수 있는 근간이 되어 영월의 인물인 김삿갓의 일생과 그가 지은 시의 문학적 가치를 널리 알리고자 강원도 시책 사업의 하나로 2003년 10월 개관하였다. 문학관 바로 옆에는 삿갓을 쓴 시인의 동상과 시비가 반겨준다. 이어서 김삿갓 문학공원을 지나 김삿갓 유적비 좌측으로 언덕길을 따라 김삿갓 주거지로 향한다.

고즈넉한 산책길로 이어지는 소백산 자락을 중추(仲秋)만이 들려주는 바람 소리, 물소리 그리고 새소리에 귀를 기울이며 거슬러 올라가면 주거 유적지가 나온다.

김삿갓이 방랑을 떠나기 전에 살았던 곳으로 200년 된 고욤나무와 돌배나무 그리고 밤나무들이 주거지를 지키고 있다.

다시 내려와서 김삿갓 묘역으로 향한다.

양지바른 곳에 잘 모셔져 있는 묘역에서 잔을 올리고 예를 갖추고 인증사진을 했다.

이어서 조선민화박물관을 구경하고 김삿갓 주막 평상에서 시인을 생각하며 감자전과 도토리묵으로 영적인 대작을 하였다. 동강물소리팬션에서 단양 어상천에서 귀농해서 살고 있는 오선택 선배가 합류하여 우리의 대작은 밤이 깊도록 이어졌다.

아침에 그와 헤어진 우리는 어린 단종이 유배되었던 청령포 관람과 마침 조선왕릉 제향봉행 행사가 진행되는 장릉을 관람했다. 11월에는 김삿갓 시인이 말년에 살았던 전남 화순의 적벽을 돌아보기로 했다.

중국의 소동파가 양쯔강을 선유 하며 그 유명한 적벽부를 지어 자연의 아름다움을 노래했던 적벽에 버금간다고 하여 적벽이라 명명하였다고 하는데 태고의 신비를 간직한 깎아 세운 듯한 수백 척 단애절벽의 절경에 젖어 방랑 시인 김삿갓도 이곳에서 방랑을 멈추고 생을 마쳤다고 한다.

그러나 김삿갓을 비롯한 많은 시인, 묵객들이 좋아했던 상류의 노루목적벽은 1985년 동복댐 준공을 계기로 수몰되어 25m 가량이 잠겨버렸다. 또한 1807년(순조 7년) 경기도 양주군 회동면에서 출생하여 전국을 떠돌다가 이곳 적벽에 매료되어 1863년 4월 29일 작고할 때까지 살았던 김삿갓의 초분지(初墳地 - 3년 후 차남이 고향 영월군 하동면 와석리에 모심)가 보존되어 있다.

그가 생전 동복에서 고향인 영월을 바라보며 그리워하였을 자리에 망향정(望鄕亭)이 건립되어 있다.

1박 2일간의 영월 탐방을 뒤로하고 우리의 애마는 인천으로 향한다. 유투브에서 방랑 시인 김삿갓이란 가요(1955년 발표, 김문응 작사, 전오승 작곡, 명국환 노래)를 틀어놓고 힘차게 합창을 해본다.

죽장에 삿까앗 쓰고 방라앙 사암처어어언리~
흰구우르음 뜨으은 고개에 넘어어어 가느은 객이 누구우냐~
열두우 대문 문가안바아앙에 걸시익으을 하아며~
술 하안잔에에 시 하안수우우로 떠나아가는 김삿까앗~

시인 신석정

시인 신석정

제13차 문학기행(영월, 2020년 9월 26일)

그 먼 나라를 알으십니까

어머니
당신은 그 먼 나라를 알으십니까?
깊은 삼림대(森林帶)를 끼고 돌면
고요한 호수에 흰 물새 날고
좁은 들길에 야장미(野薔薇) 열매 붉어
멀리 노루새끼 마음 놓고 뛰어다니는
아무도 살지 않는 그 먼 나라를 알으십니까?
그 나라에 가실 때에는 부디 잊지 마셔요
나와 같이 그 나라에 가서 비둘기를 키웁시다

어머니
당신은 그 먼 나라를 알으십니까?
산비탈 넌지시 타고 내려오면
양지밭에 흰 염소 한가히 풀 뜯고
길 솟는 옥수수밭에 해는 저물어 저물어

먼 바다 물소리 구슬피 들려오는
아무도 살지 않는 그 먼 나라를 알으십니까?
어머니 부디 잊지 마셔요
그때 우리는 어린 양을 몰고 돌아옵시다

어머니
당신은 그 먼 나라를 알으십니까?
오월 하늘에 비둘기 멀리 날고
오늘처럼 촐촐히 비가 내리면
꿩 소리도 유난히 한가롭게 들리리다
서리 까마귀 높이 날아 산국화 더욱 곱고
노오란 은행잎이 한들한들 푸른 하늘에 날리는
가을이면 어머니! 그 나라에서
양지밭 과수원에 꿀벌이 잉잉거릴 때
나와 함께 그 새빨간 능금을 또옥 똑 따지 않으렵니까?

호남정맥 줄기에서 떨어져 나와 바다를 향해 내달리다 우뚝 멈춰 선 변산, 그 산과 맞닿은 고요한 서해, 전나무 숲길이 깊은 그늘을 만드는 단정한 내소사, 울금바위를 병풍 삼아 아늑하게 들어앉은 개암사, 켜켜이 쌓인 해식 단애가 신비로운 풍경을 연출하는 격포 채석강, 드넓은 곰소염전과 소박하고 평화로운 갯마을의 서정……. 지금도 부안의 자연은 이토록 아름답고 매력적이다.

그리고 그곳에 아름다운 자연이 낳은 시인, 신석정(1907~1974)

의 발자취가 남아 있다.

 지난해 9월 제13차 문학기행을 영월 김삿갓 시인 편을 마친 우리 4명은 해를 넘겨 엊그제 1월 23일에 신석정 시인 문학관을 찾아갔다. 고교 시절 국어책에서 처음 알게 된 시인 신석정.

 그 후 대학교 때 수원간호전문대 S 양과 편지를 주고받았을 당시 나는 신석정 시인의 시들을 계속해서 보내주었다.

 왜 그녀한테 신석정 시인의 시들을 보내주었었는지는 지금도 그 이유가 생각이 잘 안 난다. 아무튼 신석정 시인 문학관, 시비, 생가, 묘소 방문은 40여 년 전의 순수했던 연애 감정의 결말이었는지도 모른다.

 겨울답지 않은 보슬비가 가늘게 내리는 문학관은 코로나 사태로 인해 이달 말까지 임시 휴관한 상태라서 전관을 관람할 수는 없었지만, 직원의 도움으로 중앙홀에서 문학관 안내 책자와 신석정 시집 그리고 각종 자료를 얻을 수가 있었다.

 참여시의 반대편에서 목가적이고 서정적인 시를 쓴 시문학파인 석정 문학관은 일제강점기에 태어나 격동의 현대사를 지조와 강렬한 역사의식을 작동시켜 문학적 서정과 서사로 표출한 한국 시단의 거성(巨星)이었던 석정 시인의 오롯한 정신을 기리고 함양하기 위해 부안군민의 전폭적 지원으로 2011년에 건립되었다.

 문학관 안내 책자에 의하면, 2층 규모인 문학관 전시실에는 1939년 간행된 첫 번째 시집 『촛불』부터 2007년 탄생 100주년에 맞춰 출간된 유고 시집이자 여섯 번째 시집 『내 노래하고 싶은 것은』까지 석정 문학의 변모 과정을 알기 쉽게 전시해 놓았을 뿐만 아니라 귀중한 육필 원고와 평소 사용하던 가구, 필기구 등 유품을 한자리에 모아 시인의 삶과 문학을 보다 가까이서 느껴볼 수 있도록 구성했다고 했다.

아쉬움을 남기고 우리는 밖으로 나와서 문학관을 배경으로 인증사진을 하고, 바로 옆에 있는 초가삼간 시인의 생가인 청구원(靑丘園)을 관람했다.

「촛불」, 「슬픈 목가」 등에 수록된 시들은 대부분 이곳 청구원에서 씌어졌으며 시인은 전주로 이사를 가기 전인 1952년까지 거주했었다.

석정은 1924년 11월 조선일보에 첫 시 「기우는 해」를 발표한 이래 생의 절반이 교육자이자 시인으로 살았다.

시문학 동인으로 활동한 것은 1931년 시문학 3호에 「선물」이라는 시를 게재하면서부터다.

이때 한용운, 이광수, 정지용, 김기림 등과 교류하며 문학적으로 성장한다. 하지만, 그해 김기림의 만류에도 불구하고 부안으로 낙향하여 선은동에 집을 마련하고 청구원이라 이름 짓고 초기 시의 대표작들을 이곳에서 창작했다.

식민지 시대 막바지의 암흑기에는 자신의 시를 발표하지 않고 서랍 속에 잠겨 두었다가 해방이 되자 비로소 한 권의 시집을 펴냈다.

첫 시집에는 「그 먼 나라를 알으십니까」, 「아직 촛불을 켤 때가 아닙니다」를 포함해 당시 석정의 나이와 같은 33편이 실렸다. 그 후 문장에 게재될 예정이었던 시들이 검열에 걸리고 문학지가 강제로 폐간되는 등 일제의 압박이 심해지던 차에 친일 문학지 국민문학에서 원고 청탁이 들어오자, 석정은 청탁서를 찢어버리고 창씨개명도 끝까지 거부한 채 해방을 맞이할 때까지 절필을 선언한다.

이 시기에 쓴 시들은 1947년 두 번째 시집 『슬픈 목가』를 통해 발표되었다.

석정은 해방 이후 부안, 전주, 김제에서 교직에 몸담으며 시집을 세 권 더 냈고, 한국전쟁이 끝나고 청구원 시대를 마감하고, 그 당시 상당한 나이 차이가 있었음에도 불구하고 원정 최승렬 선생과 절친한 교우관계를 유지하면서 인천을 자주 오고 갔다.

최승렬 선생은 전주 사람으로 제물포고의 초대 교장이었던 길영희 선생님의 천거로 반강제적으로 인천으로 이사를 와서 제물포고에 재직하면서 많은 시를 남긴 인천을 사랑한 예술가이자 진정한 교육자이다.

인천에 있는 최초의 서구식 공원인 자유공원엘 가면 월미도가 내려다보이는 곳에 석정루(石汀樓)라는 누각이 세워져 있는데, 거기에는 최승렬 선생이 "기림"이란 제목의 아름다운 제영(題詠)이 남겨져 있다.

이 석정루(石汀樓)는 인천 시민의 휴식처를 제공할 목적으로 누각을 짓고 인천시에 기증한 이후 선 씨의 아호를 따서 명명되었으며 신석정(辛夕汀) 시인과는 무관하지만 그래도 하필이면 같은 발음의 석정인 것은 우연치고는 재미있다?

 이 내용은 신석정 시인 문학관을 탐방한다는 소식을 듣고 멀리 미국 애틀랜타에 거주하시는 태종수 선배님(제고포고 3회 졸업)께서 정보를 주셨다.
 최승렬 선생이 1959년에 발간한 첫 시집 『원정(園丁)』의 맨 앞에는 신석정 시인의 서문이 실려 있다.

 서문의 말미에는 "1959년 1월 22일 제물포를 다녀가면서 신석정"이라고 씌어 있다.
 석정 시인은 이후 다시 전주로 이사를 가서 세상을 떠날 때까지 그곳에서 살았다.
 1939년 첫 시집 『촛불』이 발표되자 시인 김기림이 평하기를 그는 한국 시문학사에 휘황찬란한 횃불을 밝혔든 시인이라고 말하였다. 선생은 일제 말기에 협박으로 강요하던 창씨개명을 거부하기 위하여 생계를 꾸려야 할 직장도 버리고, 군 징집의 위협에 한동안 잠적할 정도로 일제에 저항적이어서, 문예지에 투고한 작품이 사상 불온으로 검열에서 삭제되기도 했고, 일본어로 시 쓰기를 청탁받았으나 '차라리 푸른 대'로 살겠다는 의지로 아예 붓을 꺾어버렸다고 한다.
 자연의 세계에서 꿈꾸는가 하면 삶의 현장에서 신음을 뱉어내기도 했다. 그러나 한국 시문학사는 첫 시집인 『촛불』에서 '이

밤이 너무나 길지 않습니까'의 울부짖음은 잊고 '그 먼 나라를 알으십니까'의 속삭임만을 기억하여, 선생의 시 세계를 '목가시'니 '전원시'니 하는 한정된 울안에 유폐시켜 놓았다.

그렇지만 그 꿈의 속삭임조차도 일상의 아름다운 농촌의 풍경을 '먼 나라'에 설정한 아이러니이여서 '그 먼 나라'가 부재한 현실을 부각했다고 할 수 있겠다.

선생은 생활과 시를 하나로 보았다. 생활에서 시를 찾고 시에서 생활을 찾았다. 생활에서 시를 찾을 때는 친자연적인 목가 시인이 되고, 시에서 생활을 찾을 때는 시대적인 참여 시인이 되었다. 선생은 시론을 직접 집필하여 이를 대학에서 강의하고, 이에 입각하여 각종 현상 모집에서 시작품을 심사하고, 이러한 시론으로 많은 후학들의 시집이나 저서에 서문을 얹어 그들을 지도 편달하고 고무시켰다.

또 문예지의 추천위원으로 참여하여 여러 시인을 문단에 등용시켰다. 그러다가 1973년 12월 21일 전북 문화상 심사 도중 고혈압으로 쓰러진 석정은 200일이란 기나긴 시간을 병상에서 투병했으나 1974년 전주 남노송동 비사벌초사(比斯伐艸舍)에서 향년 예순여덟으로 일기를 마쳤다.

그런데 최근 신석정 시인(1907~1974)이 생전 거주하던 고택 '비사벌초사'가 재개발사업 지구에 포함되면서 헐릴 위기에 놓였다고 한다.

고택 이름은 전주의 옛 지명 '비사벌'과 볏짚 등으로 지붕을 만든 집을 뜻하는 '초사'를 결합해 시인이 직접 지은 것이다.

전북 지역 18개 문화예술 단체 등은 "민족혼이 서려 있는 문화재를 털어내고 아파트를 세울 수 없다"라며 최근 고택 보존 범시민 운동을 펼치고 있으나, 인근 주민들은 이곳이 전주 시내 대표적인 낙후 지역이라는 점을 들어 사업 중심지에 있는 고택이 포함돼야 도시 재개발이 가능하다고 주장하고 있다는데, 비사벌초사 보존 대책위원회는 비사벌초사를 통해서 시인의 선비정신과 민족정신을 배울 수 있도록 다각적인 고택 보존 운동을 벌여 나갈 것이라고 전해졌다.

한편, 석정의 묘소는 문학관에서 10~15분 거리인 행안면 역리에 자리 잡고 있다. 묘소로 들어가는 마을 초입 벽에는 데뷔작 "기우는 해"와 병상에서 마지막으로 쓴 "가슴에 지는 낙화 소리" 시화가 있다. 지금은 석정공원으로 잘 가꾸어져 있었으나, 재정비한 지가 얼마 안 되어 공원 내에 심진 나무들도 키가 작아 여러 해가 지나면 제법 울창한 공원으로 편안한 휴식 공간이 될 것이다.

묘소 앞에서 잔을 올리고 예를 갖추었다.

석정의 시비는 전주 덕진공원(내 눈망울에서는), 새만금 전시관 옆 서두터 공원(파도), 부안댐 문학동산(임께서 부르시면) 등에 있다.

이 땅의 대부분의 문인이 친일을 향해 양심을 팔아 부끄러운 붓을 휘달릴 때, 석정은 변산의 한 모퉁이를 부여잡고 끝내 이 땅의 자존을 지켰다.

그의 나이 40세에 간행된 슬픈 목가(牧歌)(1947)는 이 시기 그의 시작 활동을 정리한 것이다. 석정은 씨를 뿌리고 열매를 거두는 농부의 생활에서 떨어져 전쟁이 휩쓸고 간 척박한 도시에서 시심을 가꾸는 변화를 맞았었지만, 고향 부안에 대한 그의 애착은 지극한 것이었다. 묘소에서 내려온 우리는 지난번 김삿갓 시인 문학기행의 미결 부분인 그의 종명지 화순군 동복면 구암마을로 발길을 옮겼다.

소설가 심훈

소설가 심훈

제15차 문학기행(충남 당진, 2021년 4월 24일/안산, 5월 1일)

    4월 24일 봄기운이 완연한 충남 당진시 송악읍 상록수길 105에 위치한 심훈 기념관을 찾았다.
    소설가이자 독립운동가, 민족 저항시인, 영화인 그리고 언론인인 심훈 선생은 1901년 경기도 시흥군 신북면 흑석리(지금의 서울 흑석동)의 지주 집안에서 태어났다.
    본명이 대섭(大燮)인 그는 서울 교동보통학교를 거쳐 경성제일고보에 다니던 중에 1917년 중매로 왕족인 후작 이해승의 누이 이해영과 결혼한다.
    그러나 1919년 3·1운동 때 감옥에 들어갔다가 집행 유예로 나오는데, 이 일로 말미암아 그는 학교로부터 퇴학 처분을 당한다. 곧바로 중국 상하이로 건너간 심훈은 임시 정부를 이끌던 이동녕과 이시영, 그리고 무정부주의자 신채호와 공산주의/사회주의 운동의 원로 여운형 같은 지사들 곁에서 3년 동안 머문다.
    1923년 귀국한 심훈은 송영, 김두수, 최승일 등과 함께 '염군사'를 꾸려 연극부에 가담한 뒤, 신극 단체인 '극문회(劇文會)'를 만들어 활동한다.

1924년 그는 사회주의 성향의 인물들을 기자로 천거하는 언론계의 혁신화 바람을 타고 홍명희, 박헌영, 허정숙 등과 함께 '동아일보사'에 입사한다.

1926년 〈동아일보〉에 한국 최초의 영화소설인 탈춤을 연재했으며, 박헌영, 임원근, 허정숙 등과 함께 '철필구락부 사건'으로 동아일보사로부터 해직을 당했다. 이듬해 일본으로 건너가 정식으로 영화를 공부했으며, 6개월 후에 돌아와 영화 「먼동이 틀 때」를 원작, 각색, 감독까지 맡아서 단성사에서 개봉했다.

그해 조국 해방에의 염원을 노래한 시 「그날이 오면」과 장편소설 『동방의 애인』을 발표했다.

이어서 자신의 첫째 부인 이해영을 모델로 하여 봉건적인 가족제도와 조혼 제도가 여성에게 주는 억압을 자세하게 묘사한 장편 직녀성을 발표했다. 같은 해 단편 「황공(黃公)의 최후」를 발표한 그는 1935년 일제의 탄압을 피해 충남 당진 부곡리로 내려간다. 거기에서 경성 농업학교 출신인 조카 심재영이 주동하는 '공동경작회' 회원들과 어울려 지내면서 그때의 생활을 소재로 한 장편 『상록수』(동아일보, 1935. 9. 10~1936. 2. 15)를 연재했다.

『상록수』는 러시아에서 비롯된 '브나로드 운동'에 자극받아 펼쳐진 1930년대의 우리나라 농촌 계몽 운동을 배경으로 삼은 실천적 계몽 소설이다.

고등학교 다닐 때 국어 교과서를 통해서 익히 배웠던 소설 상록수는 50년이 지난 지금에도 그 당시 국어 시간에 있었던 웃지 못할 일화도 어렴풋이 기억난다.

인천일보 편집국장을 지냈던 친구 P군이 국어 시간에 선생님의 호명에 일어나서 상록수를 읽어 내려가는 도중, '잠자는 자 잠을 깨고 눈먼 자 눈을 떠라 부지런히 일을 하여 살길을 닦아보세'라는 부분을 더듬더듬 읽는 과정에서 띄어쓰기 부분을 잘 못 읽어 "잠자는 자잠을 깨고 눈먼 자눈을 떠라……라고 읽어서 온 교실이 떠나갈 듯 한바탕 웃음으로 만들었었던 기억이 있다.

그때부터 그 친구의 또 하나의 별명은 "잠자는 자잠을 깨고"가 되었다. 학교를 졸업한 뒤 고향 청석골로 내려온 영신은 교회 건물을 빌려 한글 강습소를 연다. 그러나 이를 마땅치 않게 여긴 일제 당국은 건물이 협소하다는 이유로 영신의 활동을 방해한다. 영신은 온갖 악조건 속에서도 아이들을 가르치다가 힘겹게 조금씩 모은 돈으로 본인이 앞장서서 새 건물을 짓는다.

건물 낙성식을 하던 도중 영신은 과로로 인한 맹장염으로 졸도해 병원에 업혀 간다. 한편, 영신과 사랑하는 사이인 동혁은 한곡리에서 농우회를 조직하고 회관을 짓는 등 농촌에 머물며 경작 사업에 힘을 쓴다.

그러나 고리 대금업자와 농촌진흥회 회장과 마찰이 일면서 감옥살이하게 된다. 그사이 요양과 신학 공부를 위해 일본으로 건너간 영신은 못내 아쉬움이 남아 있던 청석골로 돌아와 야학을 열지만, 과로로 인해 몸이 나약해져 다시 앓아눕는다. 그러나 동혁이 감옥에서 나오게 되지만 이미 영신이 세상을 떠난 뒤의 일이다. 동혁은 무덤 앞에서 죽는 날까지 영신이 못다 한 일에 모든 것을 바치리라 다짐하고 한곡리로 돌아간다는 내용이다.

장편소설이긴 하지만, 읽는 과정에서 1930년대의 우리나라의 농촌 현실이 실감 나게 표현되어 있어서 마치 고향인 인천 송도에서 내가 자랐던 어린 시절의 추억(여름방학 때 동네마다 애향반 활동) 그리고 요즘 즐겨보고 있는 전원일기 재방송 드라마의 내용들이 겹치면서 흥미있고 실감 나게 읽어보았다.

또한 모교인 제물포고등학교의 초대 교장선생님이셨던 길영희 선생님의 평전도 최근에 읽었었는데, 길 선생님과 심훈은 태어나신 연대도 비슷하고, 3·1운동 때는 "국가보안법" 위반으로 투옥되었었던 일, 농촌 계몽 사업, 육영 사업(대성학원, 가루실 농민학원)하는 등등이 많이 닮았다.

심훈 기념관에는 친족들이 소중하게 지켜온 심훈 선생의 육필 원고와 유물들이 전시되어 있다. 3·1운동 가담으로 서대문 교도소에 투옥되었던 시절에 쓴 '어머니께 올리는 글월' 등 수백 편의 원고 사본과 그가 사용했던 책상, 손때 묻은 유품들이 전시되어 있다.

문화해설사 김수옥 선생의 기념관 건립에 관한 실감 나는 해설과 필경사, 묘소 등등에 얽힌 자세한 설명을 들을 때는 숙연해지기도 했다.

심훈은 소설 상록수의 당선으로 받은 상금으로 당진에 '상록학원'을 세우는 등 실천하는 문학인으로 살기 위해 애를 썼다.

특별히 1936년 8월 9일 멀리 독일 베를린올림픽 마라톤 경기에서 손기정은 최초로 2시간 30분 벽을 깨고 2시간 29분 19초 2라는 마라톤 세계 신기록으로 금메달을 그리고 남승룡의 동메달 획득에 따른 벅찬 심정을 조선일보 8월 11일 자 4면 7단에 "오오, 조선의 남아여!"라는 시를 즉흥적으로 썼다.

그런데 이 시가 그에게는 마지막 글이 되고 말았다.

결국 그는 1936년 9월 16일, 장티푸스 병에 걸려 36세의 젊은 나이로 작고했다. 한편, 그의 장례식에서 여운형의 울음 섞인 목소리로 이 시가 낭송되었다고 한다.

그 시의 마지막 부분은 이렇다.

"오오, 나는 외치고 싶다! 마이크를 쥐고
전 세계의 인류를 향해서 외치고 싶다!
인제도 인제도 너희들은 우리를
약한 족속이라고 부를 터이냐!"

이 얼마나 후련하고도 한 맺힌 표현이더냐.

한편, 금메달을 획득한 뒤 손기정 선수는 자기 친구에게 보낸 엽서(기념관에 전시 중)에 "슬푸다!!?" 이렇게 적었다.

이 글에서 손기정 선수의 속내는 마라톤 시상식에서 올림픽 금메달과 함께 월계관을 쓰고도 기뻐하지 못하고 고개를 떨구고 슬픈 표정을 지어야만 했던 대한 남아의 슬픔을 고국의 친구한테 보내는 엽서에다 다시 한 번 표현해 냈던 것이라 할 수 있겠다. 기념관 로비에 마련된 게시대에서 시집 『그날이 오면』을 샀다. 한편, 소설가로만 알고 있었던 심훈 선생이 시집을 냈다는 것이 좀 의아해하기도 했지만, 시집을 다 읽고 나서는 근 백수가 넘는 시를 쓰다가 30 중반의 젊은 나이로 병사한 그의 독립운동가로서의 당당함이 묻어있는 시 「그날이 오면」에는 조국의 광복을 염원하는 갈급함이 넘쳐흐른다.

기념관에서 나와 넓은 광장 쪽으로 가면, 왼쪽으로 시「그날이 오면」이 적혀있는 커다란 시비가 있으며, 중앙 끝에는 필경사가 아담하게 자리를 잡고 있다.

이곳에서 우리나라 농촌 소설의 대표작인 상록수가 집필되었으며 필경사(筆耕舍)는 "붓으로 밭을 일군다"라는 뜻으로 심훈 선생이 쓴 『필경사집기』라는 문학전집에 따왔다고 하며, 충청남도 지정 기념물 107호이다.

심훈 선생이 문학 창작 활동을 위하여 당진 부곡리로 내려온 이후 장조카이자 상록수 소설 속의 주인공 박동혁의 모델인 심재영의 고택에서 기거하다가 1934년 직접 설계하여 지은 문학의 산실이다. 또한 필경사에는 대문이 없는 것이 특징이기도 하며 심훈의 집이란 문패가 달려있다.

바로 옆에는 묘소가 안장되어 있다.

이 묘지는 2007년 12월 5일 안성시 삼죽면 마전리에서 이곳 필경사 옆으로 이장되었으며 기념비도 세워졌다.

당진 심훈 기념관에 이어서 우리는 안산시에 있는 최용신기념관을 찾았다.

최용신은 소설 속의 여주인공 채영신의 실제 인물이며, 일제강점기 농촌 계몽운동을 위해 일생을 바친 여성 독립운동가로 1931년 10월 한국 YWCA의 농촌 지도원 자격으로 이곳 샘골에 파견되어 농업기술 전파와 민족혼과 애국심을 심어주는 교육활동을 하였다.

심훈의 소설「상록수」에 구현되어 농촌운동의 귀감이 되었으며 1995년 선생의 공훈을 기리어 건국훈장 애족장이 추서되었다. 일제강점기 때 '샘골 강습소'가 있던 자리에 선생의 뜻을 기리고자 건립한 기념관은 지상 1층 지하층으로 구성되었으며, 그의 생애와 샘골에 들어와서 펼친 농촌 계몽 활동과 관련된 유물과 업적 등이 전시되어 있다.

기념관 아래로는 심훈 문학 기념비, 최용신과 약혼자 김학준의 묘(소설에서는 박동혁으로 나옴)가 나란히 있다.

해설사의 말에 의하면, 약혼자 김학준은 후일에 길금복과 결혼했으나 사후에 최용신 곁에 묻어 달라는 유언에 따라 최용신의 무덤 옆에 안장될 수 있었는데 그것은 부인의 양해에 따른 것이라 했으며, 어떤 의미로는 오해를 불러일으킬 만한 소지가 있는 부분이라 했던 말이 좀 아이러니했다.

이번 15차 문학기행은 상록수를 집필하게 되었던 심훈 선생이 처했었던 일제 강점기의 참혹한 사회 실상과 소설 속에서 표현하고자 했던(실제 인물 최용신의 활동을 모델로 묘사) 작가의 실천적인 농촌 계몽운동과 민족주의를 고취하고자 했던 문학적인 표출이 묘하게 교차하는 특이한 기행이 되었다.

또한 길영희 교장선생님의 평전 "교육의 장강(長江)이 맑아야 하는데"도 읽으면서 그분의 애국심, 남다른 교육열(유한흥국(有汗興國))도 되새겨 보는 기회가 되었고, 몽양 여운형 선생에 대한 의문점도 다시 한번 생각해 보는 기회가 되었다.

소설가 황순원

소설가 황순원

제16차 문학기행(경기 양평, 2021년 6월 12일)

황순원(1915. 3. 26~2000. 9. 14) 작가는 시인으로 출발해 단편 작가를 거쳐 장편 소설 작가가 됐으며, 8·15 해방 이후 한국의 대표적인 작가로 자리매김했다.

황순원 문학의 특징은 시적인 서정성과 간결한 문체와 인간 존재에 대한 철학적인 성찰을 글에 잘 녹여냈다는 것이다. 황순원은 순수소설의 대표적인 작가로 그의 소설은 현대문학에서 높은 평가를 받고 있으며, 대표적인 단편소설인 『소나기』를 비롯해 『독 짓는 늙은이』, 『학』, 『카인의 후예』, 『늪』, 『기러기』, 『곡예사』 등 다수가 있다. 그가 소설을 쓰던 당시는 일제강점기와 6·25전쟁으로 힘들고 혼란스럽던 시기였다. 그런 상황에서도 그는 고고한 문학의 외길을 걸으며 훌륭한 문학작품을 만들어냈다. 그런 그의 일생과 작품들을 다채로운 이야기들로 전시해 놓은 황순원 문학촌 '소나기 마을'은 북한강과 남한강이 만나는 경기도 양평군 서종면에 있다.

이번에 16차 문학기행으로 황순원 문학관을 찾게 된 것은 최근에 읽은 황동규 시인의 산문집 『삶의 향기 몇 점』을 읽고서 그가 황순원의 아들이라는 것을 알게 되면서부터 소설 『소나기』가 생각이 나서다.

팔당 두물머리를 지나 남한강 물줄기를 따라 서종면 소나기 마을 이정표를 보면서 차를 달려 주차장에 도착했다.

주차장 초입에 "양평군 황순원 문학촌 소나기 마을"을 알리는 대형 안내석을 배경으로 인증사진을 했다.

햇살이 강하게 내리쬐는 유월의 한낮, 문학관으로 올라가는 조용한 마을 길에는 초록이 잔뜩 내려앉아 눈의 피로감을 한결 덜어 주었다.

매표소를 지나 꽃길을 걷는다.

화려한 붉은색 계열의 화초 양귀비꽃들과 마가렛꽃 그리고 달맞이꽃들이 우리를 반긴다.

문학관 로비에는 일반 시민들이 황순원 작가의 소설에 나오는 장면들을 그린 그림들이 전시되어 있었는데, 작가의 소설을 나름대로 재해석해서 그림으로 표현한 개성 있는 그림들이 인상적이었다.

황순원 문학관 문화해설사에 따르면, 황순원 문학촌이 양평에 있는이유는 황순원이 양평군 일원의 농촌을 작품의 배경으로 다루었을 뿐만 아니라, 소설『소나기』에서 '내일 소녀네 집이 양평읍으로 이사를 간다'라는 내용으로 양평군을 구체적으로 묘사한 구절이 있기 때문이라며, 문학촌에서는 매년 9월에 전국 초·중·고등학생을 대상으로 황순원 문학제와 황순원 문학 세미나, 백일장, 그림 그리기, 동화 구연 등 다양한 행사를 개최하고 있다고 했으며 "한국 문학사에서 빼놓을 수 없는 작가를 기리는 이곳은 전시실과 영상실, 휴식 공간 등을 겸비한 문학적 테마공원이다"라고 소개하면서 소나기에 나오는 수숫단 모양을 형상화해서 지은 문학관은 제1·2·3전시실로 나뉘어져 있다고 했다.

제1전시실은 '작가와의 만남'이라는 테마로 이뤄져 있는데 그의 유품과 영상을 통해 작가를 만날 수 있으며 마침 해설사의 설명을 듣고 있던 다른 관람객들과 관람 순서를 따라서 황순원의 생애와 문학세계 그리고 비하인드 스토리를 자세히 들을 수가 있었다.

황순원 작가와 박목월 시인은 아주 절친이었는데, 서로가 결혼해서 아이를 낳으면 사돈을 맺자고 했었는데, 두 분 모두 아들을 낳아서 이름이라도 같은 것으로 짓자 하고 "동규"로 지었다는 얘기다.

황순원의 맏아들인 황동규 시인은 서울대 명예교수이며, 중학교 3학년 교과서에 실린 「즐거운 편지」(1958)를 집필한 인물이기도 하며 나는 최근에 그가 쓴 산문집을 읽었다.

또한 박목월 시인의 아들 박동규는 현재 서울대 명예교수이다. 전시실에는 그의 육필 원고와 살아생전 사용하시던 물품과 함께 집필실을 원형 그대로 옮겨와 재현해 놓았다.

황순원 작가가 읽어보던 책과 책상, 만년필, 손목시계, 면도기 등도 볼 수 있었다.

그러나, 황순원의 작품을 시각적인 영상물로 살펴볼 수 있다는, 특별히 『독 짓는 늙은이』의 경우는 실제로 독을 만드는 가마 속에서 영화를 상영해 독특한 느낌을 준다는 제2전시실과 옛날 초등학교 교실에서 애니메이션으로 새롭게 재구성된 소나기를 볼 수 있다는 제3전시실은 마침 행사가 진행 중이라서 들어갈 수가 없어서 참 아쉬웠다.

하지만 12시 정각에 10분 간격으로 문학관 앞마당에 조성된 수숫단 소나기 마을에서 인공 소나기를 두 번 맞을 수 있는 경험을 할 수 있다며 시간에 쫓기듯 해설을 성급히 마무리하고 밖으로 나가서 소나기 체험을 해보라고 권한다.

문학관을 나오면서 소나기소설을 내용으로 제작한 다양한 손편지 엽서들이 놓여 있어서 자유로이 서너 장 씩을 가져올 수가 있었다.

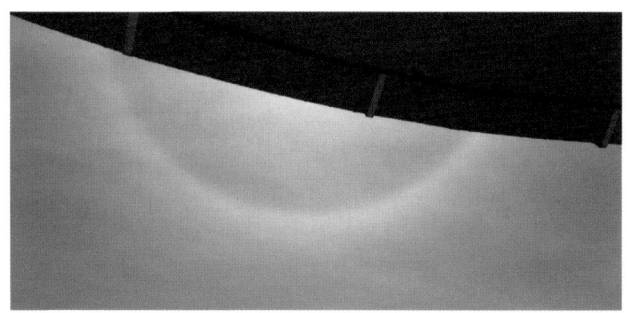

출입문을 나오며 하늘을 올려다보니 햇무리가 드리워져 있었다. 평생을 두고도 몇 번 밖에 볼 수가 없다는 햇무리 현상.

이 또한 소설 전반부에 소년, 소녀가 도랑을 건너는 장면이 나

중에 소나기를 만나 물이 불어서 개울을 건널 수가 없게 되자 수 숫단으로 들어가 비를 피하는 내용의 복선이 되었듯이 마치 오후에 소나기라도 내릴 듯한 예감을 해 보기도 했다.

계단을 내려가 수숫단들이 조성된 소나기 마을 광장에 있는 네 군데 대형 분수대에서는 순차적으로 물을 분사해(소나기 강우 연출) 주어 관람객들한테는 마치 소설 속의 소나기 체험을 해보는 기발하고도 귀한 선물이 아닐 수가 없다.

언덕을 조금 올라가면 황순원 작가 내외의 묘역이 있다.

묘비에는 "20세기 격동기의 한국문학에 순수와 절제의 극(極)을 이룬 작가 황순원 선생과 일생을 아름답게 내조한 부인 양정길 여사 여기 소나기 마을에 함께 잠들다"라고 쓰여 있다.

나는 묘역 앞에서 서서 예를 올리고, 그가 한국문학에 기여한 순수성에 감사했다. 소설가 황순원은 말한다, '나는 오직 작품으로 말한다'라고 할 정도로 삶 전체를 문학에 투자했다. 또한 일제 강점기의 탄압 속에서도 식지 않은 문학에 대한 열정 및 고고한 삶을 지속함으로써 많은 작가들에게도 귀감이 되었다.

그의 연보를 살펴보면, 1915년 평안남도 대동군에서 출생하여 유복한 어린 시절을 보낸 그는 평양 시내에서 독립선언서를 발표해 투옥된 아버지 황찬영으로 부터 인내하고 참고 견디는 것을 배웠다. 또한 3·1 운동 당시 독립선언서에 서명한 민족 대표 33인 중 한 명인 남강 이승훈 선생을 스승으로 여기며 그의 단아한 풍채와 인성의 영향을 받아 작가 역시 평생 고고한 문학의 외길을 추구했다.

황순원은 17살의 나이에 '나의 꿈'으로 문단에 등단했다.

1946년 서울 중·고등학교 국어 선생님을 거쳐 1957년 경희대학교 국문학 교수로 취임하여 23년을 지냈다.

그는 71세의 나이에 산문집 "말과 삶의 자유"를 끝으로 몇 편의 시를 발표했을 뿐, 소설은 더 이상 쓰지 않았고, 흐트러짐 없이 문학의 길을 걸으며 후배 작가와 제자들의 존경을 받던 황순원은 2000년 86세의 나이로 생을 마감했다.

황순원의 맏아들인 황동규는 서울대 명예교수이자 시인이며, 또한 황동규의 딸 소설가 황시내 역시 「황금 물고기」로 2007년 등단하였는데 이로써 황순원의 집안은 현재 3대 문인 가족으로 알려져 있다.

황순원은 '대장장이'란 별도의 호칭이 붙을 정도로 올바른 국어사용에 고집을 부린 사람이었다.

그는 일제강점기 당시에 서슬 퍼런 일본의 한글 말살 정책에도 숨어서 우리말로 쓴 소설의 순수성을 지켜내려고 노력한 선생의 문학 혼이 빛나는 대목이며, 고집스러울 정도로 끝없는 퇴고로 매끄러운 문장을 만들어 내려 애썼기 때문에 생긴 별칭이라고 한다. 일제강점기 당시 그는 "공부는 일본어로 할지언정 문학은 한글로 하겠다"고 할 정도로 국어 사랑을 몸소 실천한 인물로 평가받는다.

작가의 작품상 특징은 일제 강점기와 6·25전쟁을 겪으면서도 문학으로서의 순수함을 잃지 않았다는 것이다.

1940년 첫 단편집 『늪』을 내놓았고, 이어 어린 소년의 이야기를 담은 「별」(1941)을 집필했다.

1953년 신문학 5월호에 발표된 사춘기 소년과 소녀의 아름답고 슬픈 첫사랑을 서정적으로 그린 『소나기』는 국민 소설로 불릴 정도로 대표적인 순수소설이다.

이 소설은 1959년 영국의 『인카운터(Encounter)』 잡지의 단편 콩쿠르에서 유의상의 번역으로 입상되어 게재되기도 하였다.

나는 이 황순원의 소나기를 중3 때 국어 교과서를 통해서 알게 되었다.

사춘기를 겪기 시작하던 중3 말엽에 송도초등학교(그 당시만 해도 인천의 변방이자 시골) 동창회에 갔다가 4학년 때 우리 반으로 전학을 해온 K 양과 4년 만에 조우했다.

실제로 그녀가 우리 반으로 전학을 온 때부터 우리 동네 앞을 지나 등교하던 그녀를 개울가에 숨어서 지켜보던 일, 5학년 가을에 수원 용주사로 소풍 갔을 때 거기서 장난감 망원경을 사서 점심시간에 운동장에서 뛰어놀던 그녀를 능목 위로 올라가 망원경으로 가까이 들여다보며 가슴이 뛰었던 일들이 겹쳤다. 그때부터 나는 그녀로 인해 심한 사춘기에 휘말리면서 고등학교 내내 짝사랑(풋사랑)으로 힘들어했던 기억들이 이번에 소나기를 다시 읽으면서 소설 속의 소년은 "그래도 나보단 행복했었구나" 하는 생각이 들었다.

K 양은 고교 졸업 후 1976년 미스코리아 경기도 선발대회에

출전해 4위(장려상)에 그쳐 서울 본선대회는 출전하지 못했으나, 그 당시 심사 위원 중 한 명이었던 배우 고(故)이대엽(전 성남시장)의 추천으로 총무처 장관(현 행정자치부 장관) 비서로 근무하면서 총무처 비서들과 1978년 12월 입사 초기의 한국유리 입사 동기들과의 단체미팅도 주선했었던 행운도 있었다.

이처럼 황순원의 소설 『소나기』는 여름 한 철 소나기처럼 짧고 아쉽게 끝난 소년의 첫사랑 이야기라 할 수 있다.

한편, 작가는 소설의 마지막을 아래와 같이 마무리함으로써 작가의 순수한 표현력이 돋보인다고 할 수 있다.

"그날 밤, 소년은 소녀네가 이사하는 걸 가 봐야 하느냐는 하는 생각을 하다 깜빡 잠이 든다. 그런데 밤늦게 마을에서 돌아온 아버지가 어머니에게 윤 초시네 손녀의 죽음을 알린다.

그러고는 소녀의 마지막 말을 전한다.

그런데 참, 이번 계집엔 어린 것이 여간 잔망스럽지 않아, 글쎄, 죽기 전에 이런 말을 했다지 않아?

자기가 죽거든 자기 입던 옷을 꼭 그대로 입혀서 묻어 달라고……"

단편소설이므로 읽어 내려가는 데는 시간이 그리 많이 걸리지는 않았지만, 이 마지막 부분이 오래도록 내 마음속에 남아있는 이유는 무엇일까?

그래 누구나 첫 사랑이라면 조금 더 잔망스러워져도 괜찮겠다는 생각이 든다, 마치 소설 소나기에서처럼.

그러나 황순원이 이러한 순수소설만을 쓴 것은 절대 아니다.

그는 일제 강점기와 6·25전쟁을 겪으며 시대의 불행과 현실의 비극을 절제된 시선으로 잘 그려냈다.

해방 후 그의 문학은 인간적이고 현실적인 상황을 묘사한 것이 눈에 띄는데, 그 당시 대표작은 일제 치하에서 살아남은 고결한 우리 민족을 뜻하는 백의민족을 강조한 「목넘이 마을의 개」(1948)가 있다. 또한 「학」(1956)은 전쟁의 참상을 드러내고 상처를 치유하는 과정에서 인간의 존엄성이 회복되는 내용을 담은 대표적인 휴머니즘 소설이라고 할 수 있다.

이처럼 황순원은 해방 후, 한국전쟁을 겪으면서 시대와 관련된 모습을 문학작품으로 보여준다.

하지만 그의 작품은 어두운 역사를 다루지 않고 그 역사에 얽혀있는 인간애를 다루었다는 것이 특징이라는 것이 문학평론가들의 평이다.

또한 김종회 황순원 문학 촌장은 이렇게 술회한다.

"선생은 세상의 명리에 타협하지 않고, 그렇다고 세상과 절연하지도 않았으며, 있을 자리와 할 말, 물러설 때와 취해야 할 행위에 망설임도 구김살도 없었던, 삶과 글의 양면에 걸쳐 뜻깊고 아름다운 족적을 남기고 떠난 작가였습니다".

소설가 이외수

소설가 이외수

제17차 문학기행(강원 화천, 2021년 9월 4일)

　이번에 우리 제물포고 동문 4명은 강원도 화천 평화의 댐 및 양구, 철원, 포천 그리고 파주 임진각 등을 가칭 안보 관광으로 가을 여행을 계획했다.

　그래서 나는 이왕이면 화천에 조성되어 있는 소설가 이외수문학관으로 제17차 문학기행을 이어 나가는 방향으로 일정을 추가하자고 했다. 참고로, 이외수문학관은 2012년 8월에 국내 최초로 생존 작가를 위한 문학관으로 화천군 상서면 화목리 799(감성마을길 157)에 자리 잡고 있다.

　9월 4일(토) 오전 6시에 인천에서 출발한 우리 일행은 진부령 고개를 넘어 고성군 거진항에 있는 단골집 소영횟집에서 활어회로 점심을 하고, 화진포해변으로 가서 김일성 별장(일명 화진포의 성)을 둘러보고 철 지난 파도 소리를 들으니 감개무량했다.

　이어서 양구로 이동한 우리는 형식 군이 백두대간 트래킹을 할 때 인연을 맺었던 형제상회(수퍼 겸 민박집)에 머무르며, 비록 밤공기는 차가웠지만 별이 총총히 들어찬 밤하늘에서 선명하게 빛나는 북극성과 북두칠성을 보면서 몇 년 전 늦가을에 정선 가리왕산 입구에 있는 민박집 수정헌에서 올려다보았던 밤하늘의 별들을 다시금 생각하며 '계절이 지나가는 하늘에는 가을로 가득 차 있습니다' 이라고 노래한 민족시인 윤동주의 시 '별 헤는 밤'을 되뇌어 보기도 했다.

다음 날 서둘러 평화의 댐을 둘러보며 우리는 어마어마한 규모의 댐 건설에 따른 허와 실에 대해 의견을 나누었다.

마치 완공 후 몇 년째 방치된 경인 운하의 아라뱃길 공사와 오십보백보로 누구도 책임을 묻는 사람도 책임을 지는 사람도 없음이 그저 씁쓸할 뿐이다.

이어서 우리는 이외수문학관으로 이동했다.

이외수 선생은 문학, 미술, 음악, 방송을 넘나드는 다양한 활동을 통해서 수많은 예술품과 미디어 콘텐츠를 남기고 있지만, 그것을 전시 및 보존할 공간은 따로 마련되어 있지 않았었다.

그래서 화천군에서는 감성 테마공원을 조성할 목적으로 화천군 상서면 감성마을길 157 일원에 1,127㎡ 규모의 문학 전시관을 건립했다. 이는 건축가 조병수의 설계로 완성이 되었으며, 어디 하나 도드라져 보이지 않는 그야말로 땅 일부요, 산자락의 시작이라 할 수 있다. 그는 어느 한 인터뷰에서 "이외수 문학관은 땅속의 경사를 따라 있는 공간에 들어가는 체험적 공간"으로 "땅이 원래 가지고 있었던 느낌과 그 앞뒤로 바라다보이는 산들과의 관계, 그런 것들을 좀 더 적극적으로 체험하게 해주고자 했다"라고 설계의 의도를 밝혔다.

현재 이외수문학관에는 작가의 문학작품, 미술품 및 친필 원고 등과 같은 소장품이 전시되고 있으며, 일반적인 전시장의 관람 형태를 지양하고 관람과 체험을 할 수 있는 전시로 구성하여 관람객들의 감성과 오감을 풍부하게 하는데 그 지향점을 두고 있다고 하고, 숙명여대 김응교 교수가 한 달에 한 번 강연하는 인문학 행사도 진행이 되었다고 하는데, 이 역시 코로나-19 이유로 내부 관람은 물론 강연도 중지되고 있어, 그냥 돌아서야만 했던 것이 못내 아쉽다.

하는 수 없이 건물 외관만 살펴보고, 그나마 입구에 구비되어 있는 안내 책자에 의하면, 문학관 한쪽 벽에는 여태까지 이외수 선생이 발간한 책의 초판본이 모두 모여 있으며, 또 다른 한쪽 편엔 선생의 자필 원고들이 전시되어 있다고 했다.

아쉬움을 달래며 우리는 문학관 좌측에 둥그렇게 조성된 시비들을 돌아보았다.

이외수 선생의 시들이 새겨져 있는 다양한 모양의 시비들을 감상하며 이외수 폰트(font, 글꼴)로 알려진 글씨체가 어디서 나온 것인가에 대해 그간 궁금했었는데 결국 그가 나무젓가락으로 쓴 글씨체에서 비롯된 폰트라는 것을 알게 되었다.

이외수 선생은 경상남도 함양군에 있는 외가에서 태어났지만, 그 후 강원도 인제군 본가에서 성장하였다.

1972년 강원일보 신춘문예에 단편 소설 『견습 어린이들』로 데뷔하였고, 1975년에는 세대(世代)의 문예 현상공모에서 중편 소설인 『훈장』이 신인문학상을 수상하면서 소설가로 이름을 알리게 되었다.

젊은 시절에는 인제군에서 임시교사로 일한 적도 있으며. 춘천에서 30여 년간 거주하다가 2006년 이후부터 얼마 전까지는 강원도 화천군 상서면 다목리 감성마을에 거주하고 있었지만, 2020년 3월 22일 뇌출혈로 쓰러진 뒤 현재 투병 중이며 얼마 전에 아들이 지난 7월에 부친의 SNS를 통해 아버지의 회복 상황을 언론에 이렇게 전했다.

"겨울까지 아들도 못 알아볼 정도로 상태가 나빴던 아버지께서 올봄부터는 의식이 조금씩 돌아오더니 살겠다는 의지를 나타내고 있다" 그리고 이어 "1년을 훌쩍 넘긴 병상 생활에 근력이 빠져나가서 재활을 시작했다"라고 하며, 다만 유동식으로 아주 기본적인 영양분만 전달받는 상황이기 때문에 여간 힘든 일이 아닐 것이라고 밝히기도 했다.

또 어제는 아버지가 눈물을 훔치며 힘겹게 관심이라는 단어를 내뱉었다며 코로나-19로 면회가 금지된 탓에 아버지를 기다리고 사랑하는 사람이 많다는 것을 못 느끼는 것 같아 마음이 아프다 덧붙였다.

현재 이외수는 삼킴 장애로 인해 말하지는 못하는 것으로 알려졌으며, 아들은 "아버지의 소식을 기다리며 건강을 기도해 주는 모든 이들에게 진심으로 감사하다"고 전했다.

한편, 방송인으로서 이외수의 정치 성향을 살펴보면 그는 인터넷을 통해 진보주의적 성향을 드러내 왔다고 할 수 있다.

서울특별시장 선거기간 중에는 박원순 후보 선거대책위원회의 멘토로 활동하였던 적도 있으며, 이때 진보 성향의 네티즌들은 이외수를 지지하기도 하였고, 언론도 이외수의 발언을 비중이 있게 보도하였다.

당시 MBC에서는 〈무릎팍도사〉 등을 통해 이외수를 방송에 자주 노출하면서 시대의 지식인으로 부각하기도 했다.

그는 트위터 팔로우(follower) 수가 150여만 명에 육박하는 '인기 트위터 사용자'임은 자타가 공인하는 부분이다.

그리고 대한민국 제18대 대통령 선거를 앞두고는 안철수 후보와 만난 자리에서 "정치가 먼저 달라져야 한다"라고 그에게 주문하며, "일단 싸울 때는 반드시 이기길 바라겠다"라고 말했다고 한다. 또한 보수 성향의 네티즌들한테는 "비열한 언사를 쓰면서 나를 공격하는 것은 무방하지만, 당신들이 추종하는 후보가 어느 날 내 트윗 한방으로 수십만 표를 잃게 된다는 걸 명심해라"라고 경고하기도 했다고 한다.

또한, 2010년 10월에 중국이 조선족이 사용하는 조선어가 자국의 언어라고 주장하며 "조선어 국가표준 워킹그룹"을 구성해서 스마트 폰과 태블릿 PC, PC 키보드용 조선어 입력 표준, 소스코드, 지역식별자 등에 대한 표준안 마련을 위해 일명 한글 공정을 추진하자 이외수는 "우리가 한글이라는 보물을 가지고 있으면서도 귀중함을 모르고 소홀히 하니까 중국이라는 도둑이 이를 훔치려는 마수를 노골적으로 드러내고 있다"라며 강하게 비판했다. 또 그는 "중국이 한글을 중국의 문화유산이라고 우기는 것은 한국이 만리장성을 한국의 문화유산이라고 우기는 것과 무엇이 다르냐?"라며 일침을 가하기도 했다. 그리고 제주도 해군기지 건설 당시 이외수는 트윗으로 "돌에게도 생명과 감정이 있습니다. 그러므로 구럼비 바위를 폭파하지 마세요"라고 하면서

해군기지 건설에 대해 반대의 견해를 밝혔다.

이외수는 2013년 10월 25일 독도의 날을 맞아 자신의 트위터에 "독도는 한국 땅 그리고 오늘은 독도의 날"이라는 글을 반복해서 올렸으며 "독도는 천지개벽을 하는 날이 와도 한국 땅입니다. 그러므로 일본은 세슘에 초밥 말아먹는 소리는 이제 그만 해야 합니다"라는 글을 올리기도 했다.

이외수는 2011년 11월 15일에 자신의 트위터에 "일본 아베 총리가 한국을 '어리석은 나라'로 폄훼했다"라면서 "총리 님, 이성을 완전히 잃으신 것 같은데 뇌 검사를 한 번 받아 보시지요"라는 글을 남겼다.

한편, 그는 1988년 4월 14일에는 소설을 배우겠다고 찾아온 문학 지망생 소녀들과 상습적으로 모텔에서 혼숙하며 대마초를 피웠다는 기사가 신문에 실리면서 서울중앙지방검찰청 형사2부에 의해 대마관리법 위반 혐의로 구속되기도 했는데, 대마초를 피운 것은 사실이지만, 문학소녀들과 혼숙했다는 추측성 기사에 대해서는 부인했으며 그 신문사의 기자는 취재도 오지 않았었다고 밝혔으며 그는 5월 10일 보석금 100만 원을 내고 석방되기도 했다. 위에서 살펴본 바와 같이 일부 문학가들은 한국 문단에서의 평가에 비하면 이외수는 지나치게 과대평가된 소설가라는 비난과 함께 그의 문학관 건립이 결국 혈세를 낭비한 것이라는 주장을 제기하기도 했다.

즉, 한겨레 신문에 네티즌들이 '화천군민의 인구가 고작 2만 5천 명인데도 이외수 작가를 위해서 감성마을에 100억여 원을 투자해야 했던가? 라고 연세대 마광수 교수의 홈페이지에 올렸는데, 이에 대해 마 교수는 답변을 통해서 '군민의 혈세로 호화주택이나 지어주고 있으니 우리나라 행정가 나리들의 무지몽매함이 드러난 것이다'고 답하였다.

그리고 이기식 고대 독문과 교수는 2013년 1월 23일 한국경제 연구원의 칼럼에서 "감성마을은 좌·우파의 문제가 아니라 돈을 매개로 예술과 정치가 서로 결탁한 것에 불과하다"면서 "예술을 위한 감성이 아니라 자신의 이익에 충실한 '이익 감성' 뿐"이라고 비난하기도 했다.

이와 같이 지방자치제도가 실행되고 나서부터 문학적인 면에서도 지역 홍보 및 관광 수입을 목적으로 자기 고장 출신 문학인을 위한 문학관 건립이 늘어나는 추세이며, 어느 지자체에서는 그 지역을 배경으로 하는 소설을 써 달라고 거액을 선금으로 준 사실도 있는 것으로 알고 있는데, 그 지역 출신의 문학인을 위한 문학관 건립에 따른 비용 지출이라는 것은 어차피 건립 목적이 지역 홍보 및 관광 수입 차원에서 지역 재정에 보탬이 되고자 하는 지자체의 결정에 따를 수밖에 없지 않겠는가?

이번 문학기행을 마치면서 병과 힘들게 싸우고 있는 이외수 선생의 쾌차를 빌며 거액의 자금으로 건립된 문학관이 코로나-19 사태가 속히 진정되면서 관심 있는 많은 사람의 발길이 계속 이어지기를 기원해 본다.

현재 이외수 선생은 2022년 4월 25일 투병 중 폐렴으로 별세하였다.

시인 박인환

시인 박인환

제18차 문학기행(강원도 인제, 2021년 11월 20일)

한 잔의 술을 마시고
우리는 버지니아 울프의 생애와
목마를 타고 떠난 숙녀의 옷자락을 이야기 한다
목마는 주인을 버리고 그저 방울 소리만 울리며
가을 속으로 떠났다
술병에서 별이 떨어진다
상심한 별은 내 가슴에 가벼웁게 부숴진다……

"목마와 숙녀" 일부 중에서.

    서구적 감수성과 분위기를 강하게 풍기면서 어두운 현실을 서정적으로 읊은 후기 모더니즘의 기수로 잘 알려진 시인 박인환 문학관은 인제군에서 그 고장 출신인 시인 박인환의 얼을 기리고, 시인이 집필하던 시절의 옛 향수를 느낄 수 있도록 하고자 인제산촌민속박물관 바로 옆인 인제읍 인제로156번길 50에 박인환문학관을 건립하였다.

지난 주말에 계절은 벌써 점점 늦가을 속으로 깊숙이 침잠해 가는 즈음에 진정한 가을의 정취를 맛보기 위해 그리고 가을 속으로 떠난 인환이 형을 만나보기 위해서 다시금 인제에 찾아왔다. 생각해 보면 내가 처음 이 문학관을 찾은 때도 2014년 11월 하순, 이맘때였다.

그 당시에는 내가 문학기행을 하리라고는 전혀 생각하지 않았을 때였지만 마치 문학기행을 염두에 두고 찾아보았던 것 같은 일종의 데자뷔인지도 모른다.

인천에서 영동고속도로를 달려 새말 IC로 빠져나와 치악산 입구 그린캠프 식당에서 능이버섯 전골로 점심을 하고 홍천을 거쳐 인제읍으로 들어와 문학관 주차장에 도착했다.

문학관 입구 마당에는 박인환 시인이 마치 코트를 입고 바람을 맞으며 시상을 떠올리는 듯한 모습의 동상이 세워져 있다.

동상을 지나 출입문 입구 쪽으로 시인의 대표 시가 적혀 있는 문학비가 시인의 전신 부조(浮彫)와 함께 세워져 있다.

지난번에 왔을 때는 문학관 왼편 마당 끝자락에 있었는데, 최근에 이 자리로 옮겨져 온 것 같다.

인환이 형을 만난 듯 반가운 마음으로 인증 사진을 하고 문학관 안으로 들어갔다. 미리 예약하지 않은 탓에 문화해설사가 없어서 섭섭했지만, 문학관 내부는 박인환 시인이 활동했던 장소를 중심으로 시인의 연보와 함께 그에 대한 기록들이 잘 구성되어 전시되고 있었다.

1층 전시실은 박인환 시인이 주로 창작 활동했던 1945년~1948년 사이 서울 명동의 '마리서사' 주변 거리를, 고증을 거쳐 사실적으로 재구성해 놓았다.

시인이 직접 운영했던 마리서사 서점이며 모더니스트 시인들의 사랑방인 유명옥, 봉선화 다방, 대폿집 은성, 모나리자, 동방싸롱, 포엠 등등….

마리서사에는 앙드레 브르통, 장 콕토 등 여러 문인의 작품과 문예지, 화집 등이 빼곡히 갖추어져 있으며 김광균, 김기림, 양병식, 오장환, 정지용, 김수영 등 여러 시인과 소설가들이 자주 찾는 문학의 명소이자 한국 모더니즘 시운동이 일어난 발상지이기도 했다.

또한 그 옆으론 유명옥이라는 빈대떡집을 구성해 놓았는데, 이곳은 당시 김수영 시인의 모친이 충무로 4가에서 운영했던 곳이며, 이곳은 위의 문인들이 모여 한국 현대시의 새로운 출발과 후기 모더니즘의 발전에 대해 서로의 의견을 나눴던 곳이기도 했다.

그 맞은편으론 은성이라는 대폿집이 구성되어 있다. 탤런트 최불암 씨의 어머니(이명숙 여사, 86년 작고)가 명동에서 1950년대~60년대에 운영하던 술집으로 문화 예술인들(김수영, 박인환, 변영로, 전혜린, 오상순, 천상병 등)이 자주 이용하며 막걸릿잔 너머로 문학과 예술의 꽃을 피웠던 곳이고, 소설가 이봉구가 단골이었으며 박인환은 1956년 3월 죽기 얼마 전에 이곳 은성에서 그 유명한 "세월이 가면"이란 시를 남겼다.

현재의 문학관 뒤편으로는 시인의 생가터가 있으며 지금은 생가터였음을 알리는 조형물이 세워져 있다.

박인환은 마리서사(茉莉書舍)라는 서점을 경영하면서 김광균(金光均), 김수영(金洙暎), 김경린(金璟麟), 오장환(吳章煥) 등과 친교를 맺기도 하였으며 1948년 서점을 그만두면서 이정숙(李丁淑)과 혼인하였다.

헌칠한 키에 미남인 박인환은 당대의 문인 가운데 최고의 멋쟁이인 명동 신사로 통하는 댄디보이였지만, 그는 통속적인 것을 혐오하고, 원고를 쓸 때는 구두점 하나에도 몹시 까다롭게 굴고, 싫어하는 사람과는 차도 한잔 같이 마시지 않는 결벽증을 보이곤 한다.

또한 수주 변영로가 금주를 선언하자 그를 찾아가 술을 마시지 못하는 사람은 사람 자격이 없다며 앞으로는 선생이라는 말을 안 하겠다고 으름장을 놓기도 했다고 전한다.

그해 10월 그의 첫 단독 시집인 박인환 선 시집이 나온다. 첫머리에 '아내 정숙에게 바친다'라는 헌사가 들어 있고, 총 4부 56편으로 구성된 이 시집에는 박인환의 대표작이 거의 다 실린다. 한때 그가 '신시론'과 '후반기' 동인의 결성에 앞장서며 모더니즘 시인으로 주목받기는 하지만, 이 시집의 전반적인 분위기는 그를 모더니스트로 평가하기엔 거북할 만큼 서정성이 짙게 묻어난다.

그의 시 중에서 가장 널리 알려진 「목마와 숙녀」만 하더라도 '버지니아 울프'라는 낯선 외국 작가로 말미암은 이국적 분위기와 '목마'라는 낭만적 요소를 묘하게 섞어 슬픔에 물든 생각을 잔잔하게 흘리고 있는 서정시다.

여기서 시인에게는 인생이란 "그저 잡지의 표지처럼" 통속적이며 허무한 것에 지나지 않는다" 라고 할 수가 있다.

1956년 이른 봄, 전란으로 폐허가 된 뒤 어느 정도 복구되어 제 모양을 찾아가는 명동 한 모퉁이에 자리를 잡은 '경상도집'에 문인 몇몇이 모여 술을 마시고 있었다. 마침 그 자리에는 가수 나애심도 함께 있었는데, 몇 차례 술잔이 돌고 취기가 오르자, 일행은 나애심에게 노래를 청한다.

나애심은 노래하려고 들지 않는다. 그러자 박인환이 호주머니에서 종이를 꺼내더니 즉석에서 시를 써 내린다. 이를 넘겨다보고 있던 이진섭(李眞燮)은 그의 시를 받아 단숨에 악보를 그려낸다. 나애심은 이렇게 나온 악보를 들고 마디마디 노래를 이어간다.

"지금 그 사람 이름은 잊었지만
그의 눈동자 입술은 내 가슴에 있어
바람이 불고 비가 올 때도
나는 저 유리창 밖
가로등 그늘의 밤을 잊지 못하지
사랑은 가고 과거는 남는 것
여름날의 호숫가 가을의 공원
그 벤치 위에 나뭇잎은 떨어지고
나뭇잎은 흙이 되고
나뭇잎에 덮여서 우리들 사랑이 사라진다 해도
지금 그 사람 이름은 잊었지만
그의 눈동자 입술은 내 가슴에 있어
내 서늘한 가슴에 있건만"

그 노래가 바로 이런 가사로 된 '세월이 가면'이란 시의 원본이다. 1976년 그의 20주기를 맞아 장남 박세형(朴世馨)은 『목마와 숙녀』를 간행하였다.

특히 "한 잔의 술을 마시고/우리는 버지니아 울프의 생애와/목마를 타고 떠난 숙녀의 옷자락을 이야기 한다"로 시작되는 목마와 숙녀는 그의 시의 특색을 잘 보여주면서도 참신하고 감각적 면모와 지적 절제를 보인다는 점에서 대표작이라 할 수 있다.

내가 대학 시절인 1970년대 초에는 포크송이 한창 유행했었는데, 가수 박인희에 의해서 '목마와 숙녀'의 시가 낭송이 되고, 이어서 세월이 가면이란 노래가 만들어져 히트를 치면서 마침내 시인 박인환이 세인들에게 부각이 되는 계기가 되기도 했다.
 지금도 나는 기타를 들게 되면 코드를 짚어가며 이 노래를 불러 보기도 한다.
 이 가을에 어울리는 노래 중의 하나이기 때문이다.

~ 그 벤치 위에 나뭇잎은 떨어지고~
나뭇잎은 흙이 되고~
나뭇잎에 덮여서 우리들 사랑이 사라진다 해도~
내 서늘한 가슴에 있네……

엊그제 그를 만나고 왔건만 지금도 다시금 보고 싶다.
 인환이 형이…

시인 신동엽

시인 신동엽

제19차 문학기행(충남 부여, 2022년 6월 4일)

엊그제 6월 초 연휴를 맞이하여 내가 쓴 산문집 바람처럼 재즈처럼 중에서 "백제의 눈물"을 기억하며 부여로 여행을 떠났다.

1976년, 2012년 그리고 2015년에 이어서 이번이 4번째 부여로의 여행이었다.

궁남지 포룡정의 단아한 초여름의 운치와 정림사지5층석탑의 고고함이 1,400여 년 전의 백제의 아픔을 대변하고 있었다.

몇 년 전부터 문학기행을 이어가는 중에 시인의 생가와 문학관을 7년 만에 다시 찾았다.

문학관에 들어가면 입구에 진열된 신동엽 시전집과 부여군에서 발행한 단행본 신동엽 시인의 길 조성 사업을 압축하는 말인 "발자국이 쌓여 길이 되었다"를 먼저 구입했다.

시인 신동엽은 1959년에 등단하여 만 10년 동안 활동하다 39세에 요절했지만, 그가 남긴 작품들과 4·19의 한복판을 관통한 시 정신은 이후 세대들에게 산업사회의 너머를 꿈꿀 대안적 상상력의 모델로 커다란 영향력을 미쳐왔을 뿐만 아니라 권위주의 사회에서 그가 저항시인으로서 자리하고자 했던 존재 방식, 창작 실제에서 거둔 미적 형식 또한 선구적인 모델로 평가받아

왔다. 신동엽은 1930년 8월 18일 충남 부여군 부여읍 동남리에서 태어났다. 1944년 부여초등학교를 수석으로 졸업하고 같은 해 국가에서 숙식비와 학비를 지원해 주는 전주 사범학교에 입학했다. 또한 사범학교 시절에 독서에 힘씀으로써 아나키즘(개인을 지배하는 모든 정치 조직이나 권력, 사회적 권위를 부정하고 개인의 자유와 평등, 정의, 형제애를 실현하고자 하는 사상이나 운동)이라는 자기 생각을 만들어 갔다. 1948년 11월 이승만 정권이 토지개혁을 실시하지 않는 것과 친일파를 청산하지 않는 것에 항의하는 동맹휴학으로 학교에서 퇴학을 당했다. 고향으로 내려와 있었던 그는 1949년 부여에 있는 초등학교 교사로 발령받았다. 비록 사범학교에서 퇴학을 당했지만, 교원 자격이 되어 있었기 때문이다. 하지만 3일 만에 교사직을 그만두고 단국대 사학과에 입학했다.

그런데 6·25전쟁이 일어나자 다시 고향으로 내려왔지만, 7월 15일 인민군이 부여를 점령했다. 그 당시 인민군은 토지개혁과 조직 사업으로써 공산주의를 실천하고 있었다.

따라서 시인 신동엽의 지식을 조직 사업에 활용하려는 인민군의 요구로 9월 말까지 부여 민주청년 동맹선전 부장으로 일하였다. 시인은 세상을 바꾸어 가야 한다는 공산주의자 주장에 동의는 하였지만 정작 시인의 생각은 무정부주의자였다.

1953년 단국대를 졸업한 후 서울 돈암동에서 자취를 하며 헌책방을 열었다. 이때 시인은 이화여고 3학년이던 부인 인병선을 만났다. 1957년 인병선과 결혼한 뒤 다시 고향으로 돌아왔다.

부인은 가난을 극복하기 위해 부여읍에서 모교의 이름을 딴 이화 양장점(현재 부여읍에서 제일 번화한 자리)을 열었으며 시인은 보령

군 주산농업고등학교 교사로 부임하였다.

하지만 폐결핵을 앓게 되면서 교사직을 그만두고, 전염이 될 것을 우려해 부인과 딸아이를 서울 장모 곁으로 떠나보내고 집에서 요양하며 독서와 글쓰기에 빠진다.

1959년 "이야기하는 쟁기꾼의 대지"를 석림(石林)이라는 필명으로 조선일보 신춘문예에 당선이 되면서 문단에 등단하였다.

건강을 되찾은 시인은 서울에 있는 교육평론사에 취업을 한 후, 학생혁명 시집을 집필하며 4·19혁명에 뛰어들었다. 그래서 신동엽을 4·19 시인으로 평가하는 문인들이 많다. 훗날 4·19혁명의 기억을 되살려 대표적인 참여 저항시 「누가 하늘을 보았다 하는가」와 「껍데기는 가라」라는 시가 나올 수가 있었다.

누가 하늘을 보았다 하는가
누가 구름 한 송이 없이 맑은
하늘을 보았다 하는가
네가 본 건, 먹구름
그걸 하늘로 알고
일생을 살아갔다.

- 서사시 금강(錦江)에 들어 있는 누가 하늘을 보았다 하는가 중에서

동학농민 전쟁사를 서사시로 풀어 쓴 금강은 동학이 탄생하게 된 배경을 시인의 눈으로 예리하게 진단한 작품으로 시대를 가로지르는 시인의 통찰력이 들어 있으며, 과거와 현재의 실상

을 가로지르며 시대를 비판하는 시인의 정신이 드러나 있다.

껍데기는 가라/사월도 알맹이만 남고/껍데기는 가라.
껍데기는 가라/동학년(東學年) 곰나루의, 그 아우성만 살고
껍데기는 가라.

그리하여, 다시/껍데기는 가라
이곳에선, 두 가슴과 그곳까지 내논/아사달 아사녀가
중립의 초례청 앞에 서서/ 부끄럼 빛내며/맞절할지니

껍데기는 가라/한라에서 백두까지
향그러운 흙가슴만 남고/그, 모오든 쇠붙이는 가라.

- 껍데기는 가라 전문.

시인은 1961년에 명성여고 야간부 교사를 하면서 안정적으로 시작에 몰두할 기회를 얻었다.

1964년 건국대 대학원 국문과를 졸업하고 시집『아사녀』를 출간, 1967년 장편서사시「금강」을 발표했다.

하지만 1969년 4월 7일 간암이 악화해 39세의 젊은 나이로 부인과 2남 1녀를 남기고 세상을 떠났다.

이후 인병선 씨는 지금까지 혼자 자녀들을 키워내며 짚풀문화를 연구해 왔다. 출판사 등에 다니며 생활을 꾸려나가는 한편 신동엽 시인의 육필 원고를 모아 책을 냈다.

시인이 알려진 것은 온전히 부인 인 씨의 노력에 힘입은 결과다. 70년대 민주화의 상징시 「껍데기는 가라」는 출판이 되자마자 곧바로 판매 금지되지만, 절창(絶唱, 아주 뛰어나게 잘 지은 시문)은 숨겨질 수가 없었다. 신동엽은 민주세력에 스며든 기회주의 세력을 비판하고 통일을 노래한 「껍데기는 가라」를 필두로 삼월, 4월은 갈아엎는 달, 우리가 본 하늘 등 여러 편의 시를 발표하였다. 그밖에 장시(長詩) 「이야기하는 쟁기꾼의 대지」, 「여자의 삶」 등이 있으며, 시인 정신론, 시와 사상성 등 평론 10여 편을 썼다.

"얼마 아니 지나면 가로수마다 윤기 짙은 새잎이 화창하게 피어 날 것이다. 그리고 그 신록의 푸짐한 경영 밑에 젊은 구두 소리가 또각또각 먼 꿈을 싣고 사라져갈 것이다. 그 사라져가는 언덕 너머 내 소년 시절의 인생의 꿈은 사리고 있었다.

언젠가 부우연 호밀이 팰 부렵 나는 사범학교 교복 교모로 금강 줄기 거슬러 올라가는 조그만 발동선 갑판 위에 서 있은 적이 있었다. 그대 배 옆을 지나가는 넓은 벌판과 먼 산들을 바라보며 '시'와 '사랑'과 '혁명'을 생각했다."

내 일생을 시로 장식해봤으면.
내 일생을 사랑으로 장식해봤으며.
내 일생을 혁명으로 불질러봤으면.
세월은 흐른다, 그렇다고 서둘고 싶진 않다".

– 신동엽 산문 「서둘고 싶지 않다」 중에서

유작으로 통일을 기원하며 쓴 「술을 마시고 잔 어젯밤은」이 있으며, 사후 1975년에 신동엽 전집이 나왔다.

1989년에는 시 「산에 언덕에」가 중학교 3학년 교과서에 수록되었다.

한편 1969년 4월 9일 경기도 파주군 금촌읍 월롱산 기슭에 안장되었다가 1993년 11월에 부여로 옮겨와 능산리 고분 건너편 산에 이장되었다.

신동엽이 세상을 떠난 뒤 '신동엽 시비 건립위원회'(위원장 구상)가 구성되어 문인, 동료, 제자 등 1백여 명이 참여하였으며, 시비의 글씨는 박병규, 설계는 정건모, 조각은 최석구가 했다.

마침내 1970년 4월 18일 시인의 고향인 부여읍 동남리 백제교 옆 백마강 기슭에 시비(산에 언덕에)가 세워졌다.

이후 신동엽 24주기를 맞이하여, 1990년 4월, 시인을 흠모하는 단국대학교 교수, 재학생, 동문 그리고 문단의 뜻을 모아, 그가 문학의 꿈을 키우던 단국대학(서울시 용산구 한남동) 교정에 시비가 세워졌다가, 2007년 단국대학이 죽전캠퍼스로 이전해 감에 따라 현재는 단국대학교 죽전캠퍼스 상경대학 1층 입구 앞에 세워져 있다.

부여초등학교(충남 부여군)에는 1999년 신동엽 30주기를 맞이하여 교정에 신동엽 시비가 세워졌으며, 높이 2미터 정도의 단아한 신동엽 시비에는 '금강'의 한 구절이 적혀 있고. 전주 사범대학에는 2001년 5월 15일에 제막식을 가졌으며 시비에는 시인의 대표작으로 우리에게 익숙한 「껍데기는 가라」 일부가 새겨져 있다.

　1985년 5월 유족과 문인들이 부여읍 동남리 294번지에 시인의 생가를 복원해서 영구 보존을 위해 부여군에 기부했다.

　한편, 부여군에서는 생가 바로 뒤편에 신동엽문학관을 2013년 5월 3일에 개관하였다.

　신동엽 길을 걸으며 시인을 추억할 열한 개의 상징물도 세웠다. 구본주 조각가를 비롯한 뛰어난 예술가 다섯 사람의 감수성과 조형적 재능이 모여서 시인의 길을 수놓는 작품이 탄생한 것이다. 특히, "여행자의 출구", "쉿, 저기 신동엽이 있다", "궁궁을을(弓弓乙乙)", '바람의 경전", "금강에 앉다" 는 저마다 하나의 예술 작품으로서 길이 호평을 받을만한 명작의 출현이라고 여러 예술가가 짚어주었다.

　신동엽문학관은 생가와 마을, 작품이 구상된 실제 장소들 속에 자리 잡고 있다. 시인의 생애를 구성하는, 초등학교 1학년 때부터의 성적표, 생활기록부, 반장 임명장, 신분증 등 성장기의

이력을 증언할 수 있는 각종 유품과 자료들도 완비되어 있다.

시인의 아내로서 '짚풀생활사박물관'을 일궈낸 인병선 여사가 지켜온 신동엽의 유품들은 이미 하나의 박물관을 구성할 만큼 풍부하다.

시인의 유품들과 자료들을 보면서 나와 많은 공통점을 가졌다고 생각했다.

더욱이 중요한 점은 이 모든 내용이 실제 장소에 하나의 작품처럼 공간 미학화돼 있다는 것이다.

건축가 승효상의 설계로 완성된 신동엽문학관은 오늘날 부여가 자랑하는 3대 건축물의 하나로 꼽힌다고 한다.

신동엽의 시 정신에 부합하는 조형물이 어떤 것이며, 문학관이 갖추어야 할 내용이 무엇인지를 건축예술로 펼쳐 보이는 작품 '신동엽문학관"은 건축 전공 학도들의 답사 대상이 되기도 한다. 그와 함께 부여 출신 화가 임옥상의 설치미술 "시의 깃발"은 신동엽의 시가 바람에 나부끼는 형상을 독창적인 방식으로 보여준다. 지금도 신동엽 정신을 계승하려는 후배들이 관리하고 있는 신동엽문학관은 요즘도 백제의 수도 부여에서 현대적 의미의 대안적 상상력을 제공하는 문학기행의 메카가 되기를 꿈꾸고 있다. 신기하게도 이번에 부여를 찾은 것도 여름이 시작되는 6월 초였으며, 산문집 "바람처럼 재즈처럼" 중에서 백제의 눈물 마지막 부분을 인용하면서 이번 문학기행 시인 신동엽 편을 마무리하고자 한다.

"여름이긴 했지만, 어느덧 긴 해가 뉘엿뉘엿 꼬리를 길게 드리우며 석탑의 색깔도 어두워지기 시작했다. 널따란 정림사지 터에 키 큰 석탑만이 그 오랜 풍상을 견디고 서 있어 이곳 부여로 천도를 한 후에 백제의 부흥을 염원했던 성왕의 바람도 정림사와 함께 불길로 사라진 것이 못내 아쉬웠다.

꽃이 진다고 역사를 탓하랴.
이제 더 이상 백제는 잃어버린 역사가 되어서는 안 된다.
오랜만에 다시 찾은 부여,
너무나 초라했다.

정부에서는 백제 문화의 가치를 찾고 재조명하는 일에 노력을 게을리해서는 안 될 것이다. 백제의 눈물은 여기에서 멈춰져야 하는 이유가 바로 그것이다."

소설가 이효석

소설가 이효석

제20차 문학기행(강원도 평창, 2022년 6월 26일)

소설가 가산(可山) 이효석은 1907년 2월 23일 강원도 평창군 봉평면에서 태어났다.

봉평 하면 메밀꽃, 메밀꽃 하면 이효석의 대표 단편소설인 『메밀꽃 필 무렵』이 떠오른다.

강릉으로 여행하게 되면 대부분 돌아오는 길에 봉평을 들러 이효석문학관을 찾게 되며 동이네 막국숫집에서 메밀막국수를 먹고 오게 된다.

이번에 셋째 누나의 칠순을 맞이하여 7남매 중 5남매(둘은 사정으로 불참)가 함께 강원도 여행을 기획하고 속초 아바이 마을, 주문진, 고성 화진포해변, 통일전망대, 강릉 경포대 해변을 거쳐 돌아오는 길에 올해에도 어김없이 강원 평창군 봉평면 효석문학길 73-25에 있는 소설가 이효석문학관을 찾았다.

9월 초부터 개화하기 시작한다는 봉평 메밀꽃(꽃말은 연인)은 구경을 못했지만, 문학관을 찾은 방문객들이 의외로 아주 많았다.

문화해설사의 말에 의하면 이효석문학관이 건립되기 전에는 봉평은 아주 조용하고 작은 시골 마을에 불과했었지만, 문학관이 생기고 나서부터는 연간 방문객이 200만 명이 넘을 정도로 강원도를 대표하는 관광도시가 되었다고 한다.

지방자치단체장들이 그 지역을 빛낸 문학인들을 발굴하여 앞다투어 문학관을 건립하는 데는 모두 그럴만한 이유가 있는 것이다.

소설가 이효석은 경성제일고등보통학교(현, 경기고등학교)를 거쳐 1925년에는 경성제국대학(현, 서울대학교)에 제2회 신입생으로 입학했다. 전공으로 영문학을 택한 그는 1925년에 매일신보 신춘문예에 시 「봄」이 선외가작(選外佳作)으로 뽑힌 일이 있었으나, 1928년, 잡지 『조선지광(朝鮮之光)』에 단편 「도시와 유령」을 발표하면서 본격적으로 문단에 등단하였다.

대학 재학시절에는 조선인학생회 문우회에 참가하여 기관지 『문우』에 시를 발표했고, K. 맨스필드, A. 체호프, H. J. 입센 등의 작품을 즐겨 읽으며 문학세계의 정립에 힘을 썼다.

「도시와 유령」 작품에서는 도시 유랑민의 비참한 생활을 고발한 것으로, 그 이후 이러한 계열의 작품들로 인하여 유진오(兪鎭午)와 더불어 카프(KAPF: 조선 프롤레타리아예술 동맹) 진영으로부터 동반자작가(同伴者作家)라는 호칭을 듣기도 하였다.

1930년 경성제국대학교 영문학과를 졸업했다.

대학을 졸업한 뒤 1931년 미술작가 지망생인 이경원(李敬媛)과 결혼하였으나, 취직을 못 하여 경제적 곤란을 당하던 중 일본인 은사의 주선으로 총독부 경무국 검열계에 취직하게 되지만 양심의 가책과 세간의 비난을 견디지 못한 이효석은 불과 보름 만에 사직하고, 처가가 있는 함경북도 경성(鏡城)으로 내려가 그곳의 경성농업학교 영어 교사로 부임하였다.

　이효석문학관 문화해설사의 설명을 듣던 중에 민문련(민족문제연구소)에서 2009년에 발간한 친일 인명사전을 언급하며 그 사전에 이효석 이름이 등재되어 있냐고 물어 보았더니 천만 다행으로 피해 갈 수가 있었다고 한다.

　초창기에 발표한 그의 작품들은 경향문학(傾向文學)의 성격이 짙은 「노령근해(露嶺近海)」, 「상륙」, 「마작철학」, 「북국사신」 등이 있다.

　여기서 경향문학이란, 궁극적으로는 정치적 목적성으로 기울어져 있는 문학을 말하지만, 예술성을 저하할 우려가 있다는 비판을 받기도 하였다.

　한국 문학사에서 경향문학은 일제 식민지 시대에 등장한 계급문학을 의미하며 계급주의적인 프롤레타리아문학은 1925년 김기진(金基鎭), 박영희(朴英熙) 등이 결성한 조선프롤레타리아예술동맹(KAPF : Korean Artist Proletarian Federation)을 중심으로 전개된 바 있다. 조선프로예맹의 조직과 함께 구체적으로 전개되기 시작한 계급문학 운동은 식민지 지배 세력인 일본의 침략을 서구 제국주의 논리에 따른 자본주의적 침략으로 규정함으로써, 문학을 통한 반 제국주의(反 帝國主義), 반(反) 식민 사상의 구체적인 표현을 중시하게 된다. 물론 계급투쟁의 궁극적인 목표는 식민지 지배 상황에서 피지배계급에 해당하는 한국 민족의 해방을 의미하는 것이다.

　계급문학 운동의 실천 과정에서 가장 두드러지게 드러나고 있는 특성은 기존의 모든 문학적 현상에 대해 그 부르주아적 속성을 비판하고, 계급의식에 치중한 투쟁적인 문학 운동을 조직적으로 전개하고자 하는 점이다.

그러나 계급문학 운동은 일본 조선총독부의 사상 탄압에 의해 그 실천적인 활동을 지속적으로 전개하지는 못했다.

생활이 비교적 안정되기 시작한 1932년경부터 그의 작품세계는 초창기의 경향 문학적 요소를 탈피하고 그의 진면목이라고 할 수 있는 순수문학을 추구하게 된다. 그리하여 향토적, 이국적, 성적 모티프(motif)를 중심으로 한 특이한 작품세계를 시적 문체로 승화시킨 작품들을 잇달아 발표하기 시작하였다.

「오리온과 능금」(1932)을 기점으로 하여 「돈(豚)」(1933), 「수탉」(1933) 등은 이 같은 그의 문학의 전환을 분명히 나타내주는 작품들이다. 1933년에는 '구인회(九人會)'에 가입하여 순수문학의 방향을 더욱 분명히 하였다.

1936년에 발표한 한국현대 단편소설의 대표작이기도 한 「메밀꽃 필 무렵」은 그의 산문적 서정성이 가장 빼어난 작품이다.

대표작 「메밀꽃 필 무렵」 줄거리

작가의 고향 부근인 봉평, 대화 등 강원도 산간마을 장터를 배경으로, 장돌뱅이인 허 생원과 성 서방네 처녀 사이에 맺어진 하룻밤의 애틋한 인연이 중심이 되는 매우 서정적인 작품이다.

얼금뱅이에 왼손잡이인 장돌뱅이 허 생원은 평생 여자와는 거리가 멀었고 나귀를 벗 삼아 떠돌아다닌다.

허 생원은 어느 날 하룻밤 정을 나누고 헤어진 성 서방네 처녀를 잊지 못해 봉평 장을 거르지 않고 찾는다. 장판이 끝나고 술집에 들렀다가 젊은 장돌뱅이인 동이가 자기가 마음에 두고 있던 충주 댁과 어울려 술을 마시고 분탕질을 하는 것을 보고는 심하게 나무라고 따귀까지 때려 내쫓아버린다. 그날 밤, 허 생원과 조선달, 동이는 다음 장이 서는 대하를 향해 함께 산길을 걷는다. 보름을 막 지난 달은 부드러운 빛을 흘리고 있다. 짐승 같은 달의 숨소리와 메밀밭의 꽃은 소금을 뿌린 듯하고 달빛은 숨이 막힐 지경이다. 좁은 산길을 일렬로 걸어 나가며 허 생원은 젊은 시절 단 한 번 인연을 맺은 성 서방네 처녀와 있었던 기막힌 인연을 다시 한 번 그들에게 들려준다.

한편, 낮에 있었던 일을 사과하던 끝에 동이의 집안 사정 이야기를 듣다가, 허 생원은 사생아를 낳고 쫓겨났다는 동이의 어머니가 바로 자기가 찾는 여인임을 내심 확신하며 잠시 딴 생각을 하다가 발을 헛디디며 허 생원은 개울에 빠지게 되면서 동이의 등에 업혀 개울을 건너게 되는데, 동이의 등에 업힌 동안 따듯함을 느끼게 된다. 그런 동이에게서 어머니가 이번 가을쯤 봉평에 올 예정이며 지금은 제천에 살고 있다는 말을 듣게 된다.

허 생원은 갑자기 예정을 바꾸어 대화 장이 끝나면 동이의 어머니가 산다는 제천으로 가기로 결정한다. 다시 걷던 중 허 생원은 동이의 채찍이 왼손에 들려 있음을 보게 된다. 깊어가는 여름밤, 허 생원은 자신처럼 왼손잡이인 동이가 혹시 자신의 아들일 것이라고 생각한다.

1936년 평양에 있던 숭실전문학교(현. 숭실대학교)로 전임하였다. 그의 30대 전반에 해당하는 1936~1940년 무렵은 작품 활동이 절정에 달하였을 때였다.

해마다 10여 편의 단편과 많은 산문을 발표하였으며, 「산, 들」, 「메밀꽃 필 무렵」, 「석류(柘榴)」는 1936년에, 성찬(聖餐), 『개살구』는 1937, 「장미 병들다」, 『해바라기』는 1938년 그리고 같은 해에 수필, 낙엽을 태우면서(고등학교 1학년 때 국어 교과서에 실려서 수필이란 어떤 장르의 글인가에 대해서 배웠던 기억이…, 그리고 나는 육순이 되어서야 산문집 『바람처럼 재즈처럼』을 출간했다), 1939년 「화분(花粉)」, 「황제」, 「여수(旅愁)」를 이와 같이 그의 대표적 단편들이 거의 이 시기에 발표되었으며 1940년엔 「벽공무한(碧空無限)」 등 장편도 이때 집필된 것이다.

그러던 중, 1940년에 상처(喪妻)하고 거기에 3개월 된 딸, 영주마저 잃은 뒤 극심한 실의에 빠져 그는 만주 등지를 돌아다니다가 고국으로 돌아왔는데 이때부터 건강을 해치고, 따라서 작품 활동도 활발하게 하지 못하다가 급기야 1942년 결핵성 뇌막염 진단을 받고 평양 도립병원에 입원해서 치료받던 중 언어 불능과 의식불명의 절망적인 상태가 되자 퇴원했으나, 20여 일 후인 1942년 5월 25일 36세로 자택에서 요절하였다.

임종은 부친과 친구인 유진오가 지켜보았으며 유해는 평창군 진부면에 2년 전에 먼저 작고한 부인과 합장이 되었고, 1973년 영동고속도로 건설로 인해 용평면 장평리로 이장했으나, 1998년 영동고속도로 확장공사로 파주시 동화경모공원으로 다시 이장이 되었다.

이효석 작가에 대해 흥미로운 점은 그가 서구적인 문화를 매우 즐겼다는 점을 수필 「낙엽을 태우면서」를 읽으면서 알 수가 있다. 모차르트와 쇼팽의 연주를 즐기고, 빵과 버터, 커피를 즐겼다고 하고, 서양 영화를 감상하는 것도 좋아하며 서구 문화에 대한 동경심도 가졌다고 했다.

이번 5남매가 문학기행을 마치면서 머릿속에 머무는 소설 『메밀꽃 필 무렵』의 압권은 역시 "이지러는 졌으나 보름을 가제 지난 달은 부드러운 빛을 흐붓이 흘리고 있다. 대화까지는 칠십 리의 밤길. 고개를 둘이나 넘고 개울을 하나 건너고 벌판과 산길을 걸어야 된다. 길은 지금 긴 산허리에 걸려 있다. 밤중을 지난 무렵인지 죽은 듯이 고요한 속에서 짐승 같은 달의 숨소리가 손에 잡힐 듯이 들리며, 콩 포기와 옥수수 잎새가 한층 달에 푸르게 젖었다.

산허리는 온통 메밀밭이어서 피기 시작한 꽃이 소금을 뿌린 듯이 흐뭇한 달빛에 숨이 막힐 지경이다. 문학관 전시실에는 이 부분의 글이 액자에 담겨 걸려 있다. 문화해설사는 나한테 큰 소리로 낭송을 해보라고 해서 관람객들 앞에서 읊어도 보았다.

시인 이육사

시인 이육사

제21차 문학기행(경북 안동, 2022년 8월 4일~ 6일)

　이번 문학기행은 여름휴가를 맞이하여 안동에 있는 시인 이육사 문학관을 찾아보기로 했다.

　8월 4일 인천에서 출발한 우리는 경북 봉화군 춘양면에 있는 금강송 숲길(일명 외씨버선길 중 일부 구간)을 걷기 위해 국립백두대간 수목원 후문에 있는 도산3리 마을회관에 도착했다.

　금강송이란 금강산에서부터 경북 울진, 봉화와 영덕, 청송 일부에 걸쳐 자라는 소나무를 말하는데, 금강산의 이름을 따서 이름이 붙여졌으며 지역에 따라 춘양목, 황장목, 안목송 등으로 다양하게 불린다.

　금강송은 결이 곱고 단단하며 켠 뒤에도 크게 굽거나 트지 않을 뿐만 아니라 잘 썩지도 않아 예부터 소나무 중에서 최고로 쳐서 근래의 국보 1호인 남대문 증개축을 위시해서 문화재 보수에 귀중하게 쓰이고 있다.

　마을 회관에서 동네 아낙들한테 길을 물어 마을길을 거슬러 올라가니 좁은 산길로 이어지며 철조망으로 된 울타리를 따라 외씨버선길이란 안내 표지판을 따라 춘양목 솔향기 길을 걸었다.

이 구간은 춘양목에서 뿜어내는 천연 피톤치드와 솔 내음이 가득한 길이며 널찍한 흙길에 바닥에는 솔 갈비가 융단같이 깔려 있으며 듬성듬성 쉼터가 있어 쉬어가기 좋은 길이다.

그래서 국립수목원 뒷길은 외씨버선길 중에서도 가장 걷기 좋은 솔향기 길이다.

30여 분을 걸어 올라가니 트래킹하고 있는 무리를 만나기도 했으며, 조금 더 걷다 보면 숲 해설가의 간이 사무실에 도착해 외씨버선길 및 금강송 숲길에 대한 자세한 안내도 받았다.

숲길 도착시간이 너무 늦어서 길게 걷지는 못했지만 금강송 특유의 곧게 뻗은 적송(赤松)들이 주는 시야의 기쁨과 한 여름임에도 불구하고 전혀 덥지가 않아서 더욱 좋았다.

서둘러 하산한 우리는 봉화군 가곡면에 있는 이종사촌 누이네 향토방, 집에서 간만에 오붓한 시간을 가졌다. 다음 날, 누이네 식구들과 안동 이육사 시인 문학관으로 이동했다.

경북 안동시 도산면 백운로 525에 위치한 문학관은 현대식 사각형의 문형을 살려 단순하면서도 회색 계열의 색깔을 입혀 안정감을 주었다.

문학관은 두 개의 층으로 되어 있으며, 로비가 있는 곳이 2층 그리고 한 층을 내려가면 1층 전시관이다.

전시관은 이육사의 생애를 살펴보며 독립운동을 시작하게 된 배경 그리고 본명이 이원록인데 육사라는 이름을 사용하게 된 배경 등 각종의 자료들을 잘 정리해서 전시해 놓았다.

문학관 건물 오른쪽으로 2km를 걸어 올라가면 이육사의 묘소가 있다.

우리나라 소설가나 시인들의 작품과 생애를 살펴보면 독자들은 간혹 작품 속의 인물과 작가를 곧잘 혼동하는 수가 많은데, 그러나 정말 독자들의 기대를 저버리지 않고 올곧은 삶의 자세를 끝까지 견지하는 작가 또한 없지는 않지만, 그 대표적인 인물이 바로 1944년에 중국 베이징의 감옥에서 삶을 마친 이육사(李陸史) 시인이다.

그는 일제 말기의 어두운 시대 상황 속에서도 깨끗하고도 맑은 언어로 꺼지지 않는 독립 의지를 노래하는 한편, 나라를 위해서는 몸을 던져 싸움으로써, 민족이 위기에 처해 있을 때 어떻게 처신할 것인지를 확실하게 보여준 실천적 문학인이라 할 수 있다. 육사는 1904년 4월 4일 안동에서 퇴계 이황의 14대손으로 태어났으며, 친가와 외가 쪽 모두가 일제에 항거한 엄숙하고도 애국적인 가풍 속에서 성장했다.

집에서 할아버지로부터 한학을 배우다가 조금 늦게 신학문에 접하게 된 그는 1920년 4월 보문의숙(普文義塾)에 들어가며, 이어 대구 교남학교에서 배운다.

시인 이육사 171

1925년 육사는 독립운동 단체인 의열단에 가입한 뒤 일본과 중국을 무대로 항일 활동을 펼치기 시작한다.

1926년 잠시 귀국해 문예 운동 창간호에 시 "전시(前時)"를 발표하기도 하지만, 이 무렵에 발생한 조선은행 대구지점 폭파 사건에 연루되어 3년 형을 언도받고 투옥된다.

1929년에 출옥한 그는 이듬해 중국으로 가서 베이징대학교 사회학과에 입학한 뒤 의열단 등 여러 독립운동 단체에 가입해 학업과 항일 운동을 겸하게 된다. 또 중국의 대표적인 작가 루쉰(魯迅)과 교유하며 문학적 자극을 얻어, 1930년 4월에는 국내의 『대중공론』에 3익(翼) 12방(房)이라는 시를 보내 게재한다.

육사가 본격적으로 창작에 힘을 기울인 것은 1933년 귀국한 뒤 『신조선』에 시 「황혼」을 발표하면서부터의 일이다. 중국과 일본에서 벌인 투쟁 활동과 구금 체험 끝에 그가 희구하게 된 것은 민족정기보다는, 민족을 초월한 인류 평화와 부드러운 안식이다. 이듬해인 1934년부터 그는 《신조선사》, 《중외일보사》, 《조광》, 《인문사》 등에 다니며 언론계에 종사한다.

아울러 1935년 『개벽』에는 「위기에 임한 중국 정계의 전망」 같은 논문을 발표하고, 시와 시조 및 번역과 시나리오 등 다양한 분야에 관심을 나타낸다. 1937년에는 신석초·김광균·윤곤강 등과 동인지 '자오선'을 내고 여기에 노정기(路程記), 교목(喬木), 파초 등의 시를 발표하며, 이어 1939년 『시학』에는 「연보(年譜)」, 『문장』에는 「청포도」 등을 발표한다.

내 고장 칠월은
청포도가 익어 가는 시절

이 마을 전설이 주저리주저리 열리고
먼 데 하늘이 꿈꾸며 알알이 들어와 박혀

하늘 밑 푸른 바다가 가슴을 열고
흰 돛단배가 곱게 밀려서 오면

내가 바라는 손님은 고달픈 몸으로
청포를 입고 찾아온다고 했으니

내 그를 맞아 이 포도를 따 먹으면
두 손을 함뿍 적셔도 좋으련

아이야 우리 식탁엔 은쟁반에
하이얀 모시 수건을 마련해 두렴

시인은 청포도를 통해 풍요롭고 평화로운 미래 세계에 대한 소망을 노래하고 있다. 한편 '청포도'라는 사물 속에는 화자의 꿈과 소망이 담겨 있으며, 선명한 색채감도 드러나 있다.

여기서 '이 마을 전설'은 잊힌 과거의 이야기가 아니라, 미래에 찾아올 청포도와 같은 세계를 상징한다.

그리고 화자는 청포도를 푸른 바다와 연결 지으면서 미래의 희망을 표현하고 있다. 화자가 바라는 손님은 그가 기다리는 대상으로, 미래 세계를 상징하는 소재이다.

역사적으로는 광복을, 일반적으로는 평화로운 세계를 상징한다. 희망한 평화의 세계가 찾아온다면 화자는 '두 손을 함뿍 적셔도' 좋을 만큼 기쁨을 느끼게 될 것이라고 예상한다.

치열한 정치 활동과 지난한 항일 투쟁 속에서도 그는 문학을 통해 소망이나 신념은 호소하되 직설조의 구호를 토로하는 일은 거의 없다. 전통적이고 목가적인 어조와 더러 화려하게 느껴질 정도의 상징과 은유는 쓸지언정, 어릴 적에 익힌 한학과 가풍에서 비롯된 선비 정신, 그리고 베이징 유학 시절에 접한 중국 문학의 영향을 받아 그는 시에서도 독립지사다운 품위를 잃지 않는다. 따라서 그의 시는 유교적인 선비 정신에서 벗어나지 못한 주관적이고 정신적인 시라고도 비판받기도 한다.

그럼, 여기서 육사의 항일 운동에 대해서 자세히 알아보자

그의 항일운동은 1925년부터 시작이 된다.

대구의 조양회관(朝陽會館)에서 애국지사들과 함께 신문화 강좌를 연 것이 발단인 셈이다.

이듬해 봄, 그는 이정기(李定基)와 함께 베이징으로 가서 애국지사들과 독립운동을 벌이며 자금 모집 방법 등에 대해 협의하고 돌아온다. 그는 곧 사촌 형 원기(源棋)와 사촌 동생 원일(源一)과 함께 의열단에 가입한다.

1927년 네 형제는 장진홍(張鎭弘) 의사의 조선은행 대구지점 폭탄 투척 사건에 연루된 혐의로 일경에게 검거된다.

2년 6개월 만에 풀려나 요양하던 육사는 1929년 광주학생운동이 일어나자 다시 검속되었다가 풀려난다. 이런 옥고를 거푸 치르면서 육사의 건강은 심하게 훼손된다.

1932년 이육사는 다시 중국 베이징으로 가서 10월 22일 조선 군관학교 국민정부위원회 간부 훈련반에 들어간다. 1936년에는 만주 목단강(牧丹江) 쪽에 머물다가 귀국한 뒤 다시 검거되어 경성교도소에 수감된다. 육사는 1943년 6월 동대문경찰서 고등계 형사에게 체포되어 다시 베이징으로 압송된다.

1944년 1월 16일 오전 5시, 이육사는 마흔 나이로 이국땅 베이징의 감옥에서 순국한다.

그가 숨진 다음 해에 우리 민족은 일제의 사슬에서 풀려난다.

이렇게 이국의 하늘 아래에서 숨을 거둔 시인 육사의 시집은 해방이 된 이듬해인 1946년 10월 20일, 신석초를 비롯한 문우들에 의해 생전에 써서 남긴 시들이 정리되어 『육사 시집(陸史詩集)』이 《서울출판사》에서 나온다.

이후 한참 후인 1968년에 고향인 경북 안동의 낙동강 안동댐 언저리에 이육사 시비(詩碑)가 세워진다.

시비에는 생전의 행적과 시 「광야(曠野)」가 새겨져 있으며 뒤쪽에는 조지훈 추모의 글이 담겨있다.

이렇게 「광야」라는 시는 시인이 죽은 뒤 시인의 동생 이원조가 수습한 이육사의 절명시(絶命詩)다.

까마득한 날에/하늘이 처음 열리고
어데 닭 우는 소리 들렸으랴

모든 산맥들이/바다를 연모해 휘달릴 때도
차마 이곳을 범(犯)하던 못하였으리라

끊임없는 광음(光陰)을/부지런한 계절이 피어선 지고
큰 강물이 비로소 길을 열었다

지금 눈 나리고/매화 향기 홀로 아득하니
내 여기 가난한 노래의 씨를 뿌려라.

다시 천고(千古)의 뒤에/백마 타고 오는 초인(超人)이 있어
이 광야에서 목놓아 부르게 하리라

 위의 시에서 광야(廣野)는 잃어버린 고구려 땅인 만주 벌판의 회복을 노래한 것으로 이해할 때 비로소 그의 애국심이 풀린다.
 적어도 육사가 노래한 광야의 뜻은 한반도에 국한된 식민지 조선의 회복만은 아니었음이 분명하고 우리 역사의 근본적인 회복은 만주와 고구려를 떼어놓고는 생각할 수가 없음이 스스로 증명되는 것이다.
 그렇다고 지금은 남의 땅이 되어버린 옛날 고구려 땅을 되찾고자 당장 나설 수야 없는 일이 되었지만 적어도 절대 잊지는 않고 있어야 할 것이다.

이상은 내가 쓴 산문집 『바람처럼 재즈처럼』 중에서 힐링의 천제단에 삽입된 부분을 일부 인용한 것이다.

국어 교과서에도 실린 이 시에서 「백마(白馬) 타고 오는 초인(超人)」은 바로 그 자신이고, 그 초인의 가슴속에 들끓던 고단한 삶 속의 결연한 의지가 바로 "강철로 된 무지개"는 아니었을까.

그의 삶은 북방의 칼날 같은 추위 속에서 홀로 피어나 고고히 향기를 뿌리는 한 떨기 매화(梅花)를 떠올리게 한다.

이렇듯 이육사의 시들은 웅장하고 활달한 상상력과 남성적이고 애국지사다운 절조와 품격을 보여준다는 평가를 받는다.

초기의 시들은 다소 관념과 추상에 빠져 시적 깊이를 얻지 못한 데 반해서, 「절정」, 「광야」 등의 후반기 시들은 절제된 시어로 일제의 군국주의에 맞서는 강인한 저항 정신을 유감없이 표출한다. 특히 「절정」에 나오는 '매운 계절의 채찍'이나 '서릿발 칼날 진' 같은 시구는 식민지 지식인이 당면한 현실의 가혹함을 말해준다. 이처럼 암담하고 절박한 상황 속에서도 시인은 자신의 영혼과 의지를 더 가다듬어 "강철로 된 무지개"를 꿈꾸는 선비의 꼿꼿한 정신적 결기를 보여준다.

이육사 시가 아우르는 정신의 드높은 경지와 독립지사다운 절조는 그의 이름 앞에 붙는 '민족시인', '저항시인'이라는 호칭이 절대 빈말이 아님을 입증한다.

그는 드물게 문학과 삶이 한 치의 오차도 없이 일치한 사람이다. 일제 말기에 이 땅의 문인들은 대거 친일 대열에 끼여 제 잇속과 영달을 챙기는 데 급급하며 누추함과 비굴함으로 얼룩진 훼절의 삶을 산다. 그렇지만 이에 비해 고결한 정신과 올곧은 신념을 고스란히 행동으로 옮긴 이육사의 깨끗한 삶은 그가 남긴 시를 더 돋보이게 만든다.

청포도, 광야를 쓴 시인으로서의 이육사.

이번 문학기행을 통해서 한여름의 폭염 속에서도 이육사의 짧지만, 반듯했던 그의 삶을 돌아보는 동안 나라를 잃은 일제 통치의 오랜 질곡의 상황에서도 오직 조국의 독립을 쟁취하고자 투신했을 뿐만 아니라, 펜으로도 저항시를 써가면서 끊임없이 보여준 그의 민족정신, 저항정신은 우리들 후세가 길이길이 간직하고 기억을 해야 할 것이다.

한편, 이즈음에 민족문제연구소(민문연)가 친일반민족행위를 한 한국인들을 모아 엮은 친일 인명사전이 2009년 1월 6일에 3권으로 된 인쇄본이 발간되었는데 거기에는 우리가 잘 알고 있는 문학인들(소설가, 시인 등등)이 많이 들어있다.

왜 그 친일 인명사전이 생각이 났을까?

분명 이번에 문학관 기행을 통해 육사의 생애를 되돌아본 결과이었을 것이다. 예로부터 전해오는 격언 중에 중학교 때 배웠던 "The pen is mightier than the sword", 즉 '펜이 검보다 강하다" 라는 뜻인데, 문학이 폭력보다는 더 강하다, 그만큼 글이 칼이나 검보다는 더 영향력이 있다는 것을 의미하는 문장이다. 그랬다, 육사는 비록 해방되기 바로 한 해전에 베이징 감옥에서 숨을 거두었지만, 그의 저항 시들은 지금까지도 아니 영원히 우리들 가슴속에 남아 있을 것이다.

시인 김소월

시인 김소월

제22차 문학기행(서울특별시, 2023년 3월 1일)

왕십리(往十里)

비가 온다
오누나
오는 비는
올지라도 한 닷새 왔으면 좋지

여드레 스무날엔
온다고 하고
초하루 삭망(朔望)이면 간다고 했지
가도 가도 왕십리 비가 오네
- 중략 -

참 재미있는 시다.
학창 시절에 친구인 고(故) 이성호 군(君)하고 주고받으며 재미있게 읊조리던 시가 바로 김소월의 왕십리란 시의 초반부이다.
시인은 왕십리에서 하숙하며 배재학당을 다닐 때 한국 문단의 유명한 문인들과 교류하며 가장 왕성한 작품 활동을 했다고 한다.

위의 시는 왕십리 소월의 집을 방문했던 친구를 배웅하고 돌아오는 중에 빗길에 즐비한 미나리꽝에 떨어지는 빗방울을 바라보며 아쉬운 마음으로 쓴 시라고 전해진다.

그는 이 시를 1923년 『신천지』 8월호에 발표했다.

추운 겨울이 지나고 봄이 다시 찾아오면 죽은 것 같았던 나무에도 새싹이 움트고 이파리들이 새로 돋아난다.

봄 하면 진달래꽃이다.

진달래꽃 하면 김소월이다.

주말이면 늘 다니는 청량산에도 어느새 진달래꽃이 꽃망울을 터뜨렸다. 얼마나 반가웠던지.

그래서 김소월의 시비를 만나보기로 했다.

지난 금요일에 지하철을 타고 서울 왕십리역에 내려서 6-1번 출구로 나오니 역 광장 끝 쪽 화단에 김소월 시비(詩碑)와 김소월 상(像)이 세워져 있다.

시비 앞에서 잠시 왕십리 시를 묵상하며 묵념하는 시간을 가졌다. 문학기행 플래카드를 들고 인증 사진도 찍었다.

김소월 시비는 남산도서관 주차장 산책길 옆에도 있는데, 그 시비에는 산유화란 시가 새겨져 있다.

한편, 그가 쓴 시 「초혼」의 배경에는 슬픈 사연이 숨겨져 있다. 그가 오산학교를 다니던 시절에 만났던 오순이란 여인은 소월보다 3살 많은 누나였다.

    요즘 말로 연상의 여인과 사랑을 키워갔지만, 결혼으로 이어지지는 못했으며 14살이 되는 해에 할아버지가 소개한 사업가의 딸 홍단실과 정략결혼을 해야 했다.

    아울러 오 순 역시 비슷한 시기에 결혼하며 두 사람은 헤어지게 된다. 그런데 소월은 3년 뒤에 오순의 죽음에 관한 소식을 듣게 된다. 이때의 슬픔을 「초혼」이라는 시에 담아 1925년 첫 시집 「진달래꽃」에 실었다.

산산이 부서진 이름이여!
허공중에 헤어진 이름이여!
불러도 주인 없는 이름이여!
부르다가 내가 죽을 이름이여!
- 중략 -

    소월은 1920년 창조에 「낭인의 봄」 등을 발표하면서 문단에 등단하였다. 이별과 그리움에서 비롯하는 슬픔, 눈물, 정한 등을 주제로 하여 일상적이면서도 독특하고 울림이 있는 시를 창작해 내 이내 문단의 주목을 받는다.

    아무튼, 시인 김소월은 윤동주와 더불어 한국인이 가장 좋아하는 시인이라고 해도 전혀 틀진 말은 아닐 것이다.

    그것은 우리가 알게 또는 모르게 그의 시 60편이 가곡으로, 혹은 대중가요로도 작곡이 되어 듣고 있다는 사실로도 알 수 있다. 못잊어, 진달래꽃, 초혼처럼 가곡과 대중가요로서 각각 작곡된 노래도 있는데 아마도 이러한 예는 김소월의 시가 유이라지 않을까 한다. 대중가요로 작곡된 시 중에는 우리가 미처 몰랐던 것들도 있으니 예전 대학가요제 때 라스트 포인트가 부른 "예전엔 미처 몰랐어요", 해변가요제 때 활주로가 부른 "세상 모르고 살았노라" 역시 소월의 시다.

희자매의 '실버들', 최진희의 '먼 후일', 정미조의 '개여울', 나훈아의 '부모' 등도 소월의 시에 곡을 붙인 것인데 한결같이 명곡들이다. 우리나라 가곡 중의 20%가 김소월의 시이며, 소월의 시에 노래를 부른 대중가수가 무려 300여 명이라는 말도 있다고 한다. 이와 같은 대중적인 인지도에 비해 우리가 알고 있는 김소월 시인은 너무나도 빈약하다. 내가 기억하고 있는 것도 본명이 정식(廷湜)이라는 것과 호가 소월(素月, 흰 달이라는 뜻)이라는 것이고, 북한 출신이고 사업 실패로 힘든 삶을 영위하다가 32살의 젊은 나이로 요절했다는 정도였다.

소월은 1902년 9월 7일 평안북도 정주시 구성군 외가에서 태어났으며 시인 백석과도 고향이 같고, 올해가 탄생 121주년이다. 그런데 정주에서 광산업을 하다가 일본인 폭도들한테 맞아 폐인이 된 아버지를 대신해서 그는 할아버지 밑에서 사업가로 성장해 갔다.

청소년 때는 오산학교를 다니다가 3·1운동으로 학교가 폐교되자 서울로 이사를 온 후 배재고보 5학년에 편입해서 졸업할 때까지 『개벽』에 「엄마야 누나야」, 「봄밤」, 「진달래꽃」, 「개여울」, 먼 후일과 소설로는 「함박눈」 등을 꾸준히 발표했다.

그는 뛰어난 시인이었지만, 그의 삶은 고통스러웠다.

한국 문단이 카프(1925~35년에 활동했던 진보적 문학예술운동 단체의 약칭이며, KAPF : Korea Artista Proleta Federatio, 에스페란토어에서 따온 것임)가 몰고 온 바람 앞에서 떠들썩할 때, 한쪽에서 묵묵히 우리 고유의 언어와 정서를 빚어내던 시인 김소월이 1925년 그동안 쓴 작품들을 엮어 시집을 낸다.

그는 이 시기의 여느 작가들과 달리 서구 사조의 모방이나 유행에 휩쓸리지 않고 자신의 색채와 목소리를 낸다.

소월의 대표적인 시인 진달래꽃은 성숙한 감성과 섬세한 호소력, 그리고 힘있는 가창력을 소유한 폭발적 에너지의 여성 로커 마야가 불러 공전의 히트를 했다.

나 보기가 역겨워
가실 때에는
말없이 고이 보내드리 오리다

영변에 약산
진달래꽃
아름 따다 가실 길에 뿌리오리다

가시는 걸음 걸음
놓인 그 꽃을
사뿐히 즈려 밟고 가시옵소서

나 보기가 역겨워
가실 때에는
죽어도 아니 눈물 흘리오리다

  소월은 1923년에 일본으로 건너가 도쿄상과대학을 다니고 있을 때, 9월에 관동대지진이 일어나는 바람에 짧은 유학 생활을 접고 한국으로 돌아온다.
  귀국한 뒤에는 잠깐 영대(靈臺) 동인으로 활동하던 때인 1925년에 출판한 『진달래꽃』이 유일한 초판본 시집이다.
  이 시집에 나오는 시들은 거의 다 그가 오산학교 시절에 쓴 것들이다. 여기서 지난 2016년 한 해 동안 해남 땅끝마을에서부터 광화문까지 삼남대로를 걸었을 때 쓴 역사 기행문 『걸어서 삼남길』이란 책에서 제23차 여행(남태령역에서 광화문까지) 시 남산 구간을 통과하며 소월길을 걸은 내용을 잠시 인용해 본다.
  남산 대림아파트를 지나 남산3호터널 옆길로 해서 소월길로 접어든다. 서울의 걷기 좋은 길 중의 하나인 남산의 남쪽 순환도로를 시인 김소월의 호를 따서 남산 소월길이라 명명했으며 아래쪽으론 해방촌이라는 주거지역이 형성되어 있다.
  아까 우면산 서리풀 공원 숲길에서 만난 가을에 핀 철모르는 진달래꽃이 복선이라도 된 듯…, 혼자 웃어 본다.
  시집의 표제로 삼은 「진달래꽃」은 님에 대한 사랑, 그리고 이별이 처절할 만큼 절제된 감정으로 표현된 시다.
  가는 님을 잡지 않고 고이 보내드린다거나 죽어도 아니 눈물 흘린다는 것은 어느 서구 유행 사조도 흉내를 낼 수 없는 한국식 사랑인 것이다.

이런 이별의 표현법은 「진달래꽃」 외에도 「못 잊어」, 「예전에 미처 몰랐어요」, 「자나 깨나 앉으나 서나」, 「님의 노래」, 「먼 후일」, 「초혼」, 「왕십리」, 「산유화」, 「엄마야 누나야」 등 열거하기도 힘들 만큼 많은 작품에서 계속된다.

김소월이 남긴 시들은 일제 강점기를 거쳐 해방, 전쟁으로 끊임없이 상실의 아픔을 겪게 되는 우리 민족 역사 전반에 걸쳐 폭넓은 공감대를 형성하며 먼 뒷날까지 많은 사람에 의해 애송된다. 그가 다닌 오산학교는 민족주의자이자 독립운동가인 남강 이승훈 선생이 설립한 학교로 3.1운동 당시에는 전 학생들과 교직원이 참여할 정도로 민족의식이 투철했다.

그는 이 학교 선생이던 시인 김억에게서 시를 배운 것으로 알려졌으나 서울로 이사를 와서는 교류한 문인들에 대해서는 알려진 바가 없다. 또 1924년 이후에 발표한 「나무리벌 노래」 외에 연대 미상의 작품 「봄」, 「남의 나라 땅」, 「전망」, 「물마름」, 「옷과 밥과 자유」, 「가을 맘에 있는 말이라고 다 할까보냐」 등의 시편과 유일한 소설 「함박눈」을 보면 거기에는 민족적 저항 의식이 은근히 깔려 있음을 알게 된다.

이 가운데 빼앗긴 땅의 회복을 염원하는 「바라건대 우리에게 우리의 보습 대일 땅이 있었다면」이 눈에 띈다.

나는 꿈꾸었노라, 동무들과 내가
가지런히
벌가의 하루일을 다 마치고

석양에 마을로 돌아오는 꿈을,
즐거이, 꿈 가운데.

그러나 집 잃은 내 몸이여,
바라건대 우리에게 우리의 보습 대일 땅이 있었다면!
이처럼 떠돌으랴, 아침에 저물 손에
새라새롭은 탄식을 얻으면서.

동이랴, 남북이랴,
내 몸은 떠가나니, 볼지어다,
희망의 반가임은, 별빛이 아득임은.
물결뿐 떠 올라라, 가슴에 팔다리에.

그러나 어쩌면 황송한 이 심정을! 날로 나날이 내 앞에는
자칫 가늘은 길이 이어가라. 나는 나아가리라

김소월의 '한'에는 성장 배경과 고단한 삶에서 오는 우울, 그리고 시인이 말하듯 "남의 나라 땅"에서 사는 서러움이 포함되어 있다. 그러나 김소월의 '한'은 그를 따라다니던 존재에 대한 근원적인 허무 의식과 슬픔에서 연유한 바가 더 많은 것으로 생각된다. 이는 그의 비극적인 죽음과도 연결된다. 그가 왜 스스로 목숨을 버렸는지에 대해서는 여러 가지 설이 있으나 확실한 증거는 없다.

다만 죽기 얼마 전 스승 김억에게 보낸 편지의 일부를 보면서

김소월이 마주친 허무의 깊이를 가늠할 따름이다.

    제가 구성 와서 명년이면 10년이옵니다. 10년도 이럭저럭 짧은 세월이 아닌 모양입니다. 산촌 와서 10년 동안에 산천은 별로 변함이 없어 보여도 인사는 아주 글러진 듯하옵니다. 세기는 저를 버리고 혼자 앞서서 달아난 것 같사옵니다.
    김소월이 김억에게 보낸 편지(1934)

    그리고 그는 저항 시인은 아니었지만, 식민지 상황을 파악하는 안목과 현실 인식을 갖고 나라 잃은 설움과 억압을 내면화하고 있었음이 분명하다.
    김소월은 '임'과 '사랑'만을 생각한 것이 아니라 조국의 현실에 대한 구체적 인식을 갖고 나라를 빼앗긴 식민지 소지식인의 풀 길 없는 울분과 희망 없음을 노래한 시인이다.
    이런 뜻에서 김소월을 가리켜 "그는 옷과 밥과 자유 없는 고향 상실의 시대에 원초적인 그리움과 정서적인 합법화를 통해서 인간 회복과 민족 회복을 호소한 우리들의 귀한 터주 시인의 한 사람이다."라고 말한 원로 평론가인 유종호의 평가는 곱씹어볼 만하다.

시인 정채봉

시인 정채봉

제23차 문학기행(순천시, 2023년 4월 15일)

   시인 정채봉은 1946년 11월 3일 전남 순천시 해룡면 신성리에서 무녀독남으로 태어났고, 1948년 1월에 일가족과 함께 옆 동네인 광양시로 이주하여 그곳에서 성장했으나 어머니가 3살 때 세상을 떠났고, 5살 때는 아버지마저 일본으로 이주한 뒤로 소식이 끊겨 정채봉 시인은 줄곧 할머니 밑에서 어쩌면 그다지 행복하지 못한 환경에서 성장했다.
   그 후, 광양농고를 거쳐 동국대 국문학과를 졸업한 후 샘터 편집국장으로 오랫동안 근무를 했다.
   그러던 중에 1973년 동아일보 신춘문예에 동화「꽃다발」이 당선되어 문단에 데뷔해서 우리나라의 성인 동화라는 새로운 장르를 개척한 작가로, 1983년 동화「물에서 나온 새」를 발표한 이래, 11권의 동화와 7권의 생각하는 동화, 11권의 수필집과 시집을 발표하였다.
   특히 1980년대 이후에 발표한 물에서 나온 새(1983), 오세암(1984), 생각하는 동화(1991) 시리즈 7권 등은 대중적인 호응을 얻으면서 침체한 한국의 아동문학을 부흥 발전시키는 데 크게 이바지한 것으로 평가받는다. 주요 작품에는 동화「초승달과 밤

배」(1987), 「모래알 한가운데」(1989), 「느낌표를 찾아서」(1991), 「입속에서 나온 동백꽃 세 송이」(1997), 「눈동자 속으로 흐르는 강물」(1997), 「푸른 수평선은 왜 멀어지는 가」(2000), 「그대 뒷모습」(2001) 등이 있다.

대표 수필집으로는 『눈을 감고 보는 길』, 『첫 마음』이 있다.

1983년 동화 "물에서 나온 새"로 대한민국문학상 우수상, 1986년 동화집 "오세암"으로 제14회 새싹 문화상을 각각 수상하였다. 1986년에 발표한 그의 대표작으로 손꼽히는 "오세암"은 종교적 진리에 결합한 참된 삶의 의미를 보여주며 한국 동화의 새로운 지평을 열었다. 어린 시절 정채봉이 할머니를 따라다녔던 순천 선암사에서 들은 옛 설화에서 아이디어를 얻어 썼다고 하는데, 나는 이 책을 읽으면서 이런 표현은 어떻게 생각해 냈을까 보라는 감탄사가 저절로 나온다.

- 눈이 바다보다 넓게 내린다
머리카락 씨만 뿌려져 있는 사람이야
맛없는 국 색깔이야
때 지난 나물국 빛이다.

이렇듯 어려운 글자가 하나도 없는, 그런데 읽다가 보면 저절로 고개가 끄덕여지는 단어들…

정채봉 시인의 글은 어려운 글자나 내용은 하나도 없이 아주 쉬운 글자로 이처럼 맑음 그대로를 보여주고 있다.

티끌 하나 없는 아주 깨끗한 문장의 맑음을 느껴보면서, 마치 그가 생전에 자주 교감하던 법정 스님의 '살아있는 것은 다 행복하라'를 읽으면서 나도 참 행복하다는 생각이 들었었는데, 마치 내가 그 책을 읽고 있다는 착각이 들 정도였으며, 거기에 깃들여진 그리움과 슬픔이 동시에 느껴지는 아주 예쁜 동화라는 것을 알 것 같다.

한편, 1990년에 박철수 감독은 이 《오세암》을 영화로 제작하여 김혜수 등이 주연으로 출연하였고, 불교와 가톨릭 사이의 화해에 관해 다루었으며, 또한 2003년에 공개된 애니메이션 영화도 1983년 동명의 정채봉 동화가 원작이며 2004년 안시 애니메이션 페스티벌 장편 부문 최우수 작품상을 받은 바 있다.

정채봉의 동화는 대상으로서의 독자층을 아동에 한정하지 않기 때문에 그의 작품들은 어휘나 문장 자체로서는 웬만한 어린이라면 누구나 쉽게 이해할 수 있는 글이지만, 그 내용은 상당히 깊이가 깊고 오묘해서 어린이들이 쉽게 이해하기 어려우리라는 것을 짐작할 수 있다. 이러한 이유로 인해서 그의 동화는 어린이보다도 어른이나 청소년층에서 오히려 환영받는 것으로 알려져 있다. 그의 동화 작품이 갖는 절대적 장점은 대부분이 환상적인 내용을 추리 문학적 구성으로 전개해서 매우 재미가 있다는 점이다. 정채봉은 '어른을 위한 동화'라는 새로운 장르를 개척하면서 동화가 소설보다 한 수 아래라는 편견을 과감히 뿌리치고 아름다운 세계를 보여주는 전문적인 글쓰기의 영역에 동화라는 장르를 편입시켜 그 가능성을 확대하였다.

그는 깊은 울림이 있는 문체로 어른들의 심금을 울리는 '성인 동화'라는 새로운 문학 용어를 만들어냈으며, 한국 아동작가로서는 처음으로 동화집 『물에서 나온 새』가 독일에서 그리고 『오세암』은 프랑스에서 번역 출간되기도 했다.

시인 정채봉은 방정환 선생 이후 침체되었던 한국의 아동문학 부흥에 이바지했으며, 마해송, 이원수로 이어지는 아동문학의 전통을 잇는 인물로 평가받으며 모교인 동국대, 문학아카데미, 조선일보 신춘문예 심사 등을 통해서 숱한 후학을 길러 온 교육자이기도 했으며, 동화 작가, 방송프로그램 진행자, 동국대 겸임교수로 활동하던 중 1998년 말에 간암이 발병했다.

죽음의 길에 섰던 그는 투병 중에도 손에서 글을 놓지 않았으며, 그가 겪은 고통, 삶에 대한 의지, 자기성찰을 담은 에세이집 『눈을 감고 보는길』을 펴냈고, 환경 문제를 다룬 동화집 『푸른 수평선은 왜 멀어지는 가』, 첫 시집인 『너를 생각하는 것이 나의 일생이었지』를 펴내며 마지막 문학적인 혼을 불사르기도 했다. 평생 소년의 마음을 잃지 않고 맑게 살았던 정채봉은 사람과 사물을 응시하는 따뜻한 시선과 생명을 대하는 겸손함을 글로 남긴 채 2001년 1월 동화처럼 눈 내리는 날 향년 54세의 나이로 짧은 생을 마감했으며, 순천 천주교 공원묘지에 안장되었다.

우리는 그러한 시인 정채봉의 족적을 만나보기 위해 엊그제 주말을 이용해서 7남매 중 6명이 봄맞이 꽃놀이 남도 여행을 겸해 순천을 대표하는 작가인 정채봉 시인(丁埰琫, 1946~2001)과 순천만을 배경으로 무진기행을 쓴 소설가 김승옥(金承鈺, 1941~)의 문학정신을 기리기 위해서 순천시에서 건립한 순천 문학관으로의 문학기행을 나섰다.

인천, 청주에서 출발한 차량 2대는 여산휴게소에서 합류하여 남원 광한루원을 들러, 이도령과 춘향이의 향취를 관람하고, 춘향이 가묘가 있는 육모정(六茅亭)을 거쳐 정령치를 지나 구례 화엄사에서 철 지난 홍매화(紅梅花)를 구경하고 순천시 대숲골농원에서 남도 음식을 즐기며 순천에서의 편안한 휴식을 취해보았다.
  다음 날, 얼마 전 4월 1일에 개장한 순천만국제정원박람회를 관람하며 순천시의 맑고 깨끗한 평화로움을 만끽하며 순천 문학관으로 향했다. 순천시 무진길 130번지 순천만 PRT 문학관역에 위치한 순천 문학관은 승용차로 접근하기가 쉽지 않았다.

내비게이션으로 2~3번 접근을 시도했으나 헛수고를 반복하다 가까이에 수시로 왕래하는 갈대열차(모노레일)를 바라보며 가다가 갈대열차문학관역 승강장 못 미쳐 농로에 차를 대고 걸어서 가게 되었다. 간신히 도착한 순천 문학관은 주변의 순천만과 조화를 이루는 정원형 초가 건물 9개 동으로 조성되어 2010년 10월에 개관하였다. 문학관 시설물은 정채봉관, 김승옥관, 다목적실, 휴게동 등으로 구성되어 있으며, 양 작가의 전시관은 그들의 생애와 문학세계를 한눈에 볼 수 있도록 관련 자료를 입체적으로 전시하고 있다. 시인이 화순 운주사 와불 옆에서 쓴 「엄마」라는 시가 있다.

"꽃은 피었다 말없이 지는데,
솔바람은 불었다가 간간이 끊어지는데
맨발로 살며시 운주사 산등성이에 누워 계시는,
와불 님의 팔을 베고 겨드랑이에 누워
푸른 하늘을 바라본다,
엄마……"
- 중략 -

이 시와 연관이 되어 있는 시가 또 있다.

엄마가 휴가를 나온다면

하늘나라에 가 계시는 엄마가
하루 휴가를 얻어 오신다면…
아니 아니 아니 아니
반나절 반시간도 안 된다면
단 5분
그래, 5분만 온대도
나는 원이 없겠다
얼른 엄마 품속에 들어가
엄마와 눈 맞춤을 하고
젖가슴을 만지고
그리고 한 번 만이라도
엄마!

하고 소리내어 불러보고
숨겨놓은 세상사 중
딱 한 가지 억울했던 그 일을 일러바치고
엉엉 울겠다

  위의 2개의 시를 읽다 보면 아주 어려서 부모의 사랑을 못 받고 자란 시인의 유년 시절의 환경이 애달프지 않을 수가 없음을 알 수 있다. 정채봉 작가가 평소에 가깝게 지냈던 분들의 면면을 보며, 김수환 추기경과는 각별한 사이로, 추기경의 일생을 『바보 별님』이라는 동화로 그려내기도 했다.
  한편, 이해인 수녀는 정채봉 작가가 세상을 떠나기 열흘 전 문병을 하러 갔던 일과 못다 한 이야기를 들려주었다.
  병원을 찾았더니 환한 얼굴로 자신을 반겨주었고, 많은 간호사에게 그녀를 보이고 싶어 했다는 것이다. 그리고 본인의 저서에 사인을 해주는데 손이 몹시 떨려서 무척 마음이 아팠다고 한다. 이해인 수녀는 강원도 양구 출신으로 본명이 이명숙이며, 해인은 필명이고 세례명은 '클라우디아'이다.
  2008년 직장암 판정받고 2009년 4월부터 부산에서 장기 휴양 중이다. 정채봉 작가는 이해인 수녀, 피천득, 법정 스님 그리고 최인호 작가와 함께 "샘터 5인방"으로 불렸다. 그런데 이 5인방 중에서 이미 4분이 소천하시고 이제는 이해인 수녀 한 분만이 생존해 계시다.
  예정대로 문학기행을 전부 마치기 전에 수녀님을 만나 뵐 수가 있을는지……

소설가 박경리

소설가 박경리

제24차 문학기행(경남 하동군, 2023년 4월 15일)

  토지 소설가 박경리는 1926년 12월 2일에 경남 통영군 통영면 대화정 328번지(현, 경남 통영시 문화동 328-1)에서 태어났으며, 2008년 5월 5일에 작고했다(향년 81세).

  본명은 박금이(朴今伊)이며, 박경리라는 이름은 소설가 김동리 선생이 붙여준 필명이다. 1945년 진주여자고등학교를 졸업하고, 이듬해인 1946년에 김행도와 결혼해서 아이도 낳았으나, 6·25전쟁 때 남편이 납북된 이후 사고로 아들을 잃고 딸과 함께 생활하며 아들을 잃은 큰 슬픔을 견디기 위해 글을 쓰게 되었다고 한다. 딸 김영주(金玲珠)와 1973년 결혼한 시인 고(故) 김지하(2022년 5월 8일 작고)는 그녀의 사위이다.

  우리는 4월 15일(토) 오전에 순천 문학관을 기행하고, 광양 다압면 홍쌍리 매화마을을 한 바퀴 돌아, 곧바로 화개장터를 들러 기념품들을 사고 벚꽃이 피는 시절에 섬진강에서만 채취한다는 손바닥만 한 크기의 벚굴과 재첩국을 맛보았다.

  이어서 우리는 하동군 낙양면 평사리에 조성된 박경리 토지문학관을 찾았다. 주차장에서 한참을 오르다 보면 꼭대기 좌측 끝으로 박경리 문학관이 자리 잡고 있다.

앞쪽으로는 섬진강 줄기, 평사리 들판이 내려다보이는 넓은 앞마당과 기와집으로 조성되어 있다.

우리가 도착한 때가 늦은 시간이라서 마침 퇴근을 준비하는 문화해설사에게 특별히 부탁해 짤막한 해설을 들을 수가 있었다. 해설사의 말에 의하면, 이곳 하동 평사리가 토지 소설의 무대가 된 첫 번째 이유는 만석꾼이 나옴 직한 넓은 들이 있었기 때문이고, 그다음은 역사적 무게와 이야기가 넘치는 섬진강과 지리산을 끼고 있어서였다고 한다.

실제로 평사리 들판은 크기가 서울 여의도의 3배쯤 된다고 하며. 게다가 전봇대나 다른 장애물들이 없어서 그야말로 한 폭의 그림처럼 아름답다.

그리고 해설사가 마지막으로 한 말은 우리보고도 꿈꾸는 자가 되라고 하며, 우리한테도 미래에 대한 꿈을 꾸고 있냐고 물어보기도 하면서 이는 박경리 선생의 평생 좌우명이었다고 했다.

그래서 나는 책을 2권(산문집 『바람처럼 재즈처럼』과 역사 기행문 『걸어서 삼남길』)이나 출판했으며, 지금도 3번째 책(문학 기행문, 가칭 『별 하나에 사랑과』) 출판을 위해서 오늘처럼 문학기행을 하고 있다고 화답했다. 그러고 나서 우리는 문학관 내부를 둘러보았다.

문학관은 박경리 선생의 삶처럼 소박하고 정갈하게 꾸며져 있고, 대부분의 전시물은 소설 토지와 박경리 선생과 관련된 것들이며 일부는 소설 속의 주인공들을 대상으로 만들어져 있다. 또한, 토지를 연재할 당시의 옛 신문들과 잡지들을 볼 수가 있고, 원고지에 쓴 자필 원고와 유물들도 있다.

세월이 켜켜이 묻어있는 흑백사진들이 더욱 정겨웠으며, 소설가님 생전의 방송영상도 볼 수 있도록 해 놓았다.
 이처럼 전시관 내부는 20~30분 정도로 여유롭게 둘러보면 좋을 듯하다.
 특별히 연대기에서 눈에 띄는 부분은 22세 때인 1948년에 인천 전매국에 취직된 남편을 따라서 인천시 금곡동으로 이사를 와서 살았다는 것이다.
 내가 태어나서 자라고, 살고 있는 인천이라서 더욱 반가웠다.
 그리고 그 옆에는 내가 좋아하는 소설과 박완서 님과 젊은 시절에 함께 찍은 흑백사진이 전시되어 있어서 더욱 반가웠다.
 박완서 님과 관련한 문학기행은 이미 예정이 되어 있다.
 아래의 내용은 1973년 6월 3일 밤, 온몸으로 써 내려갔다던 '토지'의 서문이다.

 "어찌하여 빙벽(氷壁)에 걸린 자일처럼 내 삶은 이토록 팽팽해야만 하는가. 가중되는 망상(妄想)의 무게 때문에 내 등은 이토록 휘어들어야 하는가. 나는 주술(呪術)에 걸린 죄인인가. 내게서 삶과 문학은 밀착되어 떨어질 줄 모르는, 징그러운 쌍두아(雙頭兒)였더란 말인가."

 이어서 문학관 바로 아래에는 최참판댁 건물이 있다.
 이 건물은 소설 "토지" 속 주인공인 최치수와 최서희 일가를 중심으로 한 생활공간을 재현한 곳이다.
 TV 드라마 '토지'도 이곳에서 촬영했다고 한다.
 조선시대 중기 전통 한옥을 잘 구현해 당시의 가옥 형태와 마을공동체 분위기를 제대로 느낄 수 있다.

행랑채, 안채, 사랑채, 별당 순으로 거닐다 보면 소설 속 주인공들이 어디선가 불쑥 나올 것만 같은 기분이 든다. 그만큼 생생하게 잘 보존되어 있다.

넓은 마당에 나무들도 보이고, 의자도 있는데, 의자 추측 끝에는 앉아 있는 최 참판의 동상도 있다.

관람하기엔 늦은 시간이라서 친구 임용표 교수(충남대 원예학과 퇴임)가 소개한 황실차문화원 김미숙 원장을 만나 그 유명한 황실차를 한잔 대접받았어야 하는 것인데 이미 퇴근을 해서 만나보지는 못했다.

김 원장은 실제로 최 참판댁 무대에서 윤 씨 부인 역할로 근무 중이다. 오늘의 마지막 일정인 토지 문학관 기행을 마치고 우리는 다시 숙소인 순천으로 향했다.

어린 시절부터 책을 좋아했다는 소녀 박경리는 이때의 넓은 독서가 훗날 글을 쓰는 밑바탕이 되었던 것 같다고 했다.

박경리 선생이 문단에 나오게 된 동기는 소설가 김동리 선생의 도움이 컸다.

1955년 그녀는 필명을 지어준 김동리의 추천을 받아 단편 「계산(計算)」과 1956년 단편 「흑흑백백(黑黑白白)」이 현대문학지에 발표되면서 문단에 진출했다.

이어 현대문학지에 단편 「군식구」, 「전도(剪刀)」, 「불신시대」, 「영주와 고양이」, 「반딧불」, 「벽지(僻地)」, 「암흑시대」 등의 문제작을 계속 발표했다. 1950년대 중반까지는 주로 단편을 쓰다가, 1959년에 「표류도」(현대문학, 1959. 2~10)를 발표한 뒤로는 주로 장편을 썼으며, 1963년 단편 14편을 모아 소설집 『불신시대』를 펴내면서 작가로서의 이름이 널리 알려졌다.

이 책의 후기에서 『암흑시대』가 『불신시대』를 잇는 작품임을 암시했는데, 두 작품은 여주인공의 형편이나 아들의 죽음이라는 극적 체험과 심적 변화 등의 면에서 비슷하다.

그러나 『불신시대』가 종교와 병원을 중점적으로 비판했지만 『암흑시대』는 무책임하고 경박한 의사와 간호사들의 횡포에 초점을 맞추고 있다. 이어 6·25전쟁을 소재로 한 장편 시장과 전장(1964)을 발표했다. 박경리는 주로 인간의 내면세계를 깊이 있게 그려낸 문제작을 발표했다.

그녀의 소설에서 중요한 주제 가운데 하나는 여성의 비극적인 운명이다. 대표작 「토지」에서 최씨 집안의 중심인물이 두 여성인 것과 마찬가지로 장편 김약국의 딸들, 시장과 전장, 파시(波市)의 주요 인물도 여성이다.

특히 영화로도 만들어진 바가 있는 〈김약국의 딸들〉에는 한 가정에서 운명과 성격이 다른 딸들이 나오지만 〈파시〉에는

6·25전쟁 직후에 부산과 통영을 무대로 살아가는 여성들의 다양한 모습이 드러나 있다.

그래서 한편에서는 주로 전쟁 미망인을 등장시켜 악몽과 같은 전쟁으로 강박관념에 시달리는 모습을 그린 초기의 작품들을 작가 경험을 바탕으로 한 자전적 소설 또는 사소설(私小說)이라고 평가하기도 한다.

그녀의 대표작이라 할 수 있는 「토지」는 1970년대 후반에 강원도 원주시로 거처를 옮기고 가장 오래 머무르며 작품을 쓰며 창작활동에 전념하여 1994년 8월까지 25년간 집필된 대표작 대하소설 「토지」를 완결지은 작품으로 한국 대하소설의 새로운 장을 열었다는 평을 듣고 있다.

조선 말기부터 일제 강점기 시대를 거치기까지 역사의 격랑 속에 한 양반 가문의 몰락과 전이 과정을 그리고 있는 이 작품에 등장하는 수많은 인물은 과거에 실존했던 인물이 아니라 작가의 상상력이 빚어낸 인물들이다.

그녀는 유방암 선고와 사위 김지하의 투옥 등 어려움을 겪으면서도 「토지」의 집필을 계속하여 그녀는 윤 씨 부인 -별당 아씨-서희, 그리고 그 자식들의 세대에 이르기까지 4대에 걸친 인물들을 통해 민중의 삶과 한(恨)을 새로이 부각했고, 이로써 한국 문학사에 큰 획을 그었다.

그 후, 박경리는 1996년 토지문화재단을 설립했으며, 1999년 강원도 원주시 흥업면 매지회촌길 79-1에 토지문화관을 세웠다. 이는 작가가 1998년부터 2008년까지 살았던 작가의 집을 시립 박물관인 박경리 뮤지엄으로 재탄생시킨 공간이다.

이곳에서 글을 쓰고, 텃밭을 일구며 생애 마지막 시간을 보내고, 후배 양성에도 큰 노력을 기울이셨다는데 후배 작가들한테 창작공간을 만들어 주려고 사비를 털어 토지문화관을 설립했다고 함. 문화관 곁에는 동상이 서 있고, 동상 하단 대리석에는 "꿈꾸는 자가 창조한다"라는 그녀 평상시의 인생관 좌우명이 새겨져 있다.

원주 단구동 옛집의 서재

박경리는 문학뿐만 아니라 환경 문제에도 많은 관심을 가져, 2003년 문학과 환경문제를 다루는 계간지 『숨소리』를 창간했고, 2004년 자신이 신문과 잡지 등에 기고했던 글을 모아 환경에세이집 『생명의 아픔』을 출간했다.

2008년 5월 5일 그녀가 생을 마감하기 전 마지막까지 썼던, 자신의 인생 이야기를 담은 유작 시 39편이 유고 시집 『버리고 갈 것만 남아서 참 홀가분하다』으로 발표되었고, 문학관 마당 우측에 있는 동상 밑받침 대리석에는 이 제목이 글로 새겨져 있다.

소설집으로 『표류도』(1959), 『김약국의 딸들』(1962), 『가을에 온 여인』(1963), 『파시』(1965), 『박경리 단편선』(1976), 『박경리 문학전집』(1979), 『토지』(1989), 『가설을 위한 망상』(2007) 등이 있다.

그밖에 시집으로는 『우리들의 시간』(2000), 에세이는 『원주통신』(1985)과 『가설을 위한 망상』(2007) 등이 있다.

수상 내역을 살펴보면,

1957년 현대문학상, 1959년 내성문학상, 1965년 한국여류문학상, 1972년 월탄문학상, 1991년 인촌상, 칠레 정부 선정 가브리엘라 미스트랄 기념 메달(1996), 금관문화훈장(2008) 등을 받았으며, 한국예술평론가협의회 선정 20세기를 빛낸 한국의 예술인(1999)으로 선정되었다.

한편, 그녀가 태어난 경남 통영시 산양읍 미륵도에 있는 주황색 외관의 2층 기념관 건물은 박경리 선생의 집을 설계한 유춘수 건축가가 설계했으며, 기념관 앞 정원에 있는 동상은 서울대 조소과 권대훈 교수가 제작했는데, 밑받침 대리석에는 유고 시집 제목인 "버리고 갈 것만 남아서 홀가분하다"라는 글씨가 하동

토지 문학관에서처럼 새겨져 있다.

   동상을 뒤로 나지막이 산을 조금 오르다 보면 통영 앞바다 한산섬이 내려다보이는 양지바른 곳에 선생의 묘소가 있다.

   지난 2013년 2월에 나는 통영 여행길에 거기 박경리기념관을 둘러보고 묘소에서도 예를 갖추었다. 이 또한 내가 문학기행을 기획하게 된 일종의 데자뷔가 아닐까.

시인 천상병

시인 천상병

제25차 문학기행(서울 상계동, 2023년 6월 24일)

　지난 토요일 오전에 부평구청역에서 7호선으로 갈아타고 1시간 40분 만에 수락산역에서 내려 최가네순두붓집에서 맛난 순두부찌개와 장수막걸리에 장떡으로 점심을 먹고 천상병공원으로 가서 상병이 형한테 미리 준비해 간 인천 막걸리 소성주 한 병으로 예를 올렸다.
　그때야 지금까지 무언가 응어리졌던 가슴이 후련해졌다.
　비록 막걸리로 실제 대작은 못 했지만…….
　내가 쓴 산문집 『바람처럼 재즈처럼』에도 「막걸리」란 제목의 글이 있는데, 첫 부분은 이렇다.
　'천상병 시인은 막걸리만 드셨다.'
　나도 막걸리를 좋아한다.
　막걸리 하면 역시 수주 변영로 선생(논개라는 시의 작가)과 공초 오상순 선생과의 대작에 관한 일화가 즐비하게 구술된 수주 변영로 작품 『명정사십리』란 수필집, 대학 Freshman(대학교 1학년 학생을 의미) 시절에 교수님의 소개로 이 책을 읽었는데 정말 가관이다.

아무튼 막걸리는 우리 민족과 떼어낼 수 없는 음주문화의 소재라 할 수 있다.

여기서 다시 한번 시인을 대표하는 시를 읊어보자.

귀 천

나 하늘로 돌아가리라
새벽빛 와 닿으면 스러지는
이슬 더불어 손에 손을 잡고,

나 하늘로 돌아가리라,
노을빛 함께 단둘이서
기슭에서 놀다가 구름손짓 하며는,

나 하늘로 돌아가리라,
아름다운 이 세상 소풍 끝내는 날,
가서, 아름다웠다고 말하리라…

얼마나 멋진 시어(詩語)들의 합창이란 말인가?

나는 천상병 시인한테는 상병이 형이라 부르고 싶다.

왜냐하면, 천상병 시인처럼 인생을 그렇게 기이하게 살았던 시인이 또 있을까 싶을 정도로 그는 기인처럼 살다가 하늘나라로 영원한 소풍을 떠나갔기 때문이다.

상병이 형은 2022년 4월, 75세에 세상을 떠난 화천의 이외수

소설가, 2002년 세상을 떠난 걸레 스님으로 유명한 중광 스님과 더불어 기인 3총사로 불렸던 하늘나라 시인이었다.

그는 이들과 공동으로 시화집 『도적놈 셋이서』을 출간하기도 했으며 이들 3총사 모두는 세상을 떴다.

시인은 1930년 1월 일본 효고현 히메지시에서 태어났다.

아호는 심온(沈溫)이다.

간사이에서 초등학교까지 졸업하고 해방과 동시에 부모와 함께 귀국했다. 경남 마산에서 중학교에 입학해서 그 당시 국어 교사로 재직 중이던 김춘수 시인의 주선으로 시 「강물」이 문예지에 추천되어 등단했다.

1950년 한국전쟁 당시에는 미국 통역관으로 근무하기도 했다. 그는 1951년 서울대 상과대학 경제학과에 입학했으나 4학년 때 중퇴하고, 부산시장의 공보실장으로 근무하다가 1967년 동백림(동베를린)사건에 연루됐다.

당시 중앙정보부에서는 서유럽에 거주하는 한국 교민과 유학생 가운데 194명이 동베를린 북한대사관에 들어가 간첩 활동을 했다고 발표했다. 독일에서 활동하고 있던 음악가 윤이상, 그리고 프랑스에서는 화가 이응노가 간첩으로 지목되었으며, 시인 천상병도 이 사건에 연루되어 모진 고문을 당했다.

이렇게 된 원인은 불행하게도 친구인 강빈구한테 막걸릿값으로 빌려 썼던 36,500원을 중앙정보부에서 정치 공작금의 일부로 과장을 해서 그를 연루시켜 버린 것이다.

그때 모진 고문을 당하고, 6개월간의 옥고를 치르다 선고유예로 풀려났지만, 그 후에 4년 동안 행려병자로 살다가 영양실조로 쓰러진 뒤에 1970년 서울시립 정신병원에 수용되었다.

지인들은 천상병의 소식을 알 길이 없자 그가 죽었다고 생각해서 십시일반으로 돈을 모아서 유고 시집 『새』를 출간했다.

이 소식이 신문에 실려 널리 알려지자, 서울시립 정신병원에서 천상병의 입원 소식을 알려왔다.

그래서 친구들이 서둘러 그를 찾아갔을 때, 유고 시집이 될 뻔한 『새』를 받아 들고 "내 인세(印稅)는 어찌 되었노?"라고 건강한 목소리로 일갈했었다고 전해진다.

이렇듯, 농담할 정도로 버젓이 살아있는데도 불구하고 뜬금없이 유고 시집이 생기긴 했지만, 그때 친구의 동생인 목순옥 씨가 간병을 해준 인연으로 1972년 그녀와 결혼을 했다.

그때까지는 가난하게 살아왔지만, 아내가 찻집을 하면서 얻는 수입으로 생활이 조금씩 나아졌다고 한다.

그렇지만 고문의 후유증과 술에 의탁하는 평소의 습관 때문에 건강은 날로 나빠질 수밖에 없었고, 1988년에 간경변으로 춘천의료원에 입원하기에 이르렀다.

결국, 시인은 1993년 4월 28일에 간질환으로 의정부시 장암동 자택에서 세상을 떠났다.

이때 조문객들이 건네준 부조금이 800만 원가량이 되었다고 한다.

그런데 평생 그렇게 큰돈을 만져 본 적이 없던 이 가난뱅이 시인의 아내는 걱정하다가 친정어머니에게 그 돈을 맡겼고, 친정어머니는 아궁이에 넣어두면 제일 안전할 것으로 생각하고 돈을 신문지에 싸서 아궁이에 넣어두었다.

하지만 방이 차다고 해서 그 아궁이에 불을 지폈다가, 급하게 불을 껐지만 이미 돈은 잿더미로 변한 뒤였다.

잿더미를 들고 한국은행에 가서 절반인 400만 원 정도를 돌려받았는데, 지인들은 타버린 400만 원은 천상병 시인의 천국으로 가는 노잣돈이 된 거라고 위로해 주었다고 한다.

천상병 시인의 사후에 의정부 장암동에서 친정어머니와 같이 살던 부인 목순옥 여사 마저 2010년 8월 26일에 향년 76세로 사망하자, 시인의 주변 사람들과 의정부시의 노력으로 두 분의 유해를 의정부 시립 공원묘지(양주시 광적면 석우리 소재)에 같이 모셨다. 그는 2003년에 은관 문화훈장을 받았다.

한편, 목순옥 여사가 운영했던 인사동 카페 '귀천' 1호점은 2010년 목 여사가 소천한 뒤에 문을 닫았고, 그녀의 여조카 목영선 씨가 이어받아 현재의 2호점을 운영하고 있으며, 서울미래

유산으로 등록이 되어 있다.

서울미래유산이란, 문화재로 등록이 되지 않은 서울의 근현대 문화유산 중에서 미래세대에 전달할 가치가 있는 유·무형의 모든 것으로 서울 사람들이 근현대를 살아오면서 함께 만들어 온 공통의 기억 또는 감성으로 미래세대에게 전할 100년 후의 보물이다. 나는 8, 90년대에 인사동엘 가게 되면 목 여사가 운영하던 그 당시 귀천 1호점에 들러 그 유명한 모과차를 마시곤 했었으며 그의 시집들도 거기서 구입했다.

지난 2018년 4월에는 평동 회원들과 한양도성 일부 구간을 걷고 나서, 간만에 귀천 카페에 들러 목영선 현재 여주인장과 그들 생전에 이곳을 드나들며 그들과 나누었던 추억을 이야기하는 시간을 가졌으며, 트래킹을 함께 한 배승진 박사(제물포고 1년 후배)는 그날 찻값을 스폰서했다.

"나는 세계에서 제일 행복한 사나이다. 아내가 찻집을 경영해서 생활의 걱정이 없고, 대학을 다녔으니 배움의 부족도 없고, 시인이니 명예욕도 충분하고, 이쁜 아내니 여자 생각도 없고, 아이가 없으니 뒤를 걱정할 필요도 없고, 집도 있으니 얼마나 편안한가. 막걸리를 좋아하는데 아내가 다 사 주니 무슨 불평이 있겠는가. 더구나 하나님을 굳게

믿으니 이 우주에서 가장 강력한 분이 나의 빽이시니 무슨 불행이 온 단 말인가!"

이는 귀천(歸天)으로 널리 알려진 천상병(千祥炳) 시인의 「행복(幸福)」이란 시인데, 지금도 귀천 카페 벽에는 이 행복이란 시화(詩畵) 액자가 걸려있다.

또한, 강화도 건평포구에는 천상병 귀천공원이 조성되어 있으며 그의 인물 조각상과 그의 시 귀천이 적혀있는 시비가 세워져 있다.

그런데, 시인은 고향이 마산인데 왜 강화도에도 그의 이름을 딴 공원이 조성된 이유는, 서울에 살면서도 여비가 없어 고향인 마산에 갈 수가 없자, 대신에 이곳 강화도 바다를 자주 찾았다고 한다.

어느 날 이곳 건평항에

서 고향 친구인 박재삼 시인과 막걸리를 마시면서 메모지에 시를 적어 그에게 건네주었는데 그 시가 바로 「귀천」이었다고 한다.

아무튼, 그의 삶을 돌이켜보면 서울대 상대 재학시절 입사가 보장되어 있음에도 불구하고 시인이 되는 것 말고는 생각해 본 적이 없어서 자발적으로 가난을 선택한 사람, 동백림사건에 연루되어 고문을 당하고도 누구도 원망하지 않은 삶을 살다간 사람, 주머니에 오늘 마실 막걸리 한 잔 값의 돈이 있으면 늘 행복한 마음을 지니고 살았던 사람.

이렇듯이 변변한 문학관이라도 가지고 있지 않은 천상병 시인에 대한 기록은 태안반도 끝자락 영목항으로 가는 도중 시인의 마을로 들어서면, 대야도 어촌체험마을 갯벌이 끝없이 펼쳐지는 언덕배기 소나무 사이로 슬레이트 지붕과 시멘트벽에 장독대가 있는 작은 집이 그나마 어렵사리 마련된 시인의 고택이다. '시인의 섬'이라는 푯대가 천 시인의 옛집임을 알리고, 간단한 이력 등을 적은 안내판이 손님을 맞는다.

시멘트벽에 바로 난 살문을 열면 비닐 장판이 깔린 천장이 낮은 한 평(3.3㎡) 남짓한 방에 시집 등 몇 권의 책이 올려져 있는 앉은뱅이책상과 자그마한 책장이 전부다.

다른 방에는 대나무 소쿠리와 시 '귀천'을 담은 액자, 천 시인이 고택 앞에서 의자에 앉아 찍은 사진 한 장이 걸려 있다.

그의 시 귀천의 구절처럼 '노을빛 함께 단둘이서 기슭에서 놀다가 손짓하는 구름을 향해 하늘로 올라간' 듯 방은 햇살만 함께한다.

고택 옆에는 천 시인의 애장품과 의자, 책 등 유품과 생전 절친하게 지내던 이외수 작가의 시화 등이 있는 갤러리도 있다.

현재, 천 시인의 고택을 관리하는 이숙경 씨는 "남편인 고 모종인 씨(2010년 작고)가 인사동 카페 '귀천'에 자주 드나들면서 천 시인 부부와 가깝게 지낸 인연으로 어느 날 목순옥 씨로부터 장암동 고택이 재개발로 철거된다는 전화를 받고 사재를 들여 이곳으로 옮겨와 지난 2004년 말에서 2005년 초께 복원했다"고 전한다.

의정부시에서는 늦었지만, 천상병 시인 문학관을 건립한다는 계획이 있다고 들었다.

문학기행을 마치면서 인사동 귀천 카페 및 태안반도 끝자락에 있는 시인의 고택에 있는 자료들을 수집하여 하루속히 시인을 위한 문학관이 건립되기를 기대해 본다.

박목월 시인, 김동리 소설가

박목월 시인, 김동리 소설가

제26차 문학기행(동리목월문학관 2023년 8월 5일)

　우리 7남매 중 5남매는 여름 휴가철을 맞이하여 8월 4일 경주시에 있는 동리목월문학관으로 문학기행을 하기 위해 경북 봉화로 출발했다. 작년 이맘때 우리 남매가 안동에 있는 이육사 시인 문학관으로 문학기행을 다녀온 이후 꼭 1년 만의 다시금 봉화로의 여행이었다. 봉화에는 이종사촌 누이와 조카들이 살고 있으므로 거기에 베이스캠프를 치고 경주 여행을 하는 것으로 계획했다. 우리는 봉화에 오후 5시경에 도착하여 짐을 풀고 조카들이 준비한 저녁 식사(송어회 덮밥)와 술자리로 친척 간의 우애를 다지는 시간을 가졌다.
　별이 총총히 박힌 봉화의 밤하늘을 감상하며 다음 날을 맞이했다.
　한편, 우리나라 100대 명산을 등정하는 버킷리스트를 실천해가는 여조카(오영미 숲해설가)는 경주 남산 금오봉 등정을 위해 이른 새벽에 먼저 경주로 향했다. 우리는 닭죽으로 아침을 하고, 차량 2대로 경주 첨성대를 향해 출발했다. 가는 도중에 여조카의 금오봉 정상 인증 사진 사진을 전송받고 첨성대 주차장에 도착했으나, 넘치는 관광객들 차량 때문에 임시 주차장도 이미 포화 상태였다. 시간적으로도 점심시간이 가까워 주변 식당으로 향하는데, 여조카의 119차로 응급실행 소식이 전해왔다.

하산 후 주차장 인근에서 온열 증세를 보이며 헤매는 여조카를 행인들이 발견하여 119에 신고하여 인근 계명대학교 경주 동산병원 응급실로 실려 갔다는 것이다.

MRI, CT 검사를 마치고 3시간 여의 안정을 취하고 나서 다행히 정상으로 돌아와 그분께 감사의 기도를 올렸다.

이 때문에 예정된 경주 시내 관광은 모조리 취소가 되고, 오늘의 목적인 동리 목월 문학기행을 위해 불국사 주차장으로 향했다. 거기도 예외는 아니었다. 그래서 석굴암 방향으로 조금 올라가서 동리목월문학관 주차장에 여유 있게 주차하고 석굴암의 본존불상이 지그시 내려다보는 터에 시와 소설을 놓아두었다는 이은선 작가의 말처럼 주차장 언덕 위에 고운 기와 단청으로 자리 잡은 문학관으로 올라갔다. 뜨거운 8월 초의 여름 태양 아래 문학관 입구에 들어서니 안내데스크에 앉아 오수에 졸고 있는 안내인한테 문화해설사를 찾았으나 안 계신다고 하며 알아서 관람하고 가라는 듯 불친절하게 안내받고 나니 명색이 당대에 최고의 시인, 소설가의 문학관인데 이런 식으로 운영 및 직원 관리를 해야 하겠나 하는 마음에 몹시 불편했으며, 문학관 입구에 세워져 있는 "동리 목월문학관 방문을 환영합니다"라는 입간판 배너의 문구가 무색할 정도였다. 이런 식으로 운영 및 직원 관리를 하니 무더운 여름철이긴 하지만 문학관을 찾는 관람객은 우리 외엔 거의 없었던 이유를 알 것만 같았다.

나는 2017년부터 지금까지 25차 문학기행을 해오고 있었는데 이런 식의 박대는 처음이라서 어이가 없었다.

　　아무튼 우리는 우측에 있는 시인 박목월 문학관부터 둘러보기로 했다. 전시관 초입에 시인 박목월 선생 흉상(胸像)이 세워져 있어서 예를 갖추고 인증사진을 찍었다. 나는 박목월 시인을 생각할 때마다 고등학교 1학년 때 담임선생님이자 국어 선생님이셨던 조동현 선생님이 그리워진다.

　　왜냐하면 고등학교 진학 후 첫 번째 국어 시간에 교과서 첫머리에 실렸던 시(권두시(卷頭詩))가 바로 박목월 시인의 「산도화」였고, 그날 열강을 하시던 선생님의 모습이 인상 깊었으며 그 이후 마음속 깊이 새겨졌기 때문이다.

　　때는 3월 초, 봄이었고 시의 내용도 겨울잠에서 막 깨어나 기지개를 켜는 봄날의 풍경을 서정적으로 잘 그려냈기 때문이었을 것이다.

산도화

산(山)은/구강산(九江山)/보라빛 석산(石山)//
산도화(山桃花)/두어 송이/송이 버는데//
봄눈 녹아 흐르는/옥 같은/물에//
사슴은/암사슴/발을 씻는다.

이 시가 칠순을 바라보는 오늘에 이르기 까지 아직도 내 마음에 아로새겨져 있는 것은 아마도 그 당시에 내가 한창 사춘기의 순수한 감정에 빠져들 던 때라 시인의 시어(詩語)들이 첫사랑의 감정을 불러일으키기에 충분했으며, 또한 선생님의 열강(熱講)에 매료되었었기 때문일 것이다.

그런데, 학교 졸업 후 선생님을 다시 뵌 것은 고교 졸업 30주년 행사 때인 2004년이었으니 세월은 쏜살같이 흘러간다지만, 그 후 어느새 19년이란 세월이 또 그렇게 벼락같이 지나갔다.

수소문 끝에 나는 몇 개월 전에 고교 총동창회 사무실을 통해 선생님의 연락처를 알아내어 전화를 드렸는데, 사모님이 받으셨고, 통화 중에 얼마 전에 요양원으로 옮기어져서 거기서 지내고 계시다는 소식을 접하고 진작 찾아뵙지 못했던 것이 몹시 후회된다. 아무튼 「산도화」란 시를 통해 선생님은 내게 박목월 시인을 처음 알게 해준 분이셨고, 그래서 박목월 시인과 선생님은 내 마음속에서 영원히 떠날 수가 없는 분들이다.

이 「산도화」 시는 박목월 초창기 시의 전형적인 주제와 분위기를 보여주는 작품으로 이상화(理想化)된 세계의 신비하고도 아름다운 자연 풍경과 평화로운 분위기를 한 폭의 동양화처럼 그려내고 있다.

  이 시의 공간적 배경인 구강산은 실제로 존재하는 산이 아니라 시인의 상상 속에 존재하는 공간이라고 한다.

  이런 관점에서 마지막 연에 등장하는 사슴 역시 실존하는 사슴이라기보다는 평화롭고 아름다운 자연 일부를 이루는 상상 속의 존재로 보는 것이 적절하다고 천재교육 편집부에서의 시평(詩評)이다. 박목월 시인의 시중에는 내가 좋아하는 「윤사월」이란 시가 또 있다.

윤사월(閏四月)

송화 가루 날리는/외딴 봉우리//
윤사월 해 길다./꾀꼬리 울면//
산지기 외딴 집/눈 먼 처녀사//
문설주에 귀대이고/엿듣고 있다.

  위의 시는 역시 「산도화」와 함께 『청록집』에 수록되어 있으며, 시를 읽고 있노라면 내가 어린 시절을 보낸 인천의 변방이었던 송도 물푸레골(청학동)의 자연 풍경이 마음속으로 그려지면서 향토적인 시어(詩語)들과 마치 노랫가락 같은 운율감이 잘 드러난 시라 하겠다. 이렇게 시인이나 작가들은 고유한 운율로 저마다의 정서를 표현한다.

  실제는 나는 중국어 반원들과 10여 년 전 늦봄에 경기도 이천에 있는 도드람산을 갔었다. 산 정상에 있는 너럭바위에 앉아 준비해 간 간식을 먹으며 즐겁게 지내는데 저 멀리 아래로 내려다보이는 산등성이에 있는 나무들 위로 연노란 색깔의 송홧가루가 그물이 펼쳐지듯 봄바람에 날려 하늘거리는 풍경을 내려다보며 탄성을 질렀었다.

아마도 그때가 윤사월이었는지도 모르지만, 늦봄의 어느 날이었고 우리는 마치 합창하듯 윤사월 시를 읊었던 기억이 있다.

지금도 늦봄이면 그 도드람산을 가서 송홧가루가 날리는 광경을 다시금 보고 싶어진다.

목월문학관 관람은 입구에 세워져 있는 목월의 흉상을 만나면서 시작된다. 목월의 생애와 문학을 연대별로 정리한 가운데, 시집과 평전을 비롯해 목월이 생전에 사용하던 펜과 연필 그리고 장갑과 문갑, 육필 원고, 부채, 노트, 사진 등에다 월급봉투까지 진열해 놓았다. 목월의 서재에도 책상과 책꽂이를 그대로 옮겨 놓았고, 고인이 착용했던 도포와 구두까지 비치하고 있다.

목월의 작품세계는 연륜에 따라 변모해온 서정적 자연과 향토의 세계, 삶의 일상과 인간애의 세계, 향토 회귀와 존재 탐구의 세계로 구분해 보여주고 있다.

나그네, 윤사월, 산도화 등 시의 배경 그림도 눈에 띄며, 경주와 관련된 시 작품인 '불국사', '운복령', '토함산', '선도산하' 등을 별도 코너에 모아둔 것도 주목할 만하다.

청록파 시인인 목월문학관에는 우리 전통의 한 갈래인 남도적 정서와 가락을 대표하는 민족시인의 자취가 고스란히 스며져 있다. 참으로 곱고 정결한 한국 전통 시의 최고봉인 박목월, 조지훈, 박두진이 함께 펴낸 청록집과 첫 시집 『산도화』 속의 '청노루', '나그네', '산도화', '달', '불국사'를 통해 신라 천 년의 깊이와 한국인의 흙냄새와 토속 서경을 그 어떤 시인도 따라올 수 없는 높은 시안(詩眼)의 경지로 끌어올려 놓았다.

서문당에서 발간된 『박목월 시 전집』 뒤쪽 사진 속 목월의 그 그늘진 얼굴을 보고 있으면, 이 시인만큼 눈동자에 눈물이 그득 고인 시인도 보기 드물다는 느낌의 생각과 함께 천상에서 시를 타고 내려온 시인이 아닌가 하고 마음속으로부터 동감을 하게 된다. 또한 목월문학관에는 박목월의 동요집 『초록별』(조선아동문화협회 발행, 1946년 10월)과 『얼룩 송아지』(신구미디어 발행, 1993년 6월)가 소장되어 있다. 초록별은 목월이 맨 처음 발간한 동요집으로, 일본이 조선어 말살 정책을 폈을 적에도 목월은 굽히지 않고 한국어로 시를 써서 마루 밑에 숨겨 두곤 했다.

그때 지은 시가 바로 얼룩 송아지이며 목월이 열여덟 살 때 일이었다. 여기에는 얼룩 송아지를 비롯하여 동시가 41편이 수록되어 있으며, 얼룩 송아지에는 그동안 발표된 목월의 동시를 대부분 수록하고 있으면서, 기존의 목월 동시집에 수록되지 않은 다수의 동시를 발굴하여 100편이 수록되어 있다.

그만큼 많은 사람들이 이 노래를 자장가로 부르거나 보채는 아이를 달랠 때 불러주던 노래인데 우리들의 뼛속까지 스며든 엄마가 불러주었던 그 노래가 바로 목월 시인의 동시(童詩)에다 서울대 음대 출신인 손대업 씨가 작곡을 한 것이다.

이처럼 조지훈, 박두진과 함께 청록파 시인이라 불리며 한국을 대표하는 시인이 된 박목월, 그의 본명은 박영종이며 아호 목월(木月)은 '나무에 걸린 달'이라는 뜻으로, 그가 좋아했던 수주 변영로의 호 중에 수(樹)자에 포함된 목(木)과 소월에게서 월(月)을 따서 지은 것이다.

정지용의 추천으로 1939년 『문장(文章)』을 통해 문단에 나온 목월은, 추천의 변으로 정지용 시인은 북에는 소월(素月, 흰 달)이, 남에는 목월(木月)이라고 격찬했다고 한다.

목월은 1915년 1월 6일 경남 고성군 고성읍 수남리에서 태어났으나, 1919년에 가족이 경주시 건천읍 모량리 571번지로 이주한 이후로 20대 대부분을 경주에서 보내면서 문학 활동을 벌였기 때문에 그의 실질적인 고향은 경주라 할 수 있다.

따라서 그의 문학작품 속에 경주가 속속히 배어 있음은 아마도 그 때문일 것이다.

김동리는 박목월이 발견하는 자연의 육체는 향토성에서 온다고 했다는 데 목월에게 있어서의 자연은 그의 고향인 경주에서 시작된 것이라 할 수 있겠다.

목월의 시는 우리나라 시에 있어서 빛나는 별이다.

목월 생가는 1980년대에 헐리고, 그 자리에 다른 집이 지어졌으나 2014년 6월 경주시 건천읍 행정길 61에 목월 생가가 복원되었다. 집 앞에는 목월 생가라는 안내 표지판이 있으며, 주요 시설로는 시 낭송 장, 안채, 사랑채, 디딜방아, 화장실, 관리동, 밀밭 등으로 조성이 되어 있다.

한편, 한국문학의 거봉인 김동리(金東里)와 박목월(朴木月) 선생의 고귀한 예술적 생애와 문학적 업적을 기리기 위해 세운 '동리·목월문학관'은 2006년 3월 24일에 개관했다.

40억 원의 사업비를 들여 2004년 11월 착공한 동리·목월문학관은 토함산 자락인 경주시 진현동 불국사 일주문 건너편 4천 200평 대지 위에 연건평 476평의 한옥으로 단장을 했다.
　목월의 시 '달'에 등장하는 시구절처럼 '도화(桃花)가지 반쯤 가리고 달이 지나가는 불국사가 터를 잡은 그 언저리'에 자리한 것이다. 2층 한옥 골기와 양식의 ㄷ자 건물로 이루어진 문학관은 2층 왼쪽 공간이 동리 문학관이고 오른쪽이 목월문학관이다.
　1층에는 사무실과 회의실, 영상실, 세미나실, 자료실, 도서실 등이 자리하고 있는데, 도서실(수장고)에는 문학관에 진열하고 남은 동리와 목월의 유품과 서적들을 보관하고 있다.
　심포지엄 개최가 가능한 영상실에는 동리와 목월의 문학적 발자취를 담은 7분짜리 영상물을 상영하고 있는데 고인의 육성도 들을 수 있다. 문학관 입구에 지은 '신라의 숨결'이란 건물은 신라의 성인들을 기리는 공간으로 활용할 예정이라고 한다.

이별의 노래
- 박목월 시/김성태 곡

기러기 울어 예는 하늘 구만리
바람이 싸늘 불어 가을은 깊었네
아아 아아
너도 가고 나도 가야지

한낮이 지나면 밤이 오듯이

우리의 사랑도 저물었네
아아 아아
너도 가고 나도 가야지
산촌에 눈이 쌓인 어느 날 밤에
촛불을 밝혀두고 홀로 울리라
아아 아아
너도 가고 나도 가야지

이 시를 쓰게 된 비하인드 스토리(behind story)에 의하면, 목월 시인은 어느 날 여대생과 함께 사랑의 가출을 한다.

부인이 소문을 듣자 하니 제주도에서 신접살림을 차리고 있다는 것을 알았고, 그래서 그곳을 부인이 찾아갔는데, 막상 가서는 아무 말도 하지 않았다고 한다.

왜냐하면, 추운 날씨임에도 불구하고 방바닥은 차갑고 양식은 한 톨도 없는 것을 알고는 오히려 생활이 얼마나 어려우냐며 보태 쓰라고 돈봉투를 내밀었고, 그리고 겨울을 보내려면 추울 텐데 입으라고 남편과 그 여인을 위한 겨울옷이 담긴 보따리를 전해 주며, 더 이상 아무 소리도 안 하고 돌아왔다고 전해진다.

그렇게 아내가 떠나고 두 사람만 남았지만, 둘은 할 말이 없었다. 너무 크게 충격을 받았고, 또 감동을 받았기 때문이다.

그래서 그 둘은 헤어지기로 결심하고, 여인이 배를 타고 떠나간다. 눈앞에서 여인을 실은 배가 멀리멀리 사라져가고 있는 모습을 지켜보던 시인은 시를 지었다.

그 시가 바로 저 위의 '이별의 노래'다.

나는 막걸릿집에서 가끔 노래를 부르는데 이 노래도 자주 부르는 노래 중의 하나이며, 특별히 늦가을 저녁에 부르면 더 제격이다.

목월은 육영수 여사한테 시를 가르쳤고, 육영수 여사의 전기를 집필했으며 박정희 대통령 찬가를 작사하여 한때는 어용 시인이라는 비판을 듣기도 했지만, 모일(某日)이라는 자신의 시를 통해서 한 가족의 가장으로서 굴욕과 굶주림 그리고 추운 길을 걸어 그 아홉 켤레의 신발을 찾아가던 자기 자신을 변명하기도 했다. 목월은 1978년 3월 24일 새벽, 산책에서 돌아와 지병인 고혈압으로 쓰러져 세상을 떴다.

한국시인협회와 한양대학교 공동 주최로 장례를 치렀고, 시인은 용인 모란공원에 잠들어 있다.

그다음 해에 미망인 유익순 여사와 장남 박동규(서울대학교 국문과 명예교수)의 손으로 엮은 유고 신앙 시 모음집인 『크고 부드러운 손』이 세상에 나왔다. 박목월 시인의 시비는 전국에 많이 세워져 있는데, 경주시에는 보문호수 주변 산책로에 "달"이라는 그의 시가 적힌 박목월 시비가 세워져 있다.

나는 문학기행에 앞서 지난봄에 ㈜문학사상 30주년 기념으로 출판된 한국 대표 시인 101인 선집 중에서 『박목월 시인 선집(選集)』을 미리 구입해서 읽었다.

전반부에는 그의 주옥같은 시들이 8개의 소재로 나뉘어 소개되고 있으며 뒷부분에는 2개의 산문 「나와 청록집(靑鹿集) 시절」과 「구강산의 청록(靑鹿)」이 게재되어 있다.

우리 일행은 목월문학관 관람을 마치고 왼편에 있는 소설가

김동리 문학관으로 이동했다.

소설가 김동리는 황순원과 함께 한국 현대 소설을 대표하는 작가이다.

동리 문학관으로 들어서면 오른쪽 벽면에 동리의 연보가 그려져 있고 앞쪽으로 세워져 있는 흉상에서도 예를 갖추고 나서 인증 사진을 했다.

흉상 뒤쪽 벽에는 '동리 문학은 나귀이다. 모든 것이 죽고 난 뒤에 찾아오는 나귀이다'라는 고(故) 이어령 박사의 글귀가 걸려 있다. 동리의 생애와 문학 자료를 전시한 코너에는 고인의 체취가 묻은 육필 원고와 그림(자화상)은 물론 사진과 서적, 신문에 소개된 자료들과 생전에 사용하던 시계와 거울, 수첩, 낙관, 벼루, 부채 등을 전시하고 있다.

창작활동에 사용하던 책상과 소파를 가져다 평소의 서재를 그대로 재현해 놓았으며, 부인인 손소희 여사의 관련 자료도 소개하고 있다. '황토기'와 '등신불' 애니메이션 영상물을 상영하고 있으며, '무녀도'의 전개 과정을 형상화해 둔 것도 눈길을 끈다. 동리 문학관에는 샤머니즘과 토속성을 주조로 민족적 정체성을 탐구한 작가 김동리의 소설 미학과 삶의 흔적들이 구석구석 배어 있다.

초기의 문학적인 특성을 가장 집약적으로 나타낸 작품은 '무녀도'이다. 이 소설은 무당 모화와 딸 낭이, 그리고 낭이의 배다른 오빠 욱이라는 인물을 통해 종교적 충돌과 이로 인한 인간 내면의 갈등을 그리고 있다.

즉 우리나라의 토속적인 샤머니즘과 외래 사상인 기독교의 대립 속에서 현실적으로 패배할 수밖에 없는 우리나라 고유 사상의 역설적인 삶의 한 양식을 무당 모화를 통해 보여주었다.

무녀도와 쌍벽을 이루는 그의 대표작은 '황토기'이다.

이 작품은 설희라는 아름다운 여인을 사이에 둔 천하장사 억쇠와 득보의 갈등을 중심으로 전개된다.

쌍룡의 전설을 상징화시킨 이 소설은 인생의 허무를 강조하고 있으며 이러한 허무의 세계는 무녀도의 신비적이고 몽환적인 세계와 더불어 김동리의 초기 문학을 지탱하는 양대 지주였다고 할 수 있다.

내가 태어난 해인 1955년 11월호부터 1957년 4월호까지 18회에 걸쳐 《현대문학》 잡지에 연재한 장편소설인 '사반의 십자가'는 김동리 스스로가 "작가 생활 35년 만에 비로소 작품다운 작품을 갖게 되었다"라고 말할 정도로 뜻깊은 작품이라고 했다. 나는 이번 문학기행을 떠나기 직전에 동리 선생의 대표작 중에서 믿는 사람 중의 한 사람으로서 이왕이면 성경을 소재로 다룬 "사반의 십자가"를 구매해서 읽었다.

작품을 읽어가면서 신약성경 초반부를 읽어가고 있다는 느낌을 받을 정도로 성서에 등장하는 인물들 그리고 지명들이 낯익어 장편소설임에도 불구하고 전혀 지루함을 느끼지 못하면서 흥미진진하게 읽어 내려갔다.

작가는 6·25 전쟁이라는 역사적 현실을 겪으면서 참된 인간구원과 휴머니즘에 기본을 두고 쓴 작품이다.

하지만, 이 소설은 성경에 나오는 내용을 바탕으로 하고 있으면서도 작가의 상상력과 추리력을 동원해서 사반이라는 허구적 인물을 설정하고 또한 기독교적 사상과는 관계가 없는 예수의 이적행위(異蹟行爲)를 부각하는 등, 예수를 한국적 샤머니즘화하고 있는 데서 문제가 제기되기도 했다.

결과적으로 작가는 기독교적인 소재와 문제를 다루었지만, 그 이면에는 동양적 가치관이 흐르고 있음을 알 수가 있다.

그러므로 당시 우리나라의 상황에서 인간을 구원하고자 하는 작가의 신인간주의 사상에 귀착되는 작품이라고 할 수가 있다.

이 작품에는 상반된 두 인물이 등장하는데 바로 예수와 사반이다. 조국의 독립이라는 현실적인 문제를 추구하는 주인공 사반과, 영혼의 구제와 내세적이며 천상적인 영광만을 추구하는 예수의 대립을 기본 구성으로 주로 비유와 상징으로 꾸며져 있다. 예수는 기적을 행하고 하나님의 진리를 설교하여 로마 치하의 참혹한 현실에서 탈피하려는 인물이다.

그는 정신과 영혼의 구원을 통해 하나님의 나라를 건설하려고 한다. 이에 반해 사반은 예수의 명성을 이용하여 현실적인 투쟁을 벌여 나간다. 그는 로마군을 물리치고 유대민족의 해방과 독립을 쟁취하려고 한다.

이들의 설정을 통해 작가는 신과 인간의 문제를 다루려고 한 것으로 보인다. 즉, 인류의 보편적인 문제인 인간의 구원 문제를 다루고 있다. 이 소설은 김동리의 후기 작품세계를 대표하는 소설로 1955년 예술의 자유를 보장하고 예술가의 지위를 향상함으로써 민족문화의 창조 발전에 공헌함을 목적으로 제정한 대한민국 예술원 작품상을 받은 작품이다.

이 소설에서는 작가는 예수와 사반의 대립을 통해 육체와 영혼을 서로 마주 대하는 극점에 놓고 있는 스스로 모순된 존재로서 인간의 근원적 문제를 추구하고 있다.

아래의 글은 작가가 1958년에 발간된 『사반의 십자가』(일신사)에 실렸던 것을 재수록한 것 중의 일부이다.

"사람이 그 나라나 겨레를 생각한다는 것은 제 고향이니 가족을 생각하는 것과 같은 성질의 것이다.

그것은 우리가 보통 "인간적"이라고 일컫는 것 중의 가장 기본적인 것의 하나다.

이런 점에서 있어 이 작품은 나의 가장 어둠과 절망의 시절이던 "일제" 당시의 "민족의식"과 그 뒤 나의 "인간의식"이 교차된 나에게 있어서는 자못 중대한 정신적 발전과 결부된 것이다.

내가 이 작품에 착항하게 된 것은 20여 년 전의 일이다.

그때 우리는 "일제"의 질곡 속에 있었고, 우리의 모든 고유한 것, 전통적인 것이 다 그들의 쇠망치에 의하여 무너져 내리고 있었지만 그 가운데서도 특히 우리의 숨통을 막은 것은 우리의 말과 글자를 뺏으려 들었던 일이다.

성경에서도 "말은 곧 하나님"(요한복음 1장 1절)이라 했지만, 개인에 있어서나 민족에 있어서나 말은 곧 생명이요 정신이요 영혼인 것이다.

그들이 우리에게서 말과 글자를 뺏으려는 것과 다를 것이 없었다.

특히 문학을 직업으로 삼으며 또한 생명같이 생각하는 사람들에게 있어, 그것은 이중적인 위협과 전율이 아닐 수 없었다.

하루하루 죽음을 숨 쉬어 가듯 하던 그 당시 우리의 암담한 심정은, 그것을 겪은 사람이 아니면 이해하기 힘들 것이다.

그 당시 나의 이러한 전율과 고통이 이 작품의 모티브가 되었던 것이다. 나는 어려서부터 예배당엘 다녔고, 또 중학교도 미션 계통이었기 때문에, 그 당시 우리의 불행한 처지를 예수 당시의 유대나라(로마에 대한)의 그것과 흡사하다고 일찍부터 생각하고 있었다. 따라서 나는 그 당시 나의 정신적 체험을(정면으로 쓴다는 것은 생각도 할 수 없는 형편이었으니까) 예수 당시의 유대 나라로 무대를 바꾸어서 생각해 보리란 생각이 어느덧 나에게 깃들여 있었던 것이다."

소설가 김동리의 본명은 김시종(金始鍾)이며 본관은 선산이다.

그는 1913년 12월 21일 경북 경주군 부내면 성건리에서 태어나 1995년 6월 17일 향년 81세로 서울 강남구 청담동 자택에서 세상을 떠났다.

1999년에는 한국예술평론가협의회 선정 20세기를 빛낸 한국의 예술인으로 선정이 되기도 했다. 경기 광주시 오포읍 신현리에는 김동리의 유택(幽宅)이 있으며 어느새 주택들이 주변을 에워싸고 있어서 중앙에 섬이 되어 있다. 따라서 유족들은 묘소를 작가의 고향인 경주로 모셔가는 것을 계획하고 있다고 한다.

소설가 김동리를 기리는 '김동리 문학비' 제막식이 2019년 4월 10일 백시종 김동리 기념사업회장 '동료 문인들의 모금으로 제작이 되어 서울 중구 충무아트센터 정원에서 열렸다.

한국 문단의 거목이지만 평가가 다소 엇갈리는 김동리를 둘러싼 최근의 상황이 반영되어선지 참석자들은 문학비 건립의 정당성을 알리는데 주로 시간을 할애했다고 한다.

문학비가 세워진 곳은 김동리가 생전에 30년 넘게 살며 '등신불', '사반의 십자가', '을화' 등 대표작을 집필한 것으로 알려진 서울 중구 흥인동 155번지 자택 인근이다. 이번 문학기행을 하면서 경주가 낳은 두 문학인의 삶을 다시금 되돌아보는 기회가 되었으며 통일신라의 대표 유적지인 불국사의 다보탑과 석가탑의 위용을 보면서 과연 천년 도읍지인 경주가 자랑스럽다.

시인 유치환

시인 유치환

제27차 문학기행(청마문학관 경남 통영시, 2023년 10월 1일)

기(旗)빨

이것은 소리 없는 아우성
저 푸른 해원(海原)을 향(向)하야 흔드는
영원(永遠)한 노스탈쟈의 손수건
순정(純情)은 물결같이 바람에 나부끼고
오로지 맑고 곧은 이념(理念)의 표(標)ㅅ대 끝에
애수(哀愁)는 백로(白鷺)처럼 날개를 펴다.
아아 누구던가
이렇게 슬프고도 애닯은 마음을
맨 처음 공중에 달 줄을 안 그는.

이 시는 고등학교 시절에 국어 교과서에서 달달 외웠던 시 중의 하나이다.
"그리운 대상이 있다는 것은 삶에 우물 하나를 두는 일이다.
시원(始原) 혹은 해원(海原)의 장소이자 대상은 오롯이 누군가가 그것을 그리워할 적에 나타나는 신기루 같은 것이기도 하니까"

라고 이은선 작가는 청마의 깃발이라는 시를 이렇게 평했다.

지난 중추절 연휴에 통영 앞바다에 있는 사량도의 지리명산 산행을 위해 우리 일행은 경북 봉화 여조카 집에서 하루를 유(留)하고, 합천 해인사에서 팔만대장경을 관람한 다음, 통영시에 위치한 청마 문학관으로 향했다.

청마 공원 주차장에 차를 세우고 문학관으로 오르니 입구에는 임시 휴관 안내 현수막이 걸려 있었다.

그것은 문학관 개보수 작업을 위해 임시로 휴관하고 있다는 안내문이었다.

일명 가는 날이 장날인 셈이었다.

하는 수 없이 문학기행은 아쉬움을 남긴 채 우리 일행은 문학관 앞에서 인증사진으로 대신 하기로 했다.

하지만, 나는 위의 사진에서도 알 수 있듯이 문학기행을 계획하기 전인 2013년 2월에 통영 여행을 갔었을 때 미륵도에 있는 박경리기념관 및 청마문학관을 둘러본 적이 있다.

그래서 그 기억을 더듬어 간략하게 청마 문학관 소개를 해보기로 한다. 청마문학관은 청마 유치환 시인의 문학정신을 보존하고, 계승, 발전시키기 위해 2000년 2월에 문학관(전시관)과 생가(본채, 아래채)를 복원하여 망일봉 기슭(경남 통영시 망일1길 82)에 설립하여 개관하였다.

본래 청마 생가는 통영시 태평동 552번지이지만, 생가 부지에 복원의 어려움이 있어 지금의 위치에 복원하였다.

문학관은 전체 면적 4,026㎡ 규모이며 전시관과 생가(본채, 아래채)가 복원되어 있다.

　전시관은 시인의 삶을 조명하는 '청마의 생애', 생명 추구의 시작과 작품의 변천 및 평가를 살펴볼 수 있는 청마의 '문학', 유품들과 관련 평론·서적·논문을 정리한 청마의 '발자취' 등의 주제로 구성되며 청마의 유품 약 100점과 각종 문헌자료 약 350점이 전시를 통하여 생전의 숨결과 체취를 입체적으로 느끼면서 고결했던 삶과 치열했던 문학정신을 총체적으로 확인할 수 있도록 꾸며졌다.

　1940년 교사를 사임하고 만주 빈장성으로 이주했다가 해방 후 귀국하여 다시 교육계에 투신, 충무, 부산, 경주에서 국어 교사로 근무하였으며, 훗날 안의중학교 교장을 시작으로 경주고등학교장, 경주여자고등학교장, 경남여자고등학교장, 대구여자고등학교장, 부산남여자상업고등학교(현 부산영상예술고등학교)장까지 역임했다. 만주 피난 활동과 교직 활동 중, 그리고 6·25 전쟁 중에도 틈틈이 시를 쓰고 시집을 발표하며 출간한 활발한 문학인이었다.

그는 한때 문총구국대 일원으로 종군하기도 했다.

1946년에는 창립 조선청년문학가 회장을 지냈으며, 1957년에는 초대 한국시인협회장을 지내는 등 대한민국 문학사에서 꼭 짚고 넘어가야 하는 인물이다.

특히 "이것은 소리없는 아우성"으로 시작하는 국어 교과서에 정말 자주 등장하는 작품인 '깃발'과 '생명의 서", '행복' 등이 유명하다. 통영여중 재직 당시 가정교사로 근무했던 시인 정운 이영도(1916년 10월 22일 ~ 1976년 3월 5일)에게 그야말로 한눈에 반해 그는 살아생전 20년 동안 연애편지를 써서 그녀에게 보냈다.

처음 만나게 된 1947년부터 교통사고로 죽게 된 1967년까지 이룰 수 없는 짝사랑에 대한 고통과 회한, 그리고 설렘과 기쁨을 잔뜩 버무려 표현한 연애편지들 가운데 6·25 전쟁 이전의 것은 소실되고 남아 있던 것이 5천여 통이라 한다.

마치 내가 고등학교 1학년 때부터 2년간 송도초등학교 동창인 K 양한테 줄곧 편지를 써 보냈던 것과 같은 심정이었을 것이라고 볼 수도 있다.

1967년 그중 200통을 추려 유치환이 죽고 나서 두 달 후에 『사랑했으므로 행복(幸福) 하였네라』(행복이라는 시의 마지막 구절) 라는 제목의 책으로 출간되었는데, 당시로서는 기록적인 부수인 2만 5천 부를 찍어내기도 했다. 문제는 그가 처자식이 있는 유부남이었다는 점과, 반면 이영도는 21세에 남편을 잃고 외동딸을 홀로 키우던 과부였다는 것이다.

다만, 두 사람은 현실적인 만남은 갖지 않았다고 한다.

거제시에는 청마기념관과 청마거리가 있으며, 부산광역시 동구에는 '유치환 우체통'이라고 불리는 문화공간이 있을 정도로 고향에서는 확실히 유명 작가 대접을 받는 분이라 하겠다.

시인은 부산남여자상업고등학교(현 부산영상예술고등학교)장으로 재직하던 중 1967년 2월 13일에 야근을 마치고 귀가하다가 부산시 동구 수정동 봉생병원 앞 대로에서 시내버스에 치였고, 병원으로 후송되던 도중 끝내 숨지고 말았다.

묘소는 현재 진주 유 씨 집성촌이 있는 거제시 둔덕면 방하리로 이장되었지만, 처음에는 부산광역시 사하구 에덴공원에 있었으며 이 까닭에 에덴공원에는 청마 시비가 있다,

여기서 나한테는 또 한 번의 데자뷔의 기억이 있다.

그것은 바로 내가 첫 번째로 산문집을 출판하고 출판기념회를 가졌던 2014년이 바로 갑오년 청마(靑馬)의 해였기 때문에 문득 예전에 둘러보았던 청마(靑馬) 유치환의 시비가 생각이 났던 까닭도 있다.

그 산문집 『바람처럼 재즈처럼』 중에서 「갈대와 부산 아가씨」 편에 아래와 같이 표현한 바 있다.

"갈대는 꽃차례의 길이가 다양하고 키가 3미터 정도로 자라지만 억새는 작은 꽃차례가 먼지 털이처럼 같은 길이로 한자리에 달려있고 크기는 보통 1~2미터 로 갈대보다 조금 작은 편이다.

어려서는 시골에 살았어도 갈대든 억새든 신경을 쓰지 않았다. 그런데 어느 날 어른이 되어서 여자 친구를 만나러 부산엘 간 적이 있었다.

그때가 아마도 이맘때처럼 늦은 가을이었을 것이다.

대학 3학년 때 펜팔로 알게 된 그녀는 부산여자전문대학에 다니고 있었고 부산에 사셨던 작은이모님 댁에 엄마를 모시고 다니러 갔다가 남포동 향촌다방에서 그녀를 만났다.

교내 시화전에 출품했던 작품이라며 내게 건넨 것은 커다란 패널에 자작시인 '통제구역의 자유론'이란 시와 그림이 있는 멋진 패널이었다. 그녀는 퍽 예쁘진 않았으나 긴 머리에 마음씨와 맵시가 좋았다. 다방에서 나온 우리는 그녀의 제안에 따라 을숙도 갈대숲으로 향했다.

버스를 타고 괴정터널을 지나 한참을 가니 낙동강 하구 을숙도가 나왔다. 처음 거닐어 보는 광활한 갈대밭이었다.

우리보다 키가 큰 갈대밭 사이를 걷다가 나도 모르게 그녀의 손을 잡았다. 우리는 한참이나 을숙도에서 그렇게 놀았다.

돌아오는 길에 에덴공원에 들러 청마 유치환님의 시비에서 사진도 찍었다. 독사진만 있는 것으로 보아 그녀는 함께 찍기를 원하지 않았던 것 같다.

광복동, 남포동을 전전하며 우리는 통금 전까지 그렇게 붙어 있었다.

그녀를 본 것은 그날이 처음이자 마지막이었다."

여기서 한 가지 흠이 있다면, 청마의 시 '수(首)'와 '전야(前夜)' 및 청마가 1942년 2월 6일 자 만선일보에 기고한 친일적인 내용이 짙은 산문(대동아전쟁과 문필가의 각오)을 1942년 2월 6일 자 만선일보에 기고한 친일적인 내용이 짙은 산문을 2007년 10월 19일 경남대학교 국문학과 박태일 교수가 발견하여 시인의 친일적인 의혹이 끊임없이 제기되고 있기 때문에 기존의 애국 시인으로서의 이미지가 많이 퇴색되고 있는 편이다.

한편, 우리가 잘 알고 있는 시인이자, 교육자. 극작가이자 친일반민족행위자인 동랑 유치진이 그의 친형이다. 2019학년도 대학수학능력시험에 '출생기'가 출제되었고, 2023학년도 대학수학능력시험에 '채전'이 출제되었다.

청마의 시 중에는 많은 사람들이 애송하는 행복이라는 시도 있다.

행복

사랑하는 것은/사랑을 받느니보다 행복하나니라
오늘도 나는/에메랄드빛 하늘이 환히 내다뵈는
우체국 창문 앞에 와서 너에게 편지를 쓴다//
행길을 향한 문으로 숱한 사람들이
제각기 한 가지씩 생각에 족한 얼굴로 와선
총총히 우표를 사고 전보지를 받고
먼 고향으로 또는 그리운 사람께로
슬프고 즐겁고 다정한 사연들을 보내나니
세상의 고달픈 바람결에 시달리고 나부끼어
더욱 더 의지 삼고 피어 흥클어진 인정의 꽃밭에서

너와 나의 애틋한 연분도한 망울 연연한 진홍빛 양귀비인지도
모른다
사랑하는 것은 사랑을 받느니보다 행복하나니라
오늘도 나는 너에게 편지를 쓰나니
그리운 이여 그러면 안녕!
설령 이것이 이 세상 마지막 인사가 될지라도
사랑하였으므로 나는 진정 행복하였네라

또한 낙동강을 지극히 사랑했던 유치환은 1950년대 중반에 '겨레의 어머니여, 낙동강이여'를 발표하여 낙동강에 대한 그의 사랑을 읊었다.

"태백산 두메에 낙화한 진달래 꽃잎이
흘러흘러 삼랑(三浪)의 여울목을 떠 내릴 적은
기름진 옛 가락(駕洛) 백리벌에
노고지리 노래도 저물은 때이라네…… 중략

낙동의 어진 흐름이여, 차라리 너는
순탄하고 가난한 겨레와 더불어
그 애달픈 삶을 바닥하고…… 중략

아아, 너는 진실로 겨레의 크낙한 어머니
낙동(洛東)의 가람이요, 영원한 겨레의 젖줄이여, 사랑이여, 노래여"

청마 유치환 문학관을 다시 한번 탐방하고 나서, 나는 시인 유치환을 후세가 어떻게 평가할지는 모르겠지만 현재는 10여 년 전에 민족문제연구소(민문연)에서 완성한 친일 인명사전에는 그 이름이 올라와 있지 않은 것으로 보면 다행일지는 몰라도, 아무튼 일제 강점기에는 절필했거나 항일을 함으로써 온갖 고충과 어려움을 감수했었던 수많은 시인 및 소설가들한테는 절대 앞다투어 내세울 시인은 아니라고 내 나름대로 결론을 지을 수밖에……

시인 백석

시인 백석

제28차 문학기행(경남 통영시, 2023년 10월 2일)

　내가 백석 시인을 알게 된 것은 제물포고 18회 동기 홈피에 농부 시인 이희정 군이 "백석, 그 곁에 가고 싶다"라는 제목으로 백석 시인의 "나와 나타샤와 흰 당나귀"라는 시를 소개하면서 관심을 가지게 되었고, 법정 스님이 열반(涅槃)하면서 서울 성북동에 자리 잡은 길상사가 세인의 입에 오르게 되자 길상사의 비하인드 스토리가 밝혀지면서 더더욱 백석 시인에 대해 알고 싶어졌다. 길상사에 대한 스토리는 대략 이러했다.

　백석을 평생 그리워한 여인 자야(김영한).

　김영한의 호 '자야'는 이백의 시 '자야오가'에서 가져온 것이라 했다.

　백석은 1936년 함흥의 영생고보 영어 교사로 재직하던 때에 진향(眞香)이라는 기명(妓名)을 쓰는 함흥의 기생인 김영한을 처음 만났고, 애인으로 지내며 동거하기도 했다.

　김영한은 부유한 가정에서 태어났지만, 부친이 금광 사업에 투자해 실패하면서 가세가 기울자 16세에 조선 권번(券番, 기생조합)에 들어가 기생이 되었다.

그러나 백석은 김영한이 기생 신분이기 때문에 부모님의 반대로 뜻은 이루지 못하고 다른 여자와 결혼한다.

자야는 백석과의 관계를 정리하기 위해 상하이로 떠나지만, 그를 향한 마음을 지우지 못하고 한 달 만에 경성으로 돌아온다.

만주로 같이 떠나자는 백석의 청을 거절한 것이 그와의 마지막이었다고 회상한 자야는 그 이후로, 남으로 내려와 1953년 중앙대학교 영문과를 졸업하고 1955년에 서울 성북동 배 밭골을 사들여 대원각이라는 한식당을 운영한다.

한편, 백석은 김영한을 잊지 못해 1937년 '나와 나타샤와 흰 당나귀'라는 시를 통해 그녀에 대한 사랑을 노래한다.

이 시는 지금도 길상사 김영한 공덕비 옆에 원문으로 걸려있다. 이후 "나는 백석의 연인이었다"고 주장했던 김영한(김자야)은 평생을 홀로 지내다 법정 스님의 무소유를 접하게 되었고, 1987년 고급요정이던 대원각을 불도량으로 만들어 달라며 전 재산을 시주한다.

이는 당시 돈으로 천억 원이 넘는 거액이어서 법정은 몇 번이고 고사를 했지만 결국 대원각을 1995년 대한불교 조계종 송광사의 말사인 대법사로 등록했다가 1997년 맑고 향기롭게 근본도량 '길상사'로 이름을 바꾸고 김영한에게는 '길상화'라는 법명을 지어 주었다.

여기서 "천억 원이란 돈도 백석의 시 한 줄만 못하다"라고 말한 김영한의 이 한마디는 너무도 유명한 이야기다.

몸은 자신과 있었지만, 다른 여인과 세 번이나 결혼한 백석, 북으로 가서 연락조차 없는 사람을 평생 기다리며 그의 시를 가슴에 품고 살았던 삶은 어떠했을지 짐작조차 할 수는 없겠지만, 끝내 마음과 손끝에서 빠져나가지 않고 머문 그들의 사랑 이야기는 아직도 길상사 안에 오롯하다.

그리고 김영한은 1999년에 세상을 떠났다.

나는 한국유리 영업부에 근무하던 시절인 1988년부터 1991년까지 외국 거래처 손님이 오면 당시 최고급의 접대 장소였던 그곳 대원각 요정을 가끔 가본 적이 있다.

한편, 법정이 1976년에 발표한 수필집 『무소유(無所有)』는 법정이 입적하면서 "내 이름으로 출판된 책을 더 이상 출간하지 말라"는 유언을 남김으로써 그의 책들은 모두가 절판되었으며, 무소유 책의 가격은 10만 원 이상까지 치솟기도 하였다.

백석은 북한의 작가이자 시인이다.

월북 작가라고 알려졌지만, 사실은 6·25 전쟁으로 인해 그저 남과 북이 서로 막혀서 그렇게 된 것이지 적극적인 월북은 아닐 것이다.

이는 이희정 시인의 말이다. 백석은 1930년 조선일보 신춘문예에 작은 농촌에서 일어난 남녀의 불륜을 공동체의 소문 형식으로 그리고 조숙한 솜씨로 인간 욕망을 그려낸 단편소설 '그 모(母)와 아들'이 당선되며 등단하였으며, 1935년 시 '정주성'을 통해 본격적으로 시단에서 활동을 시작했고, 1936년 첫 시집 『사슴』을 간행하였다.

윤동주가 사랑하고 존경한 시인 백석, 당시 말 1필이 5원이었는데, 백석의 시집 『사슴』은 2원 정도였다고 한다.

1936년 1월 100부를 한정적으로 판매하였는데, 시인 윤동주는 이 책을 구하지 못해 연희 전문학교 도서관에서 하루 종일 이 시집을 베껴 썼고, 그 필사본을 항상 가지고 다녔다 한다.

백석의 시 '흰 바람벽이 있어'와 윤동주의 시 '별 헤는 밤'을 살펴보면 윤동주가 백석을 얼마나 좋아했는지를 짐작할 수가 있다. 그리고 흰 당나귀는 백석과 윤동주 모두 좋아하는 이미지인데, 이는 두 시인의 그들의 시에서 담은 프랑스 시인 프랑시스 잠이 좋아하는 이미지라 한다.

해방 이후 고향인 북한에서 문예 활동에 전념했으나, 1958년 '사상과 함께 문학성도 중요시해야 한다'라는 그의 논조로 인해 1960년대쯤 북한 문단에서 완전히 숙청당했다.

이후 양강도 삼수군의 한 협동 농장에서 농부로 일하면서 청소년을 대상으로 문학을 가르치며 여생을 보냈지만, 끝내 문단에는 복귀하지 못하고 1996년에 감기에 걸려 고생하다 갑자기 사망했다고 아내(이윤희)가 증언하여 백석의 사망 사실이 알려졌다. 본명은 백기행(白夔行), 필명은 백석(白石, 白奭)인데 주로 '백석'으로 활동했다.

일본의 시인 이시카와 다쿠보쿠(石川啄木)의 시를 너무나도 좋아하여 그의 이름의 '석'을 빼와서 썼다고 한다. 과거 문단에서는 월북 작가라는 인식이 강해 언급을 피하는 편이었다.

그러나 월북 문인들의 해방 이전 작품에 대한 공식 해금 조치가 이루어진 1988년부터 다시 주목받기 시작한다.

시인들이 좋아하는 시어들의 향연으로 토속적인 우리말로 민중들의 삶을 노래한 뛰어난 시인으로, 지금도 많은 시인이 인정하고 존경하는 명실상부한 현대시 최고의 절창이다.

일제 강점기부터 해방이 갓 되었을 무렵에 이르기까지 백석의 영향을 받은 인물은 화가 이중섭, 시인 신경림, 동화 작가 김요섭, 윤동주, 북한의 한설야 등이 있다.

해방 이후 북에서는 수많은 번역에 집중하였고, 이때는 주로 러시아 문학에 집중했고, 일부 프랑스 문학, 중국 문학도 번역했다. 영어, 러시아어, 프랑스어, 독일어, 중국어, 일본어에 능통했다. 백석은 스승 조만식의 부름을 받고, 평양에 머무르면서 비서 겸 러시아어 통역으로 조만식을 도왔다.

후배 고정훈이 백석에게 2차례 월남을 제안했으나, 다음과 같은 이유로 모두 거절했다고 한다.

첫째, 고당 조만식 선생을 모셔야 한다.

둘째, 처 그리고 큰아들 화제만 데리고 혹은 혼자만 못 간다.

다른 가족과 친지가 너무 많아 월남하면 남은 가족 친지가 고초를 겪을 것이다.

셋째, 가족 친지 모두 터전이 북에 있는 서민이다.

모두 같이 간다고 해도 남에서 생활 터전이 없어 더 힘들지도 모른다.

넷째, 이젠 감시가 심해서 가고 싶어도 못 간다. 조만식이 연금당한 이후로는 러시아 문학 번역과 아동문학(특히 동시)에 천착(穿鑿)하며 정치와는 거리를 두었다.

6.25 전쟁 중 서울이 북의 손에 떨어지자 월북한 문인들이 서울로 와서 정치 선동에 참여했지만, 백석은 일절 참여하지 않았

다. 이때가 1년에 10권씩 번역하던 시기, 그것도 최고 수준으로 번역했다는 평이 중론이다. 실제로 문학 학계에서는 백석을 '월북' 작가로 분류하기보다는 '재북(在北)' 작가로 분류하기도 한다.

'통영(統營)', '고향', '북방(北方)에서', '적막강산' 등 대표작은 토속적이고 향토색이 짙은 서정시들이다.

지방적, 민속적인 것에 집중하여 특이한 경지를 개척하는 데 성공한 시인으로, 평안도 사투리를 시에 넣기도 하고 서사를 시에 넣은 이야기 시를 구사하기도 하였다.

백석은 1912년 7월 1일 평안북도 정주군 갈지면 익성리(현 정주시 오산동)에서 3남 1녀 중 장남으로 태어났다.

1924년 오산소학교를 졸업하고, 오산 고등보통학교로 진학한다. 장난꾸러기 같던 어린 시절과는 달리 백석은, 독서에 남다른 관심을 가지게 된다.

당시 오산학교 학생들은 문학에 대한 열정이 뛰어났는데 백석 또한 예외가 아니었고, 백석은 학과 수업뿐만 아니라 문학 수업에도 큰 관심을 가졌다.

독립운동가 조만식 선생도 당시 오산고보에 재직 중이었는데 백석을 다음과 같이 회상했다.

"내가 아는 백석은 성적이 반에서 3등 정도였으며 문학에 비범한 재주가 있었다. 특히 암기력이 뛰어나고 영어를 잘했다. 회화도 썩 잘해 선생들에게 칭찬받았다."

오산 고등보통학교를 졸업한 후, 백석은 집안 사정으로 진학하지 못하고 있다가, 1929년 조선일보 후원 장학생 선발시험에 붙어 일본의 아오야마학원 전문부 영어 사범 학과에 입학한다.

1학년 영어 마스터, 2학년 프랑스어, 3학년 러시아어를 집중적으로 공부했다고 한다.

정작 영어가 전공이면서도 정식 수업은 독일어를 들었고, 독일어 교수는 그를 무척 아끼며 애제자로 여겼다 한다.

일본에서 귀국한 백석은 조선일보 편집부에서 근무하기 시작한다. 훤칠한 키에 그 당시의 세태에 비하면 댄디보이 백석한테는 이때부터 주변에 많은 여인들이 머문다.

조선일보에 입사한 후 여성 소설가 최정희와 친해지면서, 여러 여성 문학인을 소개받아 그들과 어울리는 것을 즐겼다.

최정희와 더불어 노천명, 모윤숙과도 자주 어울렸다.

이들 여성 3인방은 백석을 사슴이라 불렀다고 한다.

2001년《문학사상》잡지에는 최정희가 백석에게 받은 편지가 공개되었는데, '나와 나타샤와 흰 당나귀'가 적힌 편지도 받았다고 한다.

통영을 사랑한 시인 백석, 통영시에 가면 충무공 이순신의 위패를 봉안한 사당인 충렬사 건너편 청마공원 주차장 아래쪽으로 백석의 시 "통영(統營) 2"가 새겨진 시비가 있고, "통영"으로 시작하는 연작시만 3개가 있을 정도이고, 백석은 통영 바다를 거닐며 "바다"라는 시를 남겼으며 이는 통영에는 그가 사랑했던 란(박경련)이라는 여인이 살았기 때문이다.

하지만 통영에 머무는 동안 많은 시를 남긴다.

그런 여유로 인해 통영에는 그의 시비가 세워져 있다.

우리가 백석 시인의 시비를 찾아간 것은 통영 여행 이틀째인 10월 2일이다.

오전 일찍 통영 가오치항에서 배를 타고 사량도 금평항에 도착해서 산 정상에 서면 멀리 지리산 천왕봉(1915m)이 보이기 때문에 이름도 지리명산으로 명명된 옥녀봉을 포함한 3개의 봉우리를 등산하고 다시 통영으로 돌아와 곧바로 일정대로 청마공원 아래쪽에 있는 백석 시비 앞에 섰다.

시비에는 "통영(統營) 2" 란 시가 새겨져 있다.

시인 만큼이나 큼지막한 화강암에 가득히 검푸른 옥색의 돌판 위에 깨알같이 시가 새겨져 있고 그 맨 아래에는 백석의 사진과 약력이 적혀 있다.

백석이 친구의 결혼식에서 처음 만난 18살의 통영 아가씨 "란"에게 첫눈에 반해 몇 번이고 통영엘 찾아갔다가 만나지는 못하고 낮술을 하고 충렬사 계단에 앉아서 썼다는 시가 바로 아래의 "통영(統營 2)"이다.

백석이 박경련을 처음 만난 곳은, 친구 허준의 결혼식 피로연장에서였다.

당시 24살이었던 백석은 결혼식장에서 박경련을 보고 첫눈에 반한다.

박경련은 통영 출신으로, 당시 18살이었으며 이화 여자고등보통학교에 재학 중이던 신여성이었다.

뜨거운 감정을 숨길 수 없었던 백석은 그녀를 만나기 위해 3차례 통영을 찾아갔었지만 만나지는 못했고, 그녀의 부모에게 인사를 겸한 청혼을 했으나 끝내 결혼 승낙도 받지 못했다.

하지만 박경련에 대한 백석의 마음은 그녀가 살고 있는 통영으로 이어져서, 백석은 통영을 소재로 여러 작품을 남긴다.

이러한 사연을 가슴에 묻고 백석은 1936년 4월에 조선일보를 퇴사한 뒤에 함경남도 함흥에 있는 영생고보 영어 교사로 자리를 옮겼다.

이후 백석은 세 번 결혼한다.

"백석의 첫 번째 혼례는 충북 진천군에서 이루어졌으며, 이화여자전문학교 출신의 첫 부인 장정옥은 남북 간 갈등이 고조되자 외아들을 데리고 월남했다"는 기사가 있으나, 정확한 기록으로 확인된 것은 아니다.

두 번째 부인 문경옥(1920~1979)은 평양의 유명 변호사인 문봉의 서녀로, 북한 최초의 여성 작곡가이자 피아니스트이다.

문경옥은 김일성의 후원을 받아, 소련 레닌그라드(현 페테르부르크) 음악원에 유학하여 음악을 공부했다.

1940년 9월 백석은 만주국 국무원 경제부 소속 측량 보조원을 그만두고 백구둔이라는 농촌에 잠시 체류하며 농사를 짓다가, 안동시청에서 일하고 있던 소설가 염상섭이 안동세관에 자리를 얻어주며 안동으로 간다.

당시 문학수와 가까이 지내던 백석은, 문학수의 중신으로 1942년 평양에서 문경옥과 결혼식을 올린 뒤 안동에서 살림을 시작한다.

백석의 2번째 결혼 역시 오래가지 못했다.

임신 8개월의 아이가 유산되며 고부갈등 등 관계가 악화하며 이혼했다고 한다.

그 후 해방 무렵 만난 3번째 부인 리윤희와는 3남 2녀를 두고 50년 넘게 해로했다.

백석은 1962년부터 1995년 사망할 때까지 리윤희와 삼수군에 있는 농장의 농부로 살다가 생을 마감했다.

백석은 독일어, 영어 그리고 러시아어에 능통했다.

특히 러시아어에 관해서는 국내 러시아문학 번역에 상당히 큰 족적을 남겼다.

월북 이후 번역국에서 일하면서 토스토예프스키, 톨스토이, 안톤 체호프 등 다양한 문학가의 문학을 번역하여 북한에 소개했으며, 미하일 숄로호프의 대하소설 "고요한 돈 강"은 2021년까지도 백석이 번역한 것을 제외하면 일어, 중국어와 축약본밖에 없다.

특히 '고요한 돈 강' 번역본은 풍부한 한국어 어휘를 적재적소에 집어넣는 탁월한 감각과 러시아어에 대한 이해가 바탕이 되어 예술 번역, 사실상 백석의 창작품, 고유명사만 가리면 이북 배경 한국 소설이란 극찬을 듣는다.

한국에서 가장 유명한 러시아 시인 푸시킨의 '삶이 그대를 속일지라도'를 러시아어 원문을 통해 번역한 사람이 백석이라는 주장도 제기되고 있다.

토머스 하디의 '테스'를 1940년 최초로 국내에 번역한 사람 역시도 백석이다.

현실을 초월한 이상과 사랑에 대한 의지와 소망을 노래한 시를 찾아보면 대표작 중의 하나인 1938년에 발표한 '나와 나타샤와 흰 당나귀'가 우선 먼저 거론되는데, 이 시에서 나타샤가 누구인가에 대해서는 이견이 많은 편이다.

나와 나타샤와 흰 당나귀

가난한 내가
아름다운 나타샤를 사랑해서
오늘밤은 푹푹 눈이 나린다

나타샤를 사랑은 하고
눈은 푹푹 날리고
나는 혼자 쓸쓸히 앉어 소주를 마신다
소주를 마시며 생각한다
나타샤와 나는
눈이 푹푹 쌓이는 밤 흰 당나귀를 타고

산골로 가자 출출이 우는 깊은 산골로 가 마가리에 살자
눈은 푹푹 나리고
나는 나타샤를 생각하고

나타샤가 아니 올 리 없다
언제 벌써 내 속에 고조곤히 와 이야기한다
산골로 가는 것은 세상한테 지는 것이 아니다
세상 같은 건 더러워 버리는 것이다

눈은 푹푹 나리고
아름다운 나타샤는 나를 사랑하고
어데서 흰 당나귀도 오늘밤이 좋아서 응앙응앙 울을 것이다.

　상기의 시에서 일단 '나타샤'는 톨스토이의 작품에 등장하는 여주인공 중 하나라고 하는 데는 이견이 없다.

　하지만, 문제는 그 나타샤로 누구에 대한 사랑을 표현하고 싶었냐는 것이다. 다수는 나타샤가 일반적인 러시아의 여성들을 일컫는 이름이므로 특정 여성을 지칭하는 것이 아니라고 생각한다. 한편, 고형진 교수는 백석의 수필 "함흥"에서 백석이 "백계로인(白系露人)의 어여쁜 처녀들"에게 빠져 있음을 지적하며, 나타샤의 이미지 또한 이 백계로인 처녀에게서 비롯하였을 것이라고 주장한다.
　러시아 문학에 대한 동경과 이국적 이미지의 효과를 더하는 시어라는 점은, 문학계에서의 공통적인 의견이다.
　2004년에 나왔던 송준 저서인 '시인 백석' 1, 2, 3권도 백석의 생애를 아주 자세하게 적고 있다.
　송준은 백석 연구가로, 백석의 시에 꽂혀 백석 연구에 몰두했으며, 백석의 자취가 남은 곳은 안 다닌 곳이 없을 정도로 백석의 상징적 얼굴 사진도 그가 일본 아오야마 가쿠인대학에서 찾아낸 것이다.

이번에 백석 시인의 시비를 탐방하면서 백석 시인의 시에 대한 천재성과 외국어에 대한 열정 그리고 여성 편력 같은 것이 어느 정도 나와 닮았다는 점을 다분히 느낄 수 있었으며 시인이 우리 문단에 끼친 문학적인 가치평가는 앞으로도 지속적으로 재평가되어야 할 것이다.

또한 통일되면 함흥에 있었다는 영생고보에도 꼭 가보고 싶어진다.

백석 형님을 만나 뵈러……

시인 홍사용

시인 홍사용

제29차 문학기행(화성시, 2024년 1월 20일)

지난 토요일 홍사용 시인을 만나러 화성시에 위치한 노작공원으로 차를 몰았다.

그날은 마침 대한(大寒)이라 큰 추위를 예상했었는데, 추위는커녕 포근한 날씨로 비가 간간이 내리고 있었다.

옛말에 "대한이 소한이네 놀러 갔다가 얼어 죽었다"라고 했는데, 그래도 명색이 대한인데 눈 또는 추위는커녕 비가 내리고 있다. 그날 날씨만 좋았으면 근처의 용주사도 둘러보려고 했었는데, 아쉽지만 포기하고 대신 점심시간도 가까워지고 해서 "자연 그리고 어반"이라는 근처의 생선구이 집에서 멋진 갈치구이 정식으로 점심을 했다. 투명유리로 지어진 3층 건물은 특이한 건축구조로 층고도 아주 높고 사방이 탁 트여 전망도 아주 좋아 그야말로 명불허전이었다.

점심 후에 우리는 노작 홍사용문학관(경기 화성시 노작로 206)으로 발길을 옮겼다.

노작 문학관은 일제 강점기 시절에 단 한 줄의 친일 집필 활동도 거부한 화성이 낳은 예술인 홍사용 선생의 문학정신을 기리고자 건립되어 2010년 3월 18일에 개관을 했다.

  홍사용 문학관은 낭만주의를 선도한 대표적인 시인이자 연극인이었던 노작 홍사용 선생의 정신을 따라 문학과 연극의 활성화를 위한 각종 사업을 추진하고, 문학관을 찾는 화성 시민과 전 국민들에게 언제나 문화가 흐르는 다채롭고 흥미로운 쉼터가 되고자 건립하게 되었다고 한다.

  문학관은 두 개의 층으로 구성되어 있다.

1층에는 작은 도서관, 산유화 극장, 제1전시실과 수장고, 사무실 등이 배치되어 있으며, 2층에는 제2 전시실, 시인의 삶을 살펴볼 수 있는 작가의 방, 기획전시실, 강의실, 아동과 청소년을 위한 자료실 등이 있다.

  마침, 1층 산유화극장에서는 수원시 낭송가협회에서 주최하는 시 낭송 모임이 열리고 있었으며 시인인 안준영 부회장으로부터 매월 열리는 시 낭송회 개최의 의미와 활동 상황을 설명받고, 다음 달엔 꼭 같이 참여도 해서 문학 활동을 이어 나가자는 권유를 받기도 했다.

1층과 2층에 위치한 전시실에는 시인의 유품과 사료가 전시되어 있으며 주요 유물로는 친필로 기록된 수필집 『청산백운』이 있다.

옆의 작은 도서관에는 모두 11,441권의 문학 관련 장서가 소장되어 있으며, 화성 시민은 노작 홍사용문학관 장서 열람과 1인이 5권까지 대출도 가능하며 대출 기간은 14일이다.

한편, 2011년 추진한 리모델링 사업을 통해 소규모 연극 공연과 각종 강좌가 가능한 다기능 문화공간으로 거듭난 노작 홍사용문학관은 산유화극장, 강의실 등 시설 대관을 통해 지역사회에 문화예술 활동을 적극 장려하였고 문예 프로그램과 시민 동아리, 노노카페 등을 운영하며 시민들의 다양한 문화적 욕구에 부응하고 있다. 문학관 개관 이후 문예 강좌와 전시 등이 열리고 있고, 문예 백일장과 시와 소설 낭송 경연대회가 개최되었으며, 2012년부터 노작 문학제, 노작 문학 주간, 노작 문학의 달 등의 정기 행사가 열리고 있다.

그리고 시민 참여형 복합 문화 프로그램인 시인과 함께 걷는 시 숲길은 문학관 뒤편에 위치한 에코벨트에서 자연 정취를 느끼며 시민의 건강과 문화 향유를 위한 프로그램이다.

노작 홍사용문학관-자연학습관-동탄복합문화센터-노인공원-노작마을-오산천산책로-전망데크로 이어지는 반석산 에코벨트는 총 3.7km 구간 중에 600m는 무장애길로써 등산이 어려운 장애인, 노약자, 임산부 등 누구나 쉽게 이용이 가능한 산책 코스로 경사를 최소화한 데크길과 친환경소재인 마사토를 사용한 황토 포장으로 조성된 약자에 대한 배려 공간이기도 하다.

문학관을 나와 뒤편으로 오솔길을 따라 조금 올라가면 시인의 묘역이 있고 그의 대표 시인 "나는 왕이로소이다"가 새겨진 시비가 세워져 있다.

묘역에서 참배를 마치고 내려오는 길에 문학관 전경을 내려다보니 아담하고 깔끔하게 리모델링된 건물이 비가 멎은 뒤라서 더욱 깨끗하고 선명해 보여 상큼하기까지 했다.

다만 아쉬움이 있다면 문학관 내부에는 문화해설사가 상주해 있지 않아 시인에 얽힌 알려지지 않은 이야기들 들을 수 없다는 점과 질문과 답변을 통해 그의 문학 활동에 관한 이야기를 듣지 못한다는 것이다.

홍사용 시인의 본관은 남양(南陽). 호는 노작(露雀)·소아(笑啞)·백우(白牛) 등이 있지만 주로 '노작'으로 작품 활동을 하였다.

시인은 1900년 경기도 용인 기흥면 농사리에서 대한제국 통정대부 육군헌병 부위를 지낸 아버지 홍철유(哲裕)와 어머니 능성 구 씨(綾城 具 氏) 사이에 출생했으나 생후 100일 만에 서울 재동(齋洞)으로 옮겨져 거기에서 자랐다.

하지만, 1908년 9세 때 아버지가 일찍 돌아가시자 백부 홍승유의 양자로 들어갔으며 양모는 한산 이 씨(韓山 李氏)이다.

그 이후 경기도 화성으로 이사하여 휘문의숙(徽文義塾)에 입학하기 전까지, 그곳의 서당에서 한학을 공부하였다.

1919년 휘문의숙을 졸업, 기미독립운동 당시 학생운동에 가담하였다가 체포된 바 있다. 얼마 뒤 풀려나 귀향하여 정백(鄭栢)과 함께 수필 "청산백운(靑山白雲)"과 시 "푸른 언덕 가으로"를 썼는데, 이 두 작품은 유고로 전해지다가 근래에 공개된 것으로 지금까지 알려진 그의 최초의 작품이 되고 있다.

문단 활동으로는 박종화(朴鍾和)와 정백 등 휘문 교우와 함께 유인물 『피는 꽃』과 서광사(曙光社)에서 『문우(文友)』를 창간한 것을 비롯하여, 재종형 사중(思仲)을 설득하여 문화사(文化社)를 설립, 문예지 "백조(白潮)"와 사상지 "흑조(黑潮)"를 기획하였으나, "백조"만 3호까지 간행되었다.

그의 시작 활동은 『백조』 창간과 함께 본격화되어 『개벽』, 『동명(東明)』, 『여시(如是)』, 『불교』, 『삼천리』, 『매일신보(每日申報)』 등에 많은 시, 소설, 희곡 작품을 발표하였다.

『백조』 창간호의 권두시 '백조는 흐르는데 별 하나 나 하나'를 비롯하여 '나는 왕(王)이로소이다', '묘장(墓場)', '그것은 모두 꿈이었지마는' 등 20여 편과 소설로는 '저승길', '뺑덕이네', '봉화가 켜질 때', 희곡으로는 '할미꽃', '출가(出家)', '제석(除夕)' 외에도 수필 및 평문 등이 있다.

아래의 시는 1923년 시인이 "백조" 3호에 발표한 "나는 왕이로소이다"의 전문이다.

학교 때 국어 교과서에 실려 있어서 제목도 우스꽝스럽기도 했지만, 시험에 자주 나온다고 반강제적으로 외우게 했던 길고도 긴 산문시였던 것으로 기억이 있다.

낭만적이고 격정적인 성격으로 특징지어지며 여리고 가냘프며 감상적인 산문체 형식으로 구성된 작품이다.

발표한 연대가 그랬듯이 일제강점기에 민족이 수난과 아픔, 울분과 시적 서정성을 표현한 소년의 성장 과정을 통해 근대 시의 활달한 시 형식의 기틀을 마련해준 8연으로 된 산문시로써 눈물과 회환, 비탄 속에서 살아온 시인의 생애를 자전적으로 풀어낸 작품이다.

이 작품은 크게 3부분으로 나눌 수가 있는데, 1연에서는 전생(前生)을, 2연에서는 출생의 슬픔을, 3연에서부터 8연까지는 죽음에 대한 공포, 희망과 좌절, 내면적 슬픔 등을 표현하고 있다.

나는 왕이로소이다. 나는 왕이로소이다. 어머님의 가장 어여쁜 아들, 나는 왕이로소이다.

가장 가난한 농군의 아들로서……. 그러나 시왕전(十王殿)에서도 쫓기어 난 눈물의 왕이로소이다.

"맨 처음으로 내가 너에게 준 것이 무엇이냐?" 이렇게 어머니께서 물으시며는 "맨 처음으로 어머니께 받은 것은 사랑이었지요마는 그것은 눈물이더이다" 하겠나이다. 다른 것도 많지요마는…….

"맨 처음으로 네가 나에게 한 말이 무엇이냐?" 이렇게 어머니께서 물으시며는 "맨 처음으로 어머니께 드린 말씀은 '젖 주셔요' 하는 그 소리였지마는, 그것은 '으아!'하는 울음이었나이다" 하겠나이다. 다른 말씀도 많지요마는…….

이것은 노상 왕에게 들리어 주신 어머니의 말씀인데요.왕이 처음으로 이 세상에 올 때에는 어머니의 흘리신 피를 몸에다 휘감고 왔더랍니다.그 날에 동네의 늙은이와 젊은이들은 모두 "무엇이냐?"고 쓸데없는 물음질로 한창 바쁘게 오고 갈 때에도 어머니께서는 기꺼움보다도 아무 대답도 없이 속 아픈 눈물만 흘리셨답니다.

벌거숭이 어린 왕 나도 어머니의 눈물을 따라서 발버둥질치며 '으아!' 소리쳐 울더랍니다. 그날 밤도 이렇게 달 있는 밤인데요, 으스름 달이 무리 서고 뒷동산에 부엉이 울음 울던 밤인데요, 어머니께서는 구슬픈 옛이야기를 하시다가요, 일없이 한숨을 길게 쉬시며 웃으시는 듯한 얼굴을 얼른 숙이시더이다.

왕은 노상 버릇인 눈물이 나와서 그만 끝까지 섧게 울어 버렸소이다.울음의 뜻은 도무지 모르면서도요.어머니께서 조으실 때에는 왕만 혼자 울었소이다.어머니의 지우시는 눈물이 젖먹는 왕의 빰에 떨어질 때에면, 왕도 따라서 시름없이 울었소이다.

열한 살 먹던 해 정월 열나흗날 밤, 맨 잿더미로 그림자를 보려 갔을 때인데요, 명(命)이나 긴가 짧은가 보랴고. 왕의 동무 장난꾼 아이들이 심술스러웁게 놀리더이다. 모가지 없는 그림자라고요. 왕은 소리쳐 울었소이다. 어머니께서 들으시도록, 죽을까 겁이 나서요. 나무꾼의 산타령을 따라가다가 건너 산비탈로 지나가는 상두꾼의 구슬픈 노래를 처음 들었소이다.

그 길로 옹달 우물로 가자고 지름길로 들어서면은 찔레나무 가시덤불에서 처량히 우는 한 마리 파랑새를 보았소이다. 그래 철없는 어린 왕 나는 동무라 하고 쫓아가다가 돌부리에 걸리어 넘어져서 무릎을 비비며 울었소이다. 할머니 산소 앞에 꽃 심으러 가던 한식날 아침에, 어머니께서는 왕에게 하얀 옷을 입히시더이다.

그리고 귀밑머리를 단단히 땋아 주시며 "오늘부터는 아무쪼록 울지 말아라" 아아, 그 때부터 눈물의 왕은! 어머니 몰래 남 모르게 속 깊이 소리 없이 혼자 우는 그것이 버릇이 되었소이다. 누우런 떡갈나무 우거진 산길로 허물어진 봉화 둑 앞으로 쫓긴 이의 노래를 부르며 어슬렁거릴 때에 바위 밑에 돌부처는 모른 체하며 감중연하고 앉았더이다.

아아, 뒷동산 장군 바위에서 날마다 자고 가는 뜬구름은 얼마나 많이 왕의 눈물을 싣고 갔는지요. 나는 왕이로소이다. 어머니의 외아들, 나는 이렇게 왕이로소이다. 그러나 그러나 눈물의 왕! 이 세상 어느 곳에든지 설움이 있는 땅은 모두 왕의 나라로소이다.

위에서 보는바와 같이 이 시는 낭만적 독백의 전형으로써, 시적 화자(話者)는 왕임에도 불구하고 가난한 농군의 아들로서 눈물의 왕이라고 자신을 소개한다.
시적 화자는 비극의 주인공으로 설정하여 은근히 식민지 시대를 살아가는 비애의 감정을 노래하고자 한다.
이가 조국과 대한제국을 은유적으로 다루며 일제의 탄압으로 고통받는 왕의 어머니로부터 배운 것이 민족적 슬픔이라고 말하며 모가지 없는 그림자를 가진 눈물의 왕이라는 운명을 안고 살아가는 것을 표현한다.

성년이 된 후 왕이 다스리는 나라는 설움만이 가득한 땅이 되고 마음대로 울 자유마저 박탈당하는 수모를 겪으면서 나라는 어디든지 설움만 존재하는 곳으로 변해간다.

한편, 극단 활동으로는 시인은 1923년에 토월회(土月會)에 가담하여 문예부장을 맡은 것을 비롯하여 1927년 박진(朴珍), 이소연(李素然)과 함께 산유화회(山有花會)를 조직하였다.

또 1930년 홍해성(洪海星), 최승일(崔承一)과 함께 신흥극장을 조직하기도 하였다. 그는 자신이 손수 희곡 작품을 써서 직접 출연하는 등 연극 활동에 정열을 쏟기도 하였다.

1929년경부터 친구 박 진의 집에서 기거하는 등 한동안 방랑생활을 하다가 돌아와 자하문 밖 세검정 근처에서 한약방을 경영하기도 했다.

그 뒤 8·15광복을 맞아 근국청년단(槿國靑年團) 운동에 가담하였으나, 그 뜻을 펴지 못하고 1947년 48세의 나이로 지병인 폐환으로 사망하였다.

그의 시 세계는 감정의 과잉으로 표출되는 비애의 눈물과 허망함을 형상화한 초기의 사설적(辭說的)인 장시(長詩)와 민요의 율조를 바탕으로 하여 민족 관념을 노래한 민요시로 구분된다.

대표작 '나는 왕이로소이다', '봄은 가더이다', '해저문 나라에서' 등은 민요시를 대표하는 작품들이다.

따라서 시문학사적 위치로 볼 때 1920년대 초 낭만주의 운동의 선두에 섰던 그의 공적은 매우 크다고 할 수 있다.

특별히 '나는 왕이로소이다'에서 보인 어머니와 동심적 비애, 향토적 서정, 자전적 전기 등의 감상적 색채는 그의 시적 특징이라 할 수 있다. 그는 이러한 비애 의식을 민족적 차원으로 끌어올린 시인으로 평가되고 있다.

시인이 생존에는 작품집이 나오지 않았으며 1976년 유족들이 시와 산문을 모아 '나는 왕(王)이로소이다'를 간행하였다.

그가 1928년에 발표한 희곡 사설 '흰 젓'은 한국 근대 문학사에서 '역사극(歷史劇)'이라는 용어를 타이틀로 내세운 최초의 작품이다. 이 같은 이력에도 불구하고 '흰 젓'은 그간 연구사에서 외면된 텍스트나 다름없었다.

이는 홍사용에 관한 작가론 연구의 한 장면에서, 혹은 불교극 논의에서 단편적으로 거론되는 데 그쳤을 뿐이다.

이광수의 역사소설 '이차돈(異次頓)의 사(死)'와의 비교를 통해 '흰 젓'이 한국의 희곡사에서 자리하는 위치를 볼 때 '흰 젓'이 한국 근대 희곡사, 특히 1920년대 희곡사에서 차지하는 독보적 위상은 부정할 수 없는 사실이다.

역사극이라는 타이틀 당당히 내건 최초의 작품, 해당 시기까지 발표된 희곡 가운데 가장 압도적인 규모의 장막극, 사료에 대한 정확하고 풍부한 이해에 근거한 서사적 재현, 음악적 효과의 과감한 활용과 시적인 대사로 대표되는 다채로운 형식미학, 과거사에 대한 심층적 해석 등, 이 작품의 미덕은 실로 다채롭기까지 하다.

무엇보다도 '흰 젖'에 대한 가장 정확한 평가는 민족극으로서 역사극의 전범을 제시했다는 사실이다.

홍사용은 이차돈의 희생(犧牲)을 종교적 차원에 국한하지 않고 국가 안녕과 백성의 성숙을 위한 것으로 보았고, 또 그의 목에서 흰 젖이 나왔다는 사실도 새롭게 해석하였다.

그의 희생 결과인 흰 젖은 이차돈이 신인 어머니로부터 받아 백성을 먹이기 위해 흘린 것이다.

따라서 삼국유사(三國遺事)의 설화 기록이 희곡 작품으로 창작되면서 이차돈의 순교(殉敎)가 종교적 희생이 아니라 백성을 먹여 기르기 위한 희생으로 바뀐 것이다.

'흰 젖'은 텍스트의 성격을 규정짓는 타이틀로 '역사극'이라는 용어를 사용한 최초의 작품이다.

정확히 말해 그 타이틀은 '불교 역사극'이었는데, 해당 호 전체 목차에 등장한다.

타이틀이 말해주고 있듯이 종교극이자 역사극으로 명명된 이 작품은 국한문 혼용으로 쓰였다.

시인 조병화

시인 조병화

제30차 문학기행(안성시, 2024년 1월 27일)

　　1921년 5월 2일 안성시 양성면 난실리에서 태어난 시인 조병화의 문학적 업적을 기리고 안성시 지역 주민들에게 문학적 환경을 마련하기 위해 설립된 조병화 문학관과 편운재(片雲齋)는 시인의 고향마을인 난실리에 있으며 2003년 3월 8일 사망한 시인의 유해는 편운재 오른쪽으로 있는 가족묘에 나란히 안장되어 있다.

　　지난 1월 27일 토요일 애마(愛馬)를 달려 안성에 있는 조병화 시인의 문학관을 방문했다.

　　문학관 방문에 앞서, 가는 도중 공도읍에 있는 간장게장과 생선구이로 유명한 '어부의 밥상' 집에서 정갈한 갈치조림정식으로 점심을 했는데, 셀프로 제공되는 구수한 누룽지 숭늉과 맥심 커피로 깔끔한 마무리를 했다.

　　이어서 차를 달려 조병화 문학관에 도착했다.

　　지난주 화성의 홍사용 문학기행을 했을 때와는 일주일 상간에 날씨가 화사해서 봄이 저만치 벌써 와있는 느낌이었다.

　　여느 시골 마을 집 풍경과도 같이 나무들로 둘러싸인 한적한 문학관 입구 빈 곳에 차를 세우고 문학관 쪽으로 발길을 옮겨 조금 올라가니 편운재가 아담하게 자리하고 있으며, 그 바로 옆에는 시인의 시 '꿈의 귀향'이라는 시구(詩句)가 적혀있는 시비가 예쁘게 세워져 있다.

시비에는 "어머님 심부름으로 이 세상 나왔다가 이제 어머님 심부름 다 마치고 어머님께 돌아왔습니다"라는 글이 '꿈'이라는 부제와 함께 적혀 있다.

학예사의 말에 따르면, 이 시비는 편운문학상 당선자들이 세운 것으로 한동안은 천으로 덮여 있었다고 했다.

왜냐하면 조병화 시인은 어머니의 묘소가 있는 현재의 기념관 자리로 돌아왔는데, 생각을 해보니 단지 그곳으로 돌아왔다고 해서 어머니께 돌아간 것은 아니라고 생각이 되어 어머니께로 돌아간다는 것은 결국 죽어서 어머니 곁에 묻히는 것을 말하므로 그때까지 시비를 덮은 천을 열지 말라고 하셨다고 한다.

결국 시인의 사후, 49재가 되어서야 비로소 시비를 덮었던 천을 열었다고 말했다.

한편, 아내가 먼저 돌아가시고 5년 후에 시인도 돌아가셨다.

그래서 편운재 우측 옆으로 있는 묘에는 오른쪽부터 차례로 시인의 어머니, 아내 그리고 조병화 시인의 순으로 조성이 되어 있다. 우리는 문학관 기행을 마치고 학예사의 안내에 따라 묘소로 이동해서 시인의 묘소에서 예를 갖추었다.

편운재는 안성이 낳은 시인 조병화의 아호인 편운을 따서 편운이 기거하던 집이란 뜻으로 시인의 어머니인 진종 여사의 묘막(墓幕, 무덤 가까이에 묘지기가 사는 집)으로 지은 집이다.

출입문 옆 벽에는 조병화 시인이 일생 마음 깊이 새겼던 어머니의 말씀인 '살은 죽으면 썩는다'라는 글귀가 새겨져 있다.

시인 조병화가 시인이 되었던 것은 시골(안성)로 시집을 와서 자녀들을 제대로 키우려고 서울로 이사를 하여 열정과 지극정성으로 뒷바라지했던 맹자의 모친 같은 어머니의 공이 컸다고 한다.

생에 대한 무한한 성실성을 강조한 어머니의 이러한 말씀에 따라 조병화 시인은 편운재에서 고독과 싸우며 예술혼을 쏟아냈다. 계관시인 조병화가 '어머니', '남남' 등의 시집들과 100여 권의 저술 그리고 수많은 그림과 서예 작품 등을 창작하며 고독과 허무의 예술혼을 불태운 곳이 바로 편운재이다.

또한, 편운재는 조병화 시인의 벗과 친지들이 심신을 쉬면서 창작의 정신을 다듬은 곳으로, 시인과 동시대를 호흡하였던 당대의 문인과 예술가들의 향기가 남아있는 곳이다.

특히 조병화 시인이 교편을 잡았던 제물포고, 서울고, 경희대, 인하대의 제자들과 조태일, 허영자, 정호승, 신봉승 등 많은 후배 문인이 이곳 편운재를 찾아 시인과 함께 술잔을 나누었고 예술과 인생에 관해 이야기하며 많은 추억을 남겼다고 전해진다. 편운재에서 왼쪽으로 조금 가면 조병화문학관이 있다.

조병화문학관은 1990년 문화관광부에 의해 난실리 마을이 문화마을로 지정된 후 조병화 시인이 대지를 제공하고 국고의 지원을 받아 1993년 건축하였다. 대지 1,040㎡에 연건평 280㎡ 규모의 2층 건물이며, 1층에는 전시실이 2실, 2층에는 소전시실 2실과 세미나실을 갖추고 있다. 우리는 문학관 앞에서 인증 사진을 하고 안으로 들어섰다. 마침, 안에는 학예사가 근무하고 있었는데, 많이 연로(年老)하신 분이라서 조심스럽게 해설을 부탁드렸는데, 힘들어하시기 때문에 시인에 대해서 궁금한 점 몇 가지만 질문하고 그에 대한 설명을 간단히 들을 수가 있었다.

그런데, 갑자기 문학관 입장료를 내라고 해서 조금은 당황스러웠지만 입장료가 1인당 3천 원이라서 기꺼이 지불했지만, 그간 스물아홉 번 문학기행을 했는데 입장료를 지불하는 곳은 여기가 처음이었다.

제1전시실에는 기획 전시물과 그가 남긴 53권의 창작 시집,

수필집, 화집 등 160여 권의 서적이 전시되어 있다.

 이와 함께 시인이 즐겨 쓰던 베레모, 입에 물었던 파이프, 글을 쓰고 그림을 그렸던 펜, 많은 여행에서 모은 소품들을 관람할 수 있다.
 전시품 코너에는 시인의 흉상이 세워져 있는데, 머리에는 월계관이 씌여 있어서 그 이유를 학예사한테 물으니, 1991년 미국 캘리포니아주에서 개최된 세계시인 대회에서 월계관을 받았기 때문에 이후 계관시인이란 호칭이 붙은 것이며, 흉상을 조각한 조각가가 시인의 머리 위에 월계관을 씌워 놓은 것이라고 했다. 그래서 나는 학예사한테 손기정 선수가 1936년 베를린올림픽 마라톤에서 세계신기록으로 우승하여 시상식에서 금메달과 머리에 월계관이 씌워졌던 일을 상기시켜 주었다.
 계관시인이란 영국 왕실이 영국의 가장 명예로운 시인에게 내리는 칭호이며, 고대 그리스에서 훌륭한 시인이나 영웅에게 월계관을 씌워 주었던 데에서 유래했다.

계관시인의 대표적인 인물은 내가 좋아하는 영국의 William Wordsworth다. 그의 시중에서 '무지개'는 아직도 외우고 있다.

"하늘의 무지개를 보면 내 가슴은 뛰노라/My heart leaps up when I behold the rainbow in the sky".

제2전시실에서는 그의 럭비 관련 유물과 학창 시절 성적표, 그가 위안으로 그렸던 그림을 비롯하여 화려했던 그의 생애를 엿볼 수 있는 대한민국 금관문화훈장 등 상패와 기념패, 명예박사 학위증이 있다.

제3전시실에는 조 시인을 추모하는 문인들의 시화와 방명록이 전시되어 있다. 문학관에는 편운재와 청와헌이 있는데, 편운재는 1962년 조병화 시인의 어머니 진종 여사께서 별세하자 그 이듬해인 1963년에 어머니의 묘소 옆에 세운 작은 서실이다. 편운재 안에는 생전에 작업실로 썼던 혜화동 서재를 원형 그대로 옮겨와 보존하고 있다. 청와헌은 1986년 조병화 시인이 인하대학교 대학원장으로, 정년으로 퇴임하고, 공사를 시작해서 이듬해 완공해서 입주한 시골집으로, 들판가의 집이어서 '개구리 소리를 듣는다.'하여 청와헌이라 이름한 곳이다.

시인의 장남인 조진형 관장은 "편운재 예술혼展을 찾는 관람객들이 조병화 시인의 깊은 효심과 순수 고독, 순수 허무의 예술혼을 느끼고, 이를 통해 편운재를 방문했던 수많은 문인과 예술가들이 그러했듯이 따뜻한 위로와 문학적인 영감을 받아 가길 바란다"고 밝힌 바 있다.

문학관에는 시인이 글을 쓰다 잠시 자리를 비운 것 같은 집필실, 그의 손때가 묻은 붓과 이젤 등의 화구와 그림들이 전시된 화실, 파이프와 도장 등의 유품들과 시인의 저서와 그림들, 편운재를 방문한 문인들의 방명록과 사진 등 유물 수백여 점이 전시되어 있다.

두보의 시 강한(江漢)에 보면, 편운(片雲)이라는 글귀가 나오는데 그 시는 아래와 같다

강한(江漢) - 두보(杜甫)

江漢思歸客(강한사귀객) : 무한(武漢)의 나그네
長江 漢水(장강 한수) : 물가에서 고향 그리는 나그네
乾坤一腐儒(건곤일부유) : 천지간에 헛되이 썩고 있는 이사람
片雲天共遠(편운천공원) : 조각구름처럼 하늘 멀리 떠도니
永夜月同孤(영야월동고) : 긴긴밤 혼자 떠 있는 달처럼 고독하네.
落日心猶壯(낙일심유장) : 아름답게 지는 해를 보고 이 마음도 새롭고
秋風病欲蘇(추풍병욕소) : 가을바람에 병든 몸도 소생하는 기분이네.
古來存老馬(고래존노마) : 옛날부터 전해지는 늙은 말의 (古事(고사)를 보면
不必取長途(불필취장도) : 꼭 먼 길 가는데 쓰려는 것만은 아니지 않은가?

그랬다, 편운재(片雲齋)란 곧 조각구름이 떠 있는 곳, 푸른 하늘에 돛을 달지 않은 조각배 하나가 떠 있는 곳, 바로 그곳이 편운재일 것이다

아호가 편운(片雲)인 조병화 시인은 인간의 존재와 고독을 주제로 한, 말하듯 자연스러운 시를 많이 썼다.

1938년 경성사범학교 졸업에 이어, 1945년 일본 도쿄고등사범학교 이과에 입학하여 물리와 화학을 전공했으며, 1945년 6월에 귀국하여 경성사범학교(1945~46), 나의 모교인 제물포고등학교(1947~48)와 서울고(1948~55)에서 교편을 잡았었다.

한편, 1955년 중앙대와 이화여대 강사를 거쳐, 1959년부터 1980년까지 경희대 국문과 교수로 재직했다.

그 후 인하대로 옮겨 1981년 인하대학교 문과대학장으로 취임한 이후 부총장, 대학원장을 역임했다.

시인의 문학세계를 살펴보면, 28세 때인 1949년 첫 시집 『버리고 싶은 유산』으로 등단한 이후 30여 권이 넘는 시집을 펴낸 것을 시작으로 우리나라 최고의 다작(多作) 문인으로도 정평이 나 있다. 작품의 발표 시기와 성격에 따라, 『버리고 싶은 유산』에서 제8 시집 『기다리며 사는 사람들』(1959)까지의 인간의 외로움과 사랑 등의 정서를 꾸밈없이 읊었던 시기인 제1기, 『밤의 이야기』(1961)부터 제17 시집 『내 고향 먼 곳에』(1969) 까지, 청춘적 고뇌와 감정의 충일로부터 인생의 성찰을 표현한 시를 발표한 제2기, 『오산 인터체인지』(1971)에서 오늘에 이르기까지 이전까지의 내적 방황과 여행을 정리하고 삶과 죽음, 존재와 부재의 동일성

에 대한 각성을 드러내 보인 제3기로 구분할 수 있다.

시인의 다작 비결은 시 세계에서 찾아볼 수가 있듯이 삶과 죽음 그리고 인생의 본질에 대한 광범위한 문제를 쉬운 일상의 언어로 표현함으로써 많은 독자들과 솔직한 대화를 이루어왔다는 데에 있다.

그의 시는 현대시들이 난해하고 잘 안 팔린다는 통념을 무너뜨린 희소가치가 있는 통속적 애상의 정서라는 비판도 받기는 하나, 내면세계를 평이한 시어로 표현한 점은 긍정적으로 평가받고 있다. 그 밖의 시집으로 『사랑이 가기 전에』(1955), 『공존의 이유(1963)』, 『남남(1975)』, 『딸의 파이프』(1978), 『다시 갈 수 없는 세월』(1992) 등이 있다.

의자/조병화 (1921~2003)

지금 어드메쯤
아침을 몰고 오는 분이 계시옵니다.
그분을 위하여
묵은 의자를 비워 드리지요.

지금 어드메쯤
아침을 몰고 오는 어린 분이 계시옵니다.
그분을 위하여
묵은 의자를 비워 드리겠어요.

먼 옛날 어느 분이
내게 물려주듯이

지금 어드메쯤
아침을 몰고 오는 어린 분이 계시옵니다.
그분을 위하여
묵은 의자를 비워 드리겠습니다

위의 시는 고등학교 때 국어 교과서에 실려 있었는데 제목과 시어(詩語)가 재미있어 외우던 기억이 있다.
시인 조병화가 남긴 피란 시절의 수도였던 부산에서의 문학 추억은 남다르다.
건축가 김중업이 파리 유학 시절 친구 조병화에게 보낸 우편엽서가 43년 만에 배달된 사연이 잘 말해 주고 있다.
김중업이 조병화에게 보냈던 엽서는 파리의 시내 어느 빨간 우체통에 넣었으나 우체통 모서리에 꽂혀 있어서 우체부가 제대로 수거하지 못한 채로 남아 있다가 43년 만에 발견돼 부산으로 보내진 것으로 추측된다고 했다. 즉, 대한민국 1세대 건축가이며 20세기 한국 현대건축을 대표하는 인물로 평가받는 김중업 씨가 사십삼 년 전, 그러니까 1952년 프랑스 파리에서 조병화 시인한테 보낸 엽서가 '부산일보'에 도착해서 이 사실이 알려지게 된 것이다. 시인은 부산으로 피란을 가서 송도에 자리 잡고, 김중업 씨의 청을 들어서 송도에 있는 보리밭을 사서 바다가 내려다보이는 언덕에 집을 지었다는 것인데 그것이 김중업 씨의 첫 번째 작품이다.

그 후 김중업 씨는 큰 뜻을 가지고 프랑스 파리로 유학하러 갔는데 그곳에서 이 엽서를 보냈다는 것이다. 시인은 이 집에서 작품을 써서 1952년 7월에 제3 시집 『패각의 침실(貝殼의 寢室)』을 출판했는데 시인은 멋을 내느라고 'The House of Shell'이라는 문패까지 달고 박종화, 모윤숙, 이헌구, 김광주, 이해랑, 한노단, 이인범, 김환기, 김중업 이런 분들을 초대하여 집들이했다고 전해진다.

시인 조병화가 시작(詩作)의 산실(産室)로 삼았던 『패각의 침실』은 지금은 흔적을 찾을 수가 없다. 아마 추측건대 편운(片雲, 조각구름: 조병화의 호)의 부인이자 의사인 김준 여사가 운영하던 '송도의원' 건물이 아니었을까 하는 생각이 든다.

한편, "인천 인물 100인"에 따르면, 해방 직후 제물포고등학교 전신인 인천중학교(6년제)에서 교사로 근무했으며 국내에서 가장 많은 시집을 내며 다작 문인으로 평가받는 조병화 시인이긴 하지만, 과연 그가 인천을 대표할 만한 "인천 인물"이라고 하면 고개를 갸우뚱하는 사람이 많다.

왜냐하면 그가 인천에서 활동한 내용이 일반에게 잘 소개돼 있지 않기 때문이다.

시인 조병화는 인천이 고향이 아니지만 분명 나의 고향인 "인천 인물"임에는 틀림없다.

내가 다녔던 제물포고에서 교사를 지냈었고, 전쟁 통에도 인천문화단체총연합회를 이끌기도 했으며, 1980년대엔 인하대 교수로 재직하기도 했다.

제고교사 시절 부인 김 준 씨와 살던 중구 전동의 2층 일본식 건물(당시엔 김 준 산부인과 병원)은 1980년대 중반에 불이 나는 바람에 지금은 콘크리트 2층건물로 변해 60여 년 전의 시인의 자취를 흐릿하게 전하고 있을 뿐이다.

학창 시절 유난히 운동을 좋아해 유명한 럭비선수이기도 했던 그는 인천중학교에 부임하자마자 럭비부를 창설하는 의욕을 보였다. 수학을 가르치면서 시를 쓰고, 럭비부까지 창단한 것이다.

인천학생 럭비의 주춧돌을 시인 조병화가 놓은 것이라 할 수가 있다.

아무튼 시인은 그런저런 여러 가지 이유로 우리나라 문단에서는 그리 환영을 받지 못했고 한다.

왜냐하면 대부분 시인들이 경제적으로 여유가 없는 삶을 사는 데 반해 시인은 의사인 아내로 인해서 경제적으로 여유가 있어서 세계를 일주하다시피 여행을 다녔다.

따라서 그는 여러 면에서 질시의 대상이 될 수밖에 없었다.

그런데도 그는 타인들의 시선에 일희일비하지 않고 자신만의 길을 당당히 걸었다.

   그는 살아생전에 자신의 문학관을 건립했으며, 본인의 이름을 딴 문학상까지 제정했다.

   또한 시비를 가장 많이 세운 시인이기도 했다.

   이렇듯 다른 사람들의 평판에 신경을 쓰지 않고 당당한 자신의 삶을 살았다는 사실이 이번 그의 문학관을 탐방하면서 대단하다고 느껴졌으며 문학관에 전시된 수많은 시집을 보면서 시인의 문학에 대한 열정에 다시 한번 탄복하게 되었다.

시인 김춘수

시인 김춘수

제31차 문학기행(경남 통영시, 2024년 2월 29일)

　지난 2월 29일 덤으로 하루를 더 받은 올해 2월의 마지막 날, 우리 5남매는 문학기행을 겸한 봄맞이 남도 여행을 또다시 다녀왔다. 인천과 청주에서 출발한 차량 2대는 대전통영간고속도로 금산인삼 휴게소에서 합류하여 통영에 도착해 여객선 터미널에서 한산섬으로 들어가 충무공 이순신 장군의 유적지인 제승당(制勝堂, 승리를 만드는 건물)과 수루(水樓, 적군의 동정을 살피기 위하여 성 위에 지은 망루)을 둘러보았다.
　나는 지난 2013년 2월 26일에 이곳 통영 여행을 하면서 여기 한산섬에 와 본 적이 있어 안내는 내가 맡아서 했다.
　세월이 빠르긴 빠르기도 하다. 제승당으로 가는 길에 있는 동백꽃을 보면서 시기적으로도 비슷한 어느새 11년이 지나쳐버린 그때의 기억들이 생생히 떠올랐다.
　한산섬에서 나온 우리 일행은 봄을 재촉하는 비가 간간이 내리고 있는 가운데 곧바로 통영 이야기길 2코스에 자리 잡고 있는 김춘수 유품 전시관으로 향했다.
　이 전시관은 통영을 찾는 사람들이라면 한 번쯤은 발걸음할 수 있는 곳이다.

강구안이 한눈에 보이는 곳에 있으며 한려수도의 빼어난 경관이 한눈에 들어오는 곳이기도 하다.

그러한 멋진 곳에서 시인은 삶에 지친 사람들에게, 사랑을 잃고 외로운 사람들에게 매우 다정한 음성으로 "너의 이름"을 불러 주는 사람으로 남아 있는 것이다.

그렇게 2008년에 개관된 전시관 입구에는 익살스러운 표정을 새겨놓은 예쁜 나무 안내판이 세워져 있다.

전시관 안에는 여러 관광객이 와 있었으며 전시관 벽면에는 시인의 대표 시인 '꽃'의 한 구절이 걸려 있다.

꽃의 시인이라고 불리는 김춘수 시인의 육필 원고와 사진 그리고 생전에 사용하던 가구 및 옷과 구두, 각종 문구류 등의 유품이 전시되어 있다.

2층에는 김춘수 선생의 유품과 함께 김춘수의 대표 시를 성우의 목소리로 감상할 수 있는 공간도 마련되어 있다.

이곳은 전시관이 세워지기 전에 유족들의 동의를 얻어 유품을 전시해 둔 장소이기도 하다.

그중 특이한 것은 시인이 기거한 거실과 침실을 고스란히 옮겨 놓았다. 우리는 안내 직원에게 문학기행을 하는 중이라고 하며 사진을 부탁해 인증 사진을 찍었다.

시인은 1922년 11월 25일 경남 통영군 통영면 서정(현, 통영시 동호동)에서 태어났다. 경기고등학교를 졸업하고 1941년 일본으로 건너가 니혼대학 예술학부에서 공부했으나, 1942년에 천황과 조선총독부를 비판하여 1943년에 퇴학당했다.

그 후, 1946년에 귀국하여 결혼 후에 마산 처가에서 살다가 아내와 갓 낳은 딸을 데리고 고향인 통영으로 옮겨 갔다.

통영에서 청마 유치환을 만나서 시에 대한 습작을 다시 시작하고 자신만의 시를 쓰기 시작한다. 그해에 시 '애가'를 발표하면서 등단했으며 이때부터 그는 시를 본격적으로 발표하기 시작했다. 한편, 1951년까지는 통영중학교, 마산고등학교에서 교사를 역임하기도 했다. 그의 초창기의 시들은 실존주의 시인인 릴케의 영향을 많이 받았다고 전해진다.

1950년대 전후 많은 시인이 참혹한 시대 현실을 직시한 시들을 발표한 것과 다르게 존재에 대한 인식론 등을 중심으로 시를 썼다. 자신의 시가 관념에 사로잡혀 점점 난해해지는 것을 지양하기 위해 사물에서 존재 관념을 제거하고 사물이 있는 그대로 보여 주는 "무의미 시"를 썼으며, "언어 해체의 시"까지 변화 발전시킨다. 1961년 경북대학교 국어국문학과 전임강사를 맡은 것을 시작으로 교단에 들어선 그는 1964년부터 1978년까지 경북대학교 국어국문학과 교수로 재직했고, 1979년부터 1981년까지 영남대학교 국어국문학과 교수로 재직하며 영남대학교의 문리대 학장을 지내다가 1981년 제11대 국회의원 선거에 전국구 의원으로 당선되어 정계로 들어오며 교수직을 내려놓았다.

이후 정계에서 은퇴한 뒤에는 시인과 평론가로서 활동했다. 1948년 첫 시집인 『구름과 장미』 출간을 시작으로 시 '산악(山嶽)', '사(蛇)', '기(旗)', '모나리자에게', '꽃', '꽃을 위한 서시' 등을 발표하였다. 꽃이라는 시는 시인의 대표적인 시라고 해도 과언이 아닐 정도로 학창 시절에 늘 외우듯이 읊조리던 시이다.

꽃

내가 그의 이름을 불러 주기 전에는
그는 다만
하나의 몸짓에 지나지 않았다.

내가 그의 이름을 불러 주었을 때
그는 나에게로 와서
꽃이 되었다.

내가 그의 이름을 불러 준 것처럼
나의 이 빛깔과 향기에 알맞은
누가 나의 이름을 불러다오
그에게로 가서 나도
그의 꽃이 되고 싶다.

우리들은 모두
무엇이 되고 싶다.
너는 나에게 나는 너에게
잊혀지지 않는 하나의 의미가 되고 싶다.

　김춘수 시인의 시 '꽃'은 읽을 때마다 참 멋진 시라는 생각을 하곤 합니다. 존재의 의미성을 '꽃'이라는 사물을 통해 보여주는 이 시는, 인간관계에 있어 내 존재를 알리고, 상대의 존재를 인식하는 것이 얼마나 중요한 것인지에 대해 잘 알게 합니다. 이를 잘 알게 하는 것이 '내가 그의 이름을 불러 주기 전에는, 그는 다만 하나의 몸짓에 지나지 않았다', 하지만 '내가 그의 이름을 불러주었을 때 그는 나에게로 와서 꽃이 되었다'는 표현입니다. 이름을 불러 주기 전에는 하나의 몸짓에 불과하지만, 이름을 불러 주었을 땐 내게로 와서 '꽃'이 되었다는 것은 '존재'로서 실체가 되는 것이지요. 그리고 시인은 누군가가 자신의 이름을 불러 주길 갈망하고 자신도 그에게로 가서 꽃이 되고 싶어 하지요.
　나아가 시인은 우리는 모두 무엇이 되고 싶어 하고 '너는 나에게 나는 너에게 잊히지 않는 하나의 의미가 되고 싶다'고 말합니다. 그렇습니다. 우리는 서로가 서로에게 삶의 존재가 되고, 의미가 되어야 합니다.
　그것이 막히게 되면 자신의 존재도 모두 이러한 존재도 가치를 상실하게 됨으로써 의미 또한 상실하게 되지요.
　그런 까닭에 시인의 말처럼 너는 나에게 나는 너에게, 또한 우리는 모두 잊히지 않는 의미가 되어야 하는 것입니다.

위의 내용은 시, 소설, 동화 등 다양한 분야에서 활발한 집필 활동을 하는 시인이자 소설가이며 에세이스트인 김옥림 시인의 '위로와 평안의 시'에서 김춘수 시인의 꽃에 대해서 평한 내용이다. 다른 시집으로는 『늪』, 『부다페스트에서의 소녀의 죽음』, 『타령조 기타』, 『처용(處容)』, 『남천』, 『비에 젖은 달』 등이 있다. 1958년에 한국시인협회상 그리고 1959년에는 아시아 자유문학상을 받았다. 한편, 흑역사도 있는데, 1981년 민주정의당 소속으로 11대 전국구(현, 비례대표) 국회의원으로 활동하면서 방송심의 위원장을 역임하는 등, 대한민국 제5공화국에 대한 친군부 행위를 했었다. 문학에 등단한 이후 그는 시에 정치적 견해나 현실을 잘 드러내지 않았으며, 허무주의에 기반을 둔 인간의 실존과 존재를 노래했던 시인으로서는 극히 실망스러운 행보였다.

이러한 친군부 행위는 '꽃' 등으로 단순히 김춘수를 서정시인 및 순수 시인으로만 알고 있는 일반 대중들에게는 잘 알려지지 않은 사실이다(현재 고등학교 문학 시간에도 이러한 친군부에 대한 행적을 언급하는 교사들도 있기는 있다고 한다).

다만, 김춘수 본인은 이 시기를 두고, "한 마디로 100% 타의에 의한 것이었다. 처량한 몰골로 외톨이가 되어, 앉은 것도 선 것도 아닌 엉거주춤한 자세로 어쩔 줄 모르고 보낸 세월"이라 회고하면서 진심 어린 사과했다고 전해진다.

시인은 아내와 사별한 뒤 딸의 집과 지척인 분당의 아파트에 홀로 기거하다 2004년 8월 어느 날 무척 좋아하던 갈치찌개를 먹다가 가시가 목에 걸려 2004년 8월 기도 폐쇄증으로 쓰러져 호흡곤란으로 인한 뇌에 손상을 입어 분당서울대병원에 입원했지만, 그해 11월 29일에 82세의 나이로 별세했다.

이는 마치 그가 시인의 스승이자 롤모델로 삼았던 라이너 마리아 릴케가 장미 가시에 찔려 죽었는데, 시인 역시 생선 가시에 찔려 죽음에 이른 것이다. 시로써 시대를 호령하고 수많은 제자를 길러낸 한국 문학계에 큰 족적을 남긴 시인의 말로치고는 조금 서글픈 이야기가 아닐 수 없다.

시인의 대표작으로는 '꽃', '꽃을 위한 서시', '부다페스트에서의 소녀의 죽음', '강우', '능금' 그리고 아래에서처럼 '샤갈의 마을에 내리는 눈'이 있다.

샤갈의 마을에 내리는 눈

샤갈의 마을에는 3월(三月)에 눈이 온다.
봄을 바라고 섰는 사나이의 관자놀이에
새로 돋은 정맥(靜脈)이
바르르 떤다.
바르르 떠는 사나이의 관자놀이에
새로 돋은 정맥(靜脈)을 어루만지며
눈은 수천수만의 날개를 달고
하늘에서 내려와 샤갈의 마을의
지붕과 굴뚝을 덮는다.
3월에 눈이 오면
샤갈의 마을의 쥐똥만 한 겨울 열매들은
다시 올리브 빛으로 물이 들고

밤에 아낙들은
그해의 제일 아름다운 불을
아궁이에 지핀다.

이 시는 샤갈의 그림인 "나와 마을"을 감상하고 마음속에 떠오르는 심상들을 감각적인 언어로 표현한 1969년에 발표한 작품이다. 주제는 봄의 맑고 순수한 생명감이다. 현재형 시제를 사용하여 봄의 생명력을 생동감 있게 표현하였으며 의미 전달과 무관하게 서술적 의미로만 연결했다는 특징이 있다.

중학교 국어 교과서에 수록된 시 '꽃'과 2004년 대학수학능력시험 언어영역 문학 파트 중 시 지문에 '내가 만난 이중섭'이 수록되어서, 학생들이라면 모를 수가 없는 시인이다.

'꽃'이라는 시 자체도 연시(戀詩)처럼 보일 정도로 간결하면서도 서정적이라 일반인들에게도 친숙하다.

하지만 이러한 이미지와는 다르게 김춘수의 시풍은 사물의 본질과 인간의 실존, 존재의 세계 등을 끊임없이 탐구하고 있다.

경북대학교 정문과 학생 주차장 사이에 조성된 KNU 센트럴파크에 그의 대표작인 '꽃'이 새겨진 시비가 있다.

시인은 서울 강동구 명일동에서 오랫동안 거주했는데, 그의 시 중 '명일동 천사의 시'와 '거울 속의 천사' 등 생전에 거주했던 명일동을 배경으로 쓴 작품도 있다.

이런 이유에서인지는 몰라도 2012년에 강동구청에서는 원터근린공원 한편에 김춘수 시인을 기리는 의미로 기념 판을 세웠다. 시인은 타계하기 직전이던 2004년 11월 11일에는 제19회

소월시문학상 특별상으로 받은 상금 300만 원을 불우이웃돕기 성금으로 내놓기도 했다고 한다.

또한 2019학년도 대학 수학능력시험에 김춘수의 시 '샤갈의 마을에 내리는 눈'이 출제되기도 했으며, 2011학년도 6월 대학수능 모의평가와 2018학년도 수능 특강과 2023학년도 수능 완성에는 김춘수의 시 '강우'가 출제되었다.

그리고 2024학년도 수능 특강에는 김춘수의 시 '능금'이 출제되었다. 같은 통영을 사랑했던 시인 백석에 관한 내용이 담긴 시가 하나 있다.

바로 명정리(明井里)라는 시다.

명정리(明井里)

아르투르 랭보는 우물가에서
성인 예수를 보았다.
눈이 작고
새처럼 가는 다리는 하고 있었다.
나는 우물가에서
쌍꺼풀진 크고 슬픈 눈을 한
시인 백석의 그렇고 그런 그 다소곳한
여인을 보았다.
거기가 명정리
맑은 우물이 있는 마을,
우물가 넓은 빨래터에

어느 날 해질녘
뇌조(雷鳥)라는 희귀한 새가
날아와 앉는 것을 나는 또 보았다.

명정리 빨래터 모습

  통영 명정(統營明井)은 두 개의 샘으로 이루어져 있는데 위에 있는 "부부 같은 두 개 우물"은 "일정(日井)"이라 하며 이순신 장군의 제사를 지낼 때 제숫물로 사용하고, 이곳 마을 사람들이 집에서 쓸 물을 긷는 식수용 우물이라고 한다. 한편, 아래쪽에 있는 크고 긴 우물은 "월정(月井)"인데 이것은 마을 사람들이 빨래하는 공동 우물이었다고 한다.

  그래서 예부터 물이 귀했던 통영 지역 주민들의 생활공간은 물론 삶의 애환이 고스란히 배어있다.

  통영 출신 박경리 선생의 소설 '김약국의 딸들'에 이어 일제 강점기 통영에서 잠시 머문 백석 시인의 '통영' 문학작품에도 그 배경이 됐다.

우리 일행은 동양의 나폴리라 불리는 아름다운 항구도시 통영 앞바다가 내려다보이는 한산호텔에서 그다음 날 이어질 거제, 사천, 진주 여행을 기대하며 잠을 청해본다.

시인 박재삼

시인 박재삼

제32차 문학기행(사천시, 2024년 3월 1일)

　어제의 통영 김춘수 시인 유품 전시관에서의 문학기행에 이어서 오늘은 거제도 장목면에 있는 전 김영삼 대통령 기록전시관과 생가를 방문하고 부근에 있는 "점순이네 밥상" 집에서 그 고장의 명물인 멸치 쌈밥 정식으로 근사한 점심을 먹었다.
　하지만, 그 유명하다는 멸치회는 제철이 아니라고 해서 맛을 못 보고 돌아선 것이 못내 아쉽다.
　우리는 곧장 사천시가 배출한 박재삼 시인 문학관이 있는 노산공원으로 향했다.
　문학관은 경남 사천시 박재삼길 27, 즉 삼천포항을 끼고 언덕에 있는 노산공원 안에 있으며 주차장에서 내려서 언덕길을 돌아서 올라가다 보면 시인의 시, 천년의 바람 중에서 일부가 새겨져 있는 시비를 만날 수가 있으며 시비를 지나 조금 더 가다 보면 3층으로 된 아담한 하얀 건물이다.
　문학관 입구에는 의자에 앉아 있는 시인의 동상도 있어서 함께 사진도 찍을 수 있는 훌륭한 포토 존 역할을 한다.
　이렇듯 박재삼 문학관은 서정시인으로 손꼽히는 박재삼의 시 세계와 문단의 평가 등에 대한 정보를 만날 수 있는 곳이다.

　또한 시인의 연보, 시를 시작하게 된 동기와 소박하고 정 많은 시인의 성품과 다양한 인간관계 등의 생활상을 통해 인간 박재삼을 만날 볼 수 있는 공간이기도 하다. 우리는 1층에 있는 전시관을 관람하고, 2층에서는 시인의 유물과 책들을 둘러보았고 3층으로 올라가게 되면 시민들이 탁 트인 삼천포항과 바다를 보며 책을 읽고 시를 쓸 수 있는 공간과 시인의 작품을 감상할 수 있도록 잘 마련되어 있다. 박재삼과 시의 세계를 동영상으로 보여주고 해설도 해 주는 이 공간은 시를 좋아하는 시민들의 모임 장소로도 활용되고 매년 열리는 박재삼 문학상의 수상작들이 전시되고 있으며 방문객에게도 읽고 싶거나 원하는 책을 선물로 주기도 한다고 했다. 관람 후 우리는 1층으로 내려와 함께 인증사진을 찍었다.

　시인은 1933년 4월 10일 일본 도쿄에서 출생하여 3살 때, 어머니의 고향인 경남 삼천포시 서금동 72번지로 이주하여 성장을 했다. 박재삼 시인의 아버지는 지게 노동으로, 어머니는 생선 행상으로 가족을 부양하였다고 한다.

이처럼 1946년 수남초등학교를 졸업한 시인은 3천 원이 없어 신설 삼천포중학교에 진학하지 못하고 신문 배달을 하던 중 삼천포여자중학교의 가사 담당 여선생의 도움으로 그 학교 잔심부름꾼으로 들어갔고, 그때 교장선생님의 도움으로 이듬해인 1947년 삼천포 중학 병설 야간 중학교에 입학하여 낮에는 여중에서 잔심부름꾼으로 일하고 밤에는 수업을 들었다.

1948년 교내 신문 "삼중(三中)" 창간호에 동요 '강아지', 시조 '해인사'를 발표했다. 1949년에는 경영 부진으로 야간 중학교가 폐쇄되어 주간 중학교로 흡수되었는데 이때 야간 중학교에서 전교 수석을 한 덕택에 학비를 면제받고 주간 중학교 학생이 되었다. 삼천포여자중학교에서 교편을 잡던 시조 시인 김상옥에게 시를 배웠다고 한다. 그는 제1회 영남 예술제(개천 예술제) '한글 시 백일장'에서 시조 '촉석루'로 차상으로 입상했다.

그리고 1950년에는 김재섭, 김동일과 함께 동인지『군상』을 펴냈다. 1951년 4년제 중학 졸업 후, 삼천포고등학교 2학년에 편입학하였다.

1953년 삼천포고등학교를 수석 졸업(제1회)한 후, 피난지 부산 동광동에서 학교 시절 교장이었던 정헌주(鄭憲住) 선생의 집에서 식객 노릇을 했다고 한다. 1954년 은사 김상옥의 소개로 현대문학사에 취직, 1955년 고려대학교 문리과대학 문학부에 입학했다. 1953년에 시 '강물에서'가 시인 모윤숙에 의해『문예』지에 추천되고, 1955년 시 '정적(靜寂)'이 시인 서정주에 의해『현대문학』에 추천되었으며, 같은 해 시조 '섭리(攝理)'가 시인 유치환에 의해 "현대문학"에 추천되어 문단에 데뷔했다.

그해에 "현대문학" 창간과 함께 편집사원으로 입사했다. 1957년에는 '현대문학' 신인상을 받았으며 그해 대학을 중퇴했다. 1958년 육군에 입대하여 1년 6개월 복무하고 예비역으로 편입되었다.

1961년에는 구자운, 박성룡, 박희진, 성찬경 등과 함께 '1960년대 사화집(詞華集)' 동인으로 참여했다.

1962년 김정립 여사와 결혼해 하숙하던 서울 종로구 누상동 166의 20번지에서 신접살림을 차리고, 그해 1962년에는 첫 번째 시집인 '춘향이 마음'을 출간했다.

1963년 『문학춘추』 창간에 참여하여 1년 동안 근무하였으며 이어서 1965년 '대한일보' 기자로 입사하여 3년간 근무하다 35세이던 1967년 고혈압으로 쓰러져 6개월가량 입원도 했었다.

한동안 반신불수, 언어 마비로 고생하다 그 후 대한일보에서 퇴사했다가, 1969년 삼성출판사에 입사하였고 서울 동대문구 답십리동 11-83번지에 처음으로 집을 마련할 때쯤 다시 고혈압으로 쓰러졌다. 1970년에 두 번째 시집인 『햇빛 속에서』를 펴내고 이때부터 서울신문, 대한일보, 국제신보 등에 바둑 관전기를 쓰기도 했다.

이후에도 끊임없이 글을 쓰고 발표하며 타계할 때까지 시집으로는 15권, 시조집으로는 1권, 수필집 10권, 시선집 13권을 펴냈다.

이렇듯, 김소월 이후, 한국 서정시의 전통적 음색을 재현한 독보적인 시인으로 소박한 일상생활과 자연에서 소재를 찾아 섬세하고도 애련한 가락을 노래했다. 1986년부터 1987년까지는 공연윤리위원회 가요 음반 심의위원을 1987년 12월 통일민주당 문화예술정책 자문위원을 1993년 7월 한겨레문학 초대 편집위원 그리고 1994년 3월 한국시인협회 기획위원장을 역임한 바 있다.

그러나 시인은 1997년 6월 8일 지병인 고혈압 및 만성신부전증으로 향년 64세로 타계했다.

그의 장례는 한국시인협회장으로 치러졌으며, 말년의 투병 당시 박재삼 시인 돕기 운동이 벌어져 문단과 삼천포 지역 주민들을 중심으로 모금하여 서울 중랑구 묵동의 박재삼 시인 집으로 성금 전달되기도 하였다. 시인은 슬하에 1녀 2남을 두었다.

학력으로는 고려대학교 문리과대학 문학부 (중퇴), 삼천포고등학교, 삼천포중학교, 삼천포초등학교 출신이다.

삼천포고 재학 시절에는 제1회 개천 예술제에서 차상을 받으며 재능을 인정받았다. 참고로 이때 장원을 차지한 사람은 바로 이형기 시인이었다. 시인은 제2회 현대문학 신인상, 한국시인협회상, 노산 문학상, 한국문학 작가상, 인촌상 등을 수상했다.

1962년 첫 시집 『춘향이 마음』을 간행한 이래 시집 『햇빛 속에서』(1970), 『천년의 바람』(1975), 『어린 것들 옆에서』(1976), 『추억에서』(1983), 『아득하면 되리라』(1984), 『내 사랑은』(1985), 『대관령 근처』(1985), 『찬란한 미지수』(1986), 『바다 위 별들이 하는 짓』(1987), 『박재삼 시집』(1987), 『사랑이여』(1987), 『울음이 타는 가을 강』(1987), 『다시 그리움으로』(1996), 『사랑하는 사람을 남기고』(1997) 등 다수의 시집과 시선집을 간행하였다.

수필집으로는 『울밑에 선 봉선화』(1986), 『아름다운 삶의 무님』(1987), 『슬픔과 허무의 그 바다』(1989) 등이 있다.

그의 시 세계는 시 '춘향이 마음'(1956)과 '울음이 타는 가을강'(1959) 등으로 대표된다. 그는 "누님의 치맛살 곁에 앉아/누님의 슬픔을 나누지 못하는 심심한 때는/골목을 빠져 나와 바닷가에 서자"(밤바다에서, 1연)에서 보는 바와 같이, 슬픔이라는 삶의 근원적인 정서에 한국적 정한의 세계를 절제된 가락으로 실어, 그 속에서 삶의 예지와 감동을 전해주고 있다.

그의 시에 있어서 자연이란, 삶의 이치를 완벽하게 구현하고 있음으로써 영원하고 지순한 아름다움을 보여주는 세계이다. 그는 그 자연에 의지하여 위로와 지혜를 얻지만, 때로는 자연의 완벽한 아름다움과 인간과의 거리 때문에 절망하기도 한다.

박재삼의 시는 1950년대의 주류이던 모더니즘 시의 관념적이고 이국적인 정취와는 달리 한국어에 대한 친화력과 재래적인 정서에 대한 강한 애착을 보여 주어, 전후 전통적인 서정시의 한 절정을 이룬 것으로 평가된다.

특히 그의 시에서 볼 수 있는, 독특한 구어체의 어조와 잘 조율된 율격은, 그의 시의 아름다움과 자연스러움을 보장하는 장치라고 할 수 있다. 이렇듯, 시인은 김소월 이후, 한국 서정시의 전통적 음색을 재현한 독보적인 시인으로 소박한 일상생활과 자연에서 소재를 찾아 섬세하고도 애련한 가락을 노래했다.

또한 시인의 생가터에는 현재 김밥집이 들어서 있다.

하지만 생가 근처의 길은 도로명 주소로 '박재삼길'이라고 명명이 되었다.

시조 시인 고산 윤선도

시조 시인 고산 윤선도

제33차 문학기행(전남 완도군 보길도, 2024년 10월 12일)

조선시대 문신이며 시조 시인인 윤선도(尹善道, 1587~1671), 본관은 해남(海南). 호는 고산(孤山)이다.

아버지는 예빈시부정(禮賓寺副正)을 지낸 윤유심(尹唯深)이며, 강원도 관찰사를 지낸 숙부 윤유기(尹唯幾)에게 입양됐다.

윤선도의 일대기를 살펴보면, 18세에 진사초시(進士初試)에 합격하고, 20세에 승보시(陞補試: 성균관 유생에게 시행하던 시험)에 1등을 했으며, 향시(鄕試)와 진사시(進士試)에 연이어 합격했다.

1616년(광해군 8) 성균관 유생으로서 이이첨(李爾瞻), 박승종(朴承宗), 유희분(柳希奮) 등을 격렬하게 규탄하는 「병진소(丙辰疏)」를 올렸다가 이에 따라 이이첨 일파의 모함을 받아 함경도 경원(慶源)으로 유배됐다. 그곳에서 「견회요(遣懷謠)」 5수와 「우후요(雨後謠)」 1수 등 시조 6수를 지었다.

1년 뒤인 1617년(광해군 9) 경상남도 기장(機張)으로 유배지를 옮겼다가, 1623년 인조반정(仁祖反正)으로 이이첨 일파가 처형된 뒤, 풀려나 의금부도사(義禁府都事)로 제수되었으나 3개월 만에 사직하고 해남(海南)으로 내려갔다.

그 뒤로도 찰방(察訪) 등에 임명됐으나 모두 사양했다.

1628년(인조 6)에는 별시문과(別試文科) 초시에 장원으로 합격해 봉림대군(鳳林大君), 인평대군(麟坪大君)의 스승이 됐다.

그 당시 법률로 왕의 사부(師傅)는 관직을 겸할 수 없음에도 특명으로 공조좌랑(工曹佐郞), 형조정랑(刑曹正郞), 한성부서윤(漢城府庶尹) 등을 5년간 역임했다.

1633년(인조 11)에는 증광문과(增廣文科)에 병과(丙科)로 급제한 뒤 예조정랑(禮曹正郞), 사헌부지평(司憲府持平) 등을 지냈다.

하지만, 1634년(인조 12)에 강석기(姜碩期)의 모함으로 성산(星山)의 현감(縣監)으로 좌천된 뒤, 이듬해 파직됐다.

그 뒤 해남에서 기거하다가 병자호란으로 인조가 남한산성에서 나와 삼전도에서 청나라 태종 홍타이지한테 치욕적인 항복을 했다는 소식을 접하자 이를 부끄럽게 생각하고 제주도로 건너가기 위해 배를 탔다가 풍랑을 만나 보길도로 들어가게 되었다. 그 후 보길도(甫吉島)의 풍광에 매료되어 그곳에 은거하게 된 것이다.

그는 정착한 그 일대를 '부용동(芙蓉洞)'이라 이름을 짓고 격자봉(格紫峰) 아래 집을 지어 낙서재(樂書齋)라 했다.

그는 조상이 물려준 막대한 재산으로 십이정각(十二亭閣), 우리나라 최고의 전통 정원이라 할 수 있는 세연정(洗然亭)과 회수당(回水堂), 석실(石室) 등을 지어 놓고 마음껏 풍류를 즐겼다.

난이 평정된 뒤, 한양으로 돌아와서도 왕에게 인사를 드리지 않았다는 죄로 1638년(인조 16)에 다시 경상북도 영덕(盈德)으로 귀양을 갔다가 이듬해에 풀려났다.

이로부터 10년 동안 정치와는 관계없이 보길도의 부용동과 새로 발견한 금쇄동(金鎖洞)의 자연 속에서 한가한 생활을 즐겼다.

이때 금쇄동을 배경으로 산중신곡(山中新曲), 산중속신곡(山中續新曲), 고금영(古今詠), 증반금(贈伴琴) 등을 지었다.

또한, 1642년 56세 때인 임오년(1642)에 지은 "산중신곡(山中新曲)" 18수 가운데 하나인 "조무요(朝霧謠)"란 시조를 소개한다.

월출산(月出山)이 높더니마는 미운 것이 안개로다
천왕제일봉(天王第一峰)을 일시에 가렸구나
두어라 햇빛 퍼지면 안개 걷히지 않겠느냐

즉, 그는 이 시조에서 임금을 높은 산과 해에 비유하고 충성스럽지 못한 신하들을 안개에 비유하였다.

미운 안개가 높디높은 산봉우리를 뒤덮고 있으나 햇살이 퍼지면 곧 걷히리라고 하였다. 이는 임금의 밝은 성덕으로 충성스럽지 못한 신하들이 조정에서 아침 안개처럼 사라지리라는 것을 표현한 것이다. 이후 1651년(효종 2)에는 정신적 안정 속에서 올망졸망한 섬 사이로 떨어지는 해의 모습이 가장 아름답다는 보길도를 배경으로 그 유명한 어부사시사(漁父四時詞)를 지었다.

간밤의 눈 갠 후에 경물(景物)이 달랐고야
앞에는 만경유리(萬頃琉璃) 뒤에는 천첩옥산(千疊玉山)
이것이 선계(仙界) 불계(佛界)인가 인간(人間)이 아니로다

이 시조는 겨울을 묘사한 동사(冬詞)의 네 번째 노래인데, 윤선도의 문집 고산유고(孤山遺稿)에는 초장과 중장 사이에 '이어라 이어라'를, 중장과 종장 사이에 '지국총 지국총 어사와'라는 여음이 들어 있다. '지국총'은 배가 삐거덕 소리를, '어사와'는 어부가 힘쓰는 소리를 음사한 것이다. 또한 종장도 '仙界가 佛界가 인간이 아니로다'로 되어 있다.

해석하면,

간밤에 내린 눈이 개이자 풍경이 달라졌다.
넓고 맑은 바다는 마치 유리 보석처럼 반짝이고, 겹겹이 둘러친 산들은 옥같이 희다.
신선이 사는 세계인지, 극락정토인지, 인간세상 같지가 않다.

이 겨울을 노래한 가사는 고등학교 때 국어책에 소개되어 있어서 대학입시에 자주 출제가 된다고 하여 늘 외우고 다녔었던 구절이다. 회사에서 한글날을 포함한 연차 휴가를 얻어 7남매 중 4남매가 문학기행을 겸한 남도 여행을 떠났다.

전날 땅끝마을에 도착한 우리는 땅끝전망대에 올라가서 멋진 해넘이를 구경하고 어부횟집에서 자연산 모둠회로 근사한 저녁을 했다. 다음 날 10월 12일 아침 일찍 땅끝항 여객선 터미널에서 노화도 가는 배를 타고 노화도 산양진항에 도착해서 승용차로 보길도 대교를 지나 완도군 보길면에 위치한 윤선도 원림에 도착했다. 윤선도 원림은 대한민국 명승 제34호로 지정된 문화재로 고산이 여생을 보낸 곳이다.

보길도에서 제일 높은 봉우리인 격자봉(格紫峰)을 중심으로 하여 동북 방향으로 아름다운 계류가 흐르고 있는데 윤선도는 이곳에 대해 "지형이 마치 연꽃 봉오리가 터져 피는 듯해 부용이라 이름했다"라고 전해진다.

이같이 보길도 윤선도 원림은 조선시대의 대표적인 정원 양식들을 보여 주는 한국의 3대 전통 정원 중 하나이다.

개울에 보(洑)를 막아 논에 물을 대는 원리로 계담과 방지(方池) 사이에 판석 보를 막아 조성된 세연지는 물과 바위와 송죽과 정자가 조화를 이루는 공간이다.

세연지 중앙에 앉힌 세연정은 일반 누각과는 달리 가운데 온돌방을 두고 사방으로 창호와 마루를 둘렀다.

창호는 분합문(分閤門)으로 문을 모두 들어 걸면 사방이 개방된 정자가 되어 주변의 풍경을 병풍처럼 두르게 된다.

세연정 앞 동대와 서대, 서쪽 산 중턱의 옥소대까지 끌어들여 거대하고 입체적인 무대를 만들어낸 고산의 섬세하고 기발한 조원 기법이 드러난 곳이다.

고산은 이곳에서 예악(禮樂)으로 성정을 다스리며 자연과의 합일에 이르고자 하였다.

이곳은 원래 사적 보길도 윤선도유적으로 지정되었다가, 2008년 1월 8일 보길도 윤선도 원림으로 명칭을 변경하여 명승으로 다시 지정되었다. 부용동 정원은 고산이 직접 조성한 생활공간이자 놀이공간으로 조선시대의 대표적인 별서 정원에 해당한다. 별서는 농장이나 들이 있는 부근에 한적하게 따로 지은 집을 말한다. 원림에 도착하니 관광버스 1대가 들어와 있어서 입구부터 왁자지껄 소란스러웠다.

소란스러움을 피하고자 한 박자 거리를 두고 관람하였다.

관광 해설사의 해박하고 자세한 설명으로 원림을 나온 우리는 해설사분과 함께 문학기행 플래카드를 펴고 인증사진을 찍었다.

부용동 정원은 크게 세 구역으로 나누어 볼 수 있다.

우선 거처하는 살림집인 낙서재 주변과 그 맞은편 산 중턱의 휴식 공간인 동천석실 주변, 그리고 부용동 입구에 있는 놀이의 공간이라 할 세연정 주변이다.

1637년(인조 15) 2월, 윤선도가 51세 때 처음으로 보길도를 찾아 입구에 세연정(洗然亭)과 연못을 축조하였는데, 물과 바위와 대(臺)와 소나무·대나무 등을 이용한 조원(造園) 공간으로 지금까지 부용동 원림 중에서도 가장 잘 남아 있는 유적이다.

세연정이란 주변 경관이 매우 깨끗하고, 단정하여 기분이 상쾌해진다는 뜻으로 고산 선생의 고결한 품성을 엿볼 수가 있는 곳이다. 우리는 세연정 마루에 올라 난간에 걸터앉아 주변 연못을 내려다보며 그 옛날 360여 년 전 윤선도가 즐겼던 풍류에 잠시 젖어보기도 했다.

이처럼 윤선도는 당쟁으로 시끄러운 세상과 멀리 떨어진 자신의 낙원에서 마음껏 풍류를 누리며 자연과 더불어 살아가는 어부의 소박한 생활을 창의적으로 그려내며 이곳에서 여생을 즐겼다. 다음 해 효종(孝宗)의 부름을 받아 예조참의(禮曹參議)가 됐으나 서인의 모략으로 사직하고, 경기도 양주의 고산(孤山)에 은거했다.

마지막 작품인 몽천요(夢天謠)는 이곳에서 지은 것이다.

1657년(효종 8) 71세에 다시 벼슬길에 올라 동부승지에 이르렀으나 송시열(宋時烈)과 맞서다 관직에서 쫓겨났다.

이 무렵 시무팔조소(時務八條疏)와 논원두표소(論元斗杓疏)를 올려 왕권의 확립을 강력히 주장했다.

1659년 효종이 승하하자 예론문제(禮論問題)로 서인과 맞서다가 삼수에 유배됐다. 1667년(현종 8)에 풀려나 부용동에서 살다가 그곳 낙서재에서 85세로 죽음을 맞이했다.

문집인 고산선생유고(孤山先生遺稿)에는 한시문(漢詩文)이 실려 있으며, 별집(別集)에도 한시문과 35수의 시조, 40수의 단가(어부사시사)가 실려 있다. 또한 친필로 된 가첩(歌帖)으로 산중신곡, 금쇄동집고(金鎖洞集古) 2책이 전한다.

정치적으로 열세에 있던 남인의 가문에 태어나 집권 세력인 서인에게 강력히 맞서 왕권 강화를 주장하다가, 20여 년의 유배 생활과 19년의 은거 생활을 했다.

그러나 그는 조상으로부터 물려받은 유산으로 화려한 은거 생활을 누릴 수 있었으며, 그의 탁월한 문학적 역량은 이러한 생활 속에서 표출되었던 것이었다. 자연을 문학의 제재로 채택한 시조 작가 가운데 가장 탁월한 역량을 나타낸 것으로 평가받는다. 윤선도의 문학적 특징은 자연을 제재로 하되 그것을 사회의 공통적 언어 관습과 결부시켜 나타내기도 하고, 혹은 개성적 판단에 의한 어떤 관념을 표현하기 위해 그것을 임의로 선택하기도 한 데에 있다. 또한 대부분의 경우에는 자연은 엄격히 유교의 세계관과 긴밀한 관련을 맺는 것으로 나타냈다.

그러나 그의 작품에서는 자연과 직접적인 대결을 보인다든가 생활 현장으로서의 생동하는 자연은 보이지 않는다.

이것은 그가 자연이 주는 시련이나 고통을 전혀 체험하지 못하고 조상이 물려준 유산을 토대로 풍족한 삶만을 누렸기 때문이다. 시조 시인 윤선도는 정철(鄭澈), 박인로(朴仁老)와 함께 조선시대 3대 가인(歌人)으로 일컬어진다.

그러나 이들과는 달리 가사(歌辭)는 없고 단가와 시조만 75수나 창작한 점이 특이하다고 할 수 있다.

윤선도의 묘소는 전남 해남군 현산면 구시리 산 183-7 에 있다. 보길도에서 나온 우리는 해남에 위치한 녹우당으로 향했다.

녹우당은 조선 중기 문인이자 학자인 고산 윤선도의 유적지이며 고산의 4대조 윤효정의 고택 이름이다.

이는, 고산이 82세 되던 해, 고향인 해남으로 내려오면서 임금에게 하사받은 수원의 집을 해체하여 한강을 통해 이곳까지 배로 운반해 종가에 덧대어 일자형으로 지은 집으로 뒷산에 자생하는 비자나무 숲에 바람이 지나가면, 빗소리를 내며 흔들린다고 지어진 당호가 녹우당(綠雨堂)이다.

　녹우당의 사랑채는 윤선도가 직접 설계하고 지은 것으로 알려져 있는데, ㅁ자형의 안채와 함께 조선 시대 상류층의 생활상을 엿볼 수 있는 귀중한 자료이다. 녹우당 내부에는 윤선도의 친필 글씨와 다양한 유물들이 전시되어 있으며 특히, 윤선도의 대표적인 작품인 '어부사시사'와 '산중신곡' 등을 감상할 수 있다. 한편, 녹우당 주변에는 울창한 소나무 숲과 아름다운 자연 풍경이 펼쳐져 있으며 그곳에는 지금도 윤선도의 후손들이 살고 있는 마을이 있어 전통적인 한국의 농촌 생활을 체험할 기회도 제공한다.

　실제로 우리는 거기에서 해남윤씨 종가댁 며느리가 운영하는 카페에 들러 그녀가 직접 만들어 내온 커피를 마시며 잠시 대화를 나누었다.

　녹우당 입구에는 녹우당의 랜드마크 격인 수백 년 된 은행나무가 있는데 우리가 찾은 대는 마침 가을이라서 노랗게 물든 아름다운 은행잎을 감상할 수 있었다.

　이 은행나무는 윤선도의 후손들이 심은 것으로 알려져 있으며, 녹우당의 역사와 함께해 온 살아있는 증표라고 할 수 있다. 여행을 좋아하는 나로서는 그동안 버킷리스트(Bucket list) 중의 하나이며 2017년부터 진행해 오고 있는 문학기행 탐방을 오늘에야 비로소 조선시대 대표 시조 시인 고산 윤선도의 유적지인 완도 앞바다 있는 보길도 부용동 정원을 다녀온 것이 그렇게 기쁠 수가 없다.

시인 김영랑

시인 김영랑

제34차 문학기행(전남 강진군 강진읍, 2024년 10월 11일)

    어제 완도군 보길도에서 고산 윤선도 유적지를 탐방한 우리는 그 전날 10월 11일 오전 10시에 청주 터미널에서 합류한 4남매는 청주 누나 승용차로 해남 땅끝 마을에 오후 늦게 도착하여 땅끝 전망대에 오르기 전에, 여행 일정상 시간이 타이트하여 강진읍 내에 있는 김영랑 시인 생가를 먼저 들러 탐방을 하고, 그의 대표 시인 "모란이 피기까지는" 이란 시구가 새겨져 있는 시비(詩碑) 앞에서 인증 사진을 남겼다.

    생가의 본채는 정면 5칸, 측면이 1칸인 초가집이지만 뼈대가 굵은 네모기둥을 사용한 규모가 제법 큰 집이다.

    상량문에는 "광무 10년 병오 4월(光武 十年 丙午 四月)…" 이라고 기록이 되어 있는 것으로 미루어 이 집의 건립연대는 1906년임을 알 수가 있다. 그리고 사랑채는 흔히 안채 앞에 있는 것이 일반적인데 영랑생가는 옆으로 길게 자리 잡고 있다. 또한 영랑생가에 들어가기 전 오른쪽에는 시문학파 기념관이 있다.

1930년대 순수시 운동을 전개하였던 문학 동인회인 시문학파로 9명의 동인(영랑 김윤식, 용아 박용철, 정지용, 위당 정인보, 연포 이하윤, 수주 변영로, 김현구, 신석정, 허보)을 한 공간에서 만나 볼 수 있는 공간이다.

영랑 김윤식, 정지용, 용아 박용철

문학 유파 전체를 한자리에 모아 볼 수 있는 곳은 이곳 강진의 시문학파 기념관이 최초라고 한다.

사실, 강진은 대학 졸업 후 첫 직장이었던 한국유리에 근무하면서 1982년 강진군 도암면 석문리에 있는 강진 광업소를 산업은행 행원들하고 외화 차입금 대출 업무 관련해서 출장을 가면서 처음으로 가 본 곳이다.

그 후 2014년 3월에 남도 여행을 하면서 강진을 거쳐 목포로 여행할 때 시인의 생가도 들렀었으며, 2016년 땅끝마을에서 강화 마니산까지 1년에 걸쳐 걸었던 도보여행인 "걸어서 삼남길"을 연재하며 강진 구간을 지날 때 어김없이 김영랑 시인 생가를 들렀고, 회사에서 남도로 2박 3일 신년 워크숍을 갔었을 때도 일부러 들르기도 했다. 또한, 강진만에 있는 8개의 섬 중에서 유일하게 유인도인 가우도의 둘레길에는 김영랑 시인의 동상이 의자와 함께 마련되어 있다.

　강진이 자랑하는 시인이며 독립운동가인 김영랑(金永郎, 1903~1950) 시인의 본명은 윤식이다.

　그는 1935년 『영랑 시집』으로 시인으로 등단하였다.

　시인 김영랑은 1903년 1월 16일 전라남도 강진군 군내면(現 강진읍) 남성리에서 아버지 김종호(金鍾湖)와 어머니 김경무(金敬武) 사이의 5남매 중 장남으로 태어났다. 1915년 강진 공립보통학교(現 강진 중앙초등학교)를 졸업하고 혼인하였으나 1년 반 만에 부인과 사별하였다. 이후, 상경하여 조선중앙기독교 청년회학관에서 영어를 수학하다가 1917년 휘문의숙에 입학하였다. 휘문의숙 3학년에 재학 중이던 1919년 경기도 경성부에서 3.1 운동이 일어나자, 독립선언서를 숨겨 들고 고향 강진으로 내려와서는 김현상(金炫庠) 등과 정세를 논의하였다. 이후 3월 23일 밤에 김현균의 집에서 김현상 그리고 고려대 설립자인 인촌 김성수(金晟洙) 등과 함께 현재 각지에서 '조선독립운동'을 하여 사상자가 발생하고 있는데 우리도 방관만 하고 있을 수 없다며 강진에서도 '독립만세운동'을 일으킬 것을 계획하였다. 한편, 나는 여기서 김성수의 다른 일면을 짚고 넘어가고자 한다.

2017년 7월 12일 오전에 고려대 학생들은 친일을 한 고려대 캠퍼스 안에 있는 인촌 김성수 동상 철거를 요구했다.

고려대 학부 총학생회, 고려대 일반대학원 총학생회, 고려대 민주동우회는 학내 인촌 동상 앞에서 기자회견을 열고 "지난 4월 대법원에서는 인촌 김성수를 친일파로 확정판결했다."며 "고려중앙학원은 인촌 동상과 기념관에 대해 원점에서 재검토하라"고 촉구하기도 했다. 이에 그 자리에서 각자 2원씩을 거두고 곧바로 태극기 500개를 제작하기로 하였으며, 다음날인 24일 별도로 만세운동을 준비 중이라는 김안식(金安植)을 만나 함께 25일 강진 장날에 독립운동을할 것을 결의하였다.

또 태극기 제작과 독립선언서 등사 등을 준비했지만, 25일 전까지 목표한 태극기 개수를 다 만들지 못하고 등사판 입수도 어려워져서 결국 다음 장날인 3월 30일로 거사 계획을 연기하였다. 그런데, 다음날인 26일 이들의 준비와 계획이 강진경찰서에 발각되어, 동지들과 함께 체포되었다.

김영랑은 1919년 4월 5일 광주지방법원 장흥지청에서 소위 보안법 위반으로 징역 1년 형을 선고받아 이에 불복, 공소를 제기하였다.

그러나 4월 29일 공소 제기로 인해 대구 복심법원으로 이송되었다. 5월 5일 대구 복심법원 형사 제2부에서 비밀리에 만세운동을 계획하는 등 불온한 언동을 한 것은 사실이나, 실제로 만세 시위를 일으키지 않았다는 이유로 원심판결이 취소되고 무죄를 선고받아 출옥하였다.

그러자 검사 측에서 다시 상고를 제기하였으나, 6월 9일 조선총독부 고등법원 형사부에서 상고가 기각되어 최종적으로 무죄가 확정되었다. 이후 1920년 일본으로 건너가 아오야마학원 중학부를 거쳐 같은 학교 영문학과에서 수학했다.

이 시절 아나키스트(anarchist: 개인을 지배하는 모든 정치 조직이나 권력, 사회적 권위를 부정하고 개인의 자유와 평등, 정의, 형제애를 실현하고자 하는 사상을 가진 사람) 혁명가인 박열과 교류했고, 괴테, 키츠 등의 외국 문학에 깊이 심취했으나 1923년 관동 대지진으로 학업을 중단하고 귀국했다. 1930년 정지용과 함께 박용철이 주재하던 "시문학" 동인으로 참여했으며, 1930년대 '독(毒)을 차고', '가야금', '달마지', '춘향' 등 일제의 식민 통치에 대해 저항 의식을 표출하고 민족의식을 고취하는 시를 많이 발표했다.

일제강점기 말기에는 지조 있는 시인으로서 창씨개명과 신사참배를 끝까지 거부하기도 했다.

한편, 8·15 광복 후, 보수파 정치인으로서 정계에 입문하여 1945년 고향 강진의 대한독립촉성국민회 결성에 참여하였으며, 대동청년단 지단장에 취임하여 열심히 활동을 해오다가 대동청년당의 폭력적이고 야만적인 성향에 질려서 곧바로 그만두었다.

그 후 이승만 정권의 공보 수석비서관이던 시인 김광섭의 권유로 출판국장을 맡았지만, 친일파들로 가득한 중앙청의 분위기에 적응하지 못하고 있다가 결국 무질서한 그 당시의 시국과 이승만의 독재, 반공이라는 이름으로 폭력과 억압을 일삼는 '간판만 바꾼' 친일파와 일제 부역자들의 행태에 환멸을 느낀 김영랑은 출판국장직 역시 6개월을 겨우 넘기고 그만두었는데 이것이 그의 평생 처음이자 마지막 직장이었다. 1948년 제헌 국회의원 선거에서는 한국민주당 후보로 전라남도 강진군 선거구에 출마하였으나, 무소속인 차경모 후보에 밀려 낙선하였다. 그래도 강진의 유복한 집안 출신이었던 덕분에 비교적 여유 있는 삶을 살다가 서울 수복 다음날이었던 1950년 9월 29일, 유탄에 맞아 사망했다.

평범하게 적군의 눈에 띄어서 죽은 것이 아니라 북한군이 후퇴할 때 뒤를 돌아보면서 아무나 맞으라고 쏜 눈먼 유탄이 하필이면 집 문을 여는 김영랑 시인에게 제대로 맞은 것. 결국 그 자리에서 그대로 사망하고 말았다는 것이다.

대표적 작품으로는 '돌담에 속삭이는 햇발', '모란이 피기까지는', '내 마음을 아실 이', '꿈 밭에 봄 마음' 등이 있다.

주로 언어의 조탁을 통해 우리말의 아름다움을 발굴하고 세련된 시형과 율격으로 섬세하고 투명한 감성의 세계를 고운 어조로 표현했다. 초중반기까지는 향토적이고 토속적인 운율이 살아있는 서정적이고 세련된 시를 여럿 발표했지만, 일제의 압박이 심해지고 폭압적인 체제하에 놓이면서 후기 영랑의 시는 1940년대까지 저항적이고 날선 느낌으로 변한다.

이후 시인은 회유와 협박이 거세지면서 1940년 절필을 선언하고 해방이 오기까지 일본어로 된 것은 단 한 줄의 글조차 적지 않은 저항시인이기도 하다.

초기의 서정시가 워낙 유명해서 그것들보다 후기의 저항적인 면모는 그렇게까지 유명하지는 않지만, 2008년 금관문화훈장, 2018년에야 건국포장을 받으며 뒤늦게 인정을 받았다. 그가 펴낸 시집은 『영랑시집』(1935), 『영랑시선』(1949) 두 권이다.

의외로 김영랑은 발표한 시에 제목을 한 번도 붙인 적이 없다.

즉, 위의 제목들은 엄밀하게 말하면 모두가 가제(假題)이다.

즉, 그의 시집을 보면 제목이 있어야 할 자리에 번호만 붙어 있는 게 보통이다. 따라서 첫 줄의 구절이 제목으로 뽑혀 쓰이는 편이다. 물론 마지막 줄이 쓰인 '꿈 밭에 봄 마음'과 같은 예외의 시도 있다.

김영랑의 생애는 대체로 일제 강점기를 배경으로 하고 있다.

이런 사실은 김영랑의 작품 속에 알게 모르게 시대의 암울한 그림자가 깃들여 있으리라는 유추를 가능하게 한다.

그의 시 세계는 흔히 경험의 구체적 상(像)들이 생략된 채 막연한 슬픔과 한의 감정을 토로하는 것이 중심을 이룬다.

그러나 김영랑의 시 세계를 뒤덮고 있는 슬픔과 한, 상실과 좌절의 어두운 그림자는 사회적 자아를 실현할 계기를 봉쇄한 일제 식민지 지배 체제의 억압성을 간접적으로나마 증언한다고 할 수 있을 것이다.

그의 「사행시」 가운데 하나를 살펴보면,

좁은 길가에 무덤이 하나
이슬에 젖이우며 밤을 새인다
나는 사라져 저 별이 되오리
뫼 아래 누워서 희미한 별을.

다른 작품 하나를 더 살펴보면,

눈물 속 빛나는 보람과 웃음 속 어둔 슬픔은
오직 가을 하늘에 떠도는 구름
다만 후젓하고 줄 데 없는 마음만 예나 이제나
외론 밤 바람숫긴 찬 별을 보았습니다

위의 두 개의 시편에서는 무엇보다 외로운 혼의 비애와 방황을 읽을 수 있다. 이는 어렴풋한 대로 운명의 주체가 되어 당당하게 삶을 개척, 창조해 나갈 수 없는 사람의 실의와 공허감으로 얼룩진 내면의 풍경을 보여주는 것이다.

자기 운명의 주체가 될 수 없다는 것은, 작게는 밖으로부터의 구속과 억압을 극복하지 못하고 노예화된 개인의 비극을 보여주며, 크게는 주권을 상실한 민족 전체의 상황을 나타내는 것일 수도 있다

김영랑의 시 세계는 가장 널리 알려진 작품인 「모란이 피기까지는」에 나오는 "찬란한 슬픔의 봄"이라는 구절 속에 잘 함축되어 있다고 할 수가 있다.

'찬란(燦爛)'이라는 말의 사전적 의미는 '영롱하고 현란함', '광채가 번쩍번쩍하고 환함'이다.

'슬픔'은 '슬픈 느낌 또는 그 정도'를 가리키는 말이다.

우리가 슬프다고 할 때 이는 무슨 일에 낙심해 눈물이 나거나 한숨이 나오며 마음이 아프고 괴롭다,

또는 불쌍하고 원통한 느낌이 있다는 뜻이다. 그렇다면 '찬란한'이라는 말이 품고 있는 눈부시게 환한 빛과, '슬픔'이라는 말

이 품고 있는 무겁고 칙칙한 어둠은 잇댈 엄두가 나지 않는, 모순된 가치의 표상이다.

이는 마치 '밝은 어둠'이라는 말과 같다. 이 모순되고 양의적(兩義的)인 세계가 동전의 앞뒤처럼 결합해 '봄'을 수식한다.

> 모란이 피기까지는
> 나는 아직 나의 봄을 기다리고 있을 테요
> 모란이 뚝뚝 떨어져버린 날
> 나는 비로소 봄을 여읜 서름에 잠길 테요
> 오월 어느 날 그 하루 무덥던 날
> 떨어져 누운 꽃잎마저 시들어버리고는
> 천지에 모란은 자취도 없어지고
> 뻗쳐오르던 내 보람 서운케 무너졌느니
> 모란이 지고 말면 그뿐 내 한 해는 다 가고 말아
> 삼백예순 날 하냥 섭섭해 우옵내다
> 모란이 피기까지는
> 나는 아직 기다리고 있을 테요
> 찬란한 슬픔의 봄을

20여 년 전 오월 어느 날에 내가 즐겨듣는 라디오 프로에서 리차드 클레이더만(Richard Clayderman)의 "가을의 속삭임(Comme Amour)" 피아노 반주를 배경으로 진행자 아나운서가 이를 낭송하는 것을 들었을 때 가슴이 벅찰 정도의 뜨거운 감명을 받은 기억이 지금까지 생생하다.

그 이후로 나는 지금도 가을의 속삭임 반주 음악을 즐겨 들으며 또 가끔 지인들한테도 카톡으로 전해주고 있다.

특별히 모란은 내가 좋아하는 꽃 중에서 으뜸이며 그래서 조영남의 모란동백도 내 18번이 되었다.

또한 아래의 시 '오매 단풍들것네'는 시인 김영랑의 또 다른 대표 시이다.

「오-매 단풍들것네」
장광에 골붉은 감닙 날러오아
누이는 놀란듯이 치어다보며
「오-매 단풍들것네」

추석이 내일모레 기둘니리
바람이 자지어서 걱정이리
누이의 마음아 나를보아라
「오-매 단풍들것네」

이 시는 1930년 『시문학』지 창간호에 처음으로 발표된 시이다. 시인이 20대 후반 즈음에 쓴 시이다. 그 후, 이 시는 1935년 시문학사에서 발간된 시인의 시집 『영랑시집(永郞詩集)』에 실렸다. 위에 소개된 시의 본문은 이 시집에서 띄어쓰기와 철자를 그대로 옮긴 것이다. 영랑시집에는 53편의 시가 실려 있는데, 모두 제목이 없고 시마다 일련번호가 붙어있다. '오매 단풍들것네'는 5번에 있는 시이다.

현재 이 시는 '오매 단풍들것네'라는 제목으로 애송되고 있다.

시인 김영랑은 '배만 곯는 문학예술 따위는 하지 마라'며 자식들에게 늘 말해 왔다고는 하지만 아이러니하게도 김영랑의 자식들 대부분은 불어불문학, 영어영문학 등 어문학과 교수가 되거나 언론인이 되었다.

2004년 2월 22일 별세한 김현태 단국대학교 어문학부 프랑스어 전공 교수가 대표적이다.

소설가 박완서

소설가 박완서

제35차 문학기행(구리시, 2025년 5월 2일)

지난 5월 2일 마침 어린 시절 인천 송도에 살았던 나는 청량산 병풍바위 약수터 근처에 싱아가 지천에 널려 있었던 이 계절에 우리는 그간 오랫동안 기다려왔던 구리시에 있는 인창도서관으로 소설가 박완서를 만나러 갔다.

인창도서관 2층에 마련된 자료실에는 박완서 작가의 살아생전 사진들과 작가를 취재한 언론의 스크랩북들이 전시되어 있다. 박완서 작가는 우리 문학사에서 그 유례가 없을 만큼 풍요로운 언어의 보고를 쌓아 올리는 원동력이 되어왔다.

그녀는 능란한 이야기꾼이자 뛰어난 풍속 화가로서 시대의 거울 역할을 충실히 해왔을 뿐 아니라, 삶의 비의(祕義)를 향해 진지하게 접근하는 구도자의 길을 꾸준히 걸어왔다.

우리나라의 현대문학을 대표하는 거장 중의 한 사람인 박완서는 경기도 개풍군 청교면 묵송리의 박적골에서 개풍(現 개성시 개풍구역 묵송리)에서 1931년 10월 20일에 태어났다.

특이한 것은 작가는 나와 생일(1955년 10월 20일)이 같다는 것이다. 그래서 더더욱 관심을 가진 것이 아닌가 싶다.

그녀의 대표작인 '그 많던 싱아는 누가 다 먹었을까'에서도 알 수 있듯이 작가의 아버지는 그녀가 세 살 때 맹장염으로 일찍 세상을 떠났지만, 사랑을 많이 받고 자랐기 때문에 빈자리를 크게 느끼지 않고 자랐다고 한다.

그 후, 서울로 이주를 해서 1944년 당시 6년제 숙명여자중학교에 입학한 뒤 교사였던 소설가 박노갑에게 영향받았으며, 작가 한말숙과는 동창이다.

그 학교를 졸업하고 서울대학교 국어국문학과에 입학했지만, 한 달도 못 되어 6·25 전쟁이 발발했다.

그 당시 박완서는 공산주의에 호의적이긴 했었지만, 상황을 지켜보면서 점차 회의를 느끼고 학교에도 출석하지 않았다.

또한, 의용군으로 나갔다가 상처를 입고 거의 폐인이 되어 돌아온 오빠와 숙부를 잃었으며, 이 때문에 가장으로서 대가족의 생계를 책임지기 위해 미8군의 PX 초상화 부에 취직하여 일을 하기 시작했다.

그리고 1953년 직장에서 만난 호영진과 결혼을 했으며, '나목'은 그전까지 습작 한번 해 본 적 없던 40대 주부가 원고지 1,200매의 소설을 한 번에 썼다고 해서 화제가 되기도 했는데 1968년에 박수근 화백의 유작전에 대한 신문기사를 보고서 그 전시회에 갔다가 그에 대해 증언하고 싶은 욕구가 1970년에 40세의 나이로 나목을 써서 여성동아 장편소설 공모에 당선이 되어 등단하게 되었다.

개성에서 어린 시절을 보내고 서울에서 학창 시절을 보낸 박완서에게는 한국전쟁은 평생 잊을 수 없는 기억이었다.

이 소설책 『나목(裸木)』은 내가 중3 때(1970년) 살았던 인천시 북성동 이층집 내 방 책장에 꽂혀있었던 것을 한창 사춘기였던 나는 『나목(裸木)』이란 소설 제목에 이끌리어 읽었던 기억이 있다.

아마도 은행을 다니던 누나들이 즐겨보던 월간지 여성동아의 별책부록으로 끼어져 왔던 그 소설을 내 방 책장에 꽂아 놓았을 것으로 생각이 된다.

아무튼 그때 나목이라는 단어에 "벗을 나(裸)"자가 있어서 뭔지 궁금해서 사전을 찾아보니까 잎이 지고 앙상한 가지만 남은 나무라는 뜻이 있었다.

나목은 박완서 작가의 데뷔작이라서 더욱 의미가 있는 작품이라고 할 수 있다. 그래서 나는 2017년 4월부터 문학기행을 해오면서 거의 마무리 단계에 이르러 작년에 옛 기억을 더듬으며 다시 한번 나목을 읽었다.

소설의 내용은 이러했다.

주인공은 이십 대의 한 여성이다. 갑작스러운 폭격, 그리고 전쟁들. 가족들은 그런 속에서 서로를 잃었다. 슬픔은 남겨진 자의 몫이다. 죽은 사람들은 말이 없었고, 죽지 못해 살아간다.

소설 속의 인물 옥희도는 박수근 화백을 모델로 한 인물이며 소설에서 중요한 역할을 하는 그림인 나무와 두 여인 또한 박수근의 작품을 모티브로 했다고 했다.

작가의 말에 따르면, 박완서는 이 소설을 통해서 "미치지도, 환장하지도, 술에 취하지도 않고" 살았던 지극히 예술가답지 않은 한 '예술가의 삶'을 증언하고자 했다고 한다.

주인공은 그런 세상 속에서도 자신만의 삶과 사랑을 찾아가려 애썼다. 잃은 것이 많다고 해서 삶까지 끝나버린 것은 아니다. 자신이 정말 원하고 바라는 것을 찾아 추구해야만 했다.

여성의 시대적인 고통 또한 도드라지는 듯하다. 얌전해야 하는 여성들. 화려한 치장을 하면 몸을 사고파는 사람처럼 보인다고 생각했던 그런 것들 말이다. 주인공은 그런 사람들 사이에서는 꽤 이상향적인 사람이었다.

자신의 몫을 기꺼이 챙기고자 노력했다. 사촌 오빠와의 대화에서 그것을 느낄 수 있었다. 주장을 굽히지 않고 자신이 원하는 것을 끝까지 말할 수 있다는 점에서 대단하다고 생각했다.

가장 슬펐던 부분이라고 한다면 어머니와의 대화 부분이다. 남편과 아들 둘이 죽자, 모든 에너지를 빼앗긴 듯 힘없이 살던 어머니는 딸에게서도 미련을 본다. 생애 아들과 남편에게 다 하지 못한 길 잃은 미련들.

어머니의 마음도 이해가 되었지만, 딸의 마음은 오죽했을까. 어머니를 위해 사 온 빈대떡이 식을까 싶어 품 안에 넣고 왔는데, 그걸 자랑스러워하지 못할망정 스스로 그 말을 취소하고 싶어지는 그 심정을 읽고 안타까웠다

그 이후 작가는 우리의 일상을 세심하게 관찰하여 그 이면에 숨겨진 진실까지 뼈아프게 드러내는 소설들을 발표하며 한국 문학의 한 획을 긋고 있다.

박완서는 평범하고 일상적인 소재에 적절한 서사적 리듬과 입체적인 의미를 부여함으로써 다채로우면서도 품격 높은 문학적 결정체를 탄생시켰다는 평을 받고 있다.

작가는 우리 문학사에서 그 유례가 없을 만큼 풍요로운 언어의 보고를 쌓아 올리는 원동력이 되어왔으며, 그녀는 능란한 이야기꾼이자 뛰어난 풍속 화가로서 시대의 거울 역할을 충실히 해왔을 뿐만 아니라, 삶의 비의를 향해 진지하게 접근하는 구도자의 길을 꾸준히 걸어왔다.

특별히 한국 전쟁과 분단의 아픔을 다룬 데뷔작 '나목'과 '목마른 계절', '세상에서 제일 무거운 틀니', '아저씨의 훈장', '겨울 나들이', '그해 겨울은 따뜻했네' 등을 비롯하여 1970년대 당시의 사회적 풍경을 그린 '도둑맞은 가난', '도시의 흉년', '휘청거리는 오후'까지 저자는 사회적 아픔에 주목하여 글을 써왔다.

'살아있는 날의 시작'부터 여성문제에 관심을 가지기 시작한 작가는 행복한 결혼은 어떤 형태인가를 되묻게 하는 소설인 '서 있는 여자', '그대 아직도 꿈꾸고 있는가' 등 점점 독특한 시각으로 여성문제를 조명하기 시작한다.

또한 장편 소설인 '미망', '그 많던 싱아를 누가 다 먹었을까', '그 산이 정말 거기 있었을까' 등에서는 개인사와 가족사를 치밀하게 조명하여 사회를 재조명하기도 했다.

『배반의 여름』은 1975년 9월에서 1978년 9월까지 발표했던 작품들을 수록하고 있다.

『조그만 체험기』, 『흑과부(黑寡婦)』, 『그 살벌했던 날의 할미꽃』 등에서 볼 수 있듯이 박완서가 그리는 모성의 힘은 실로 놀랍다고 할 수 있다.

성균관대에서 열린 '2006 호암상 수상자(예술상) 초청 강연회'에서 박완서는 "내 문학의 뿌리는 어머니"라고 말을 했다.

박완서 특유의 수다스러움으로 풀어내는 모성의 힘은 힘센 것들만이 권력을 쥐고 판을 치는 현대 산업사회에서 뒤로 처진 자들의 아픔을 진정으로 위로해 준다.

『나의 가장 나중 지니인 것』에는 1987년 1월에서부터 1994년 4월까지 발표되었던 작품들이 수록되어 있는데, 여기에서는 가족의 죽음을 다루고 있는 작품이 네 개나 있다.

그중에서 '여덟 개의 모자로 남은 당신'에서는 남편의 죽음을 담고 있다. 또한, 『저녁의 해후』에는 1984년 1월부터 1986년 8월까지 발표했던 작품들이 수록되어 있는데, '지 알고 내 알고 하늘이 알건만', '해산바가지', '애 보기가 쉽다고?' 등에서 볼 수가 있듯이 여기에서 나타나는 하층민들의 인간애는 가진 자들의 야만성과 대비되어 더욱 빛을 발한다.

『미망』은 조선조 말기에서 6·25 전쟁 직후까지 그 파란만장했던 시대를 한 개성상인의 가족사를 통하여 재창조한 대하소설이다. 민족의 수난사와 더불어 고난과 격동의 시대를 험준한 산을 넘듯 숨 가쁘게 살아온 우리 모두의 이야기로, 박완서 소설 문체가 도달한 궁극적인 경지를 보여 주고 있다.

"아직도 글을 쓸 수 있는 기력이 있어서 행복하다."는 작가는 사람과 자연을 한없이 따뜻한 시선으로 바라보며 느낀 기쁨과 경탄, 감사와 애정을 담아 산문집 『못 가본 길이 더 아름답다』를 펴냈다.

작가는 1993년부터 국제연합아동기금 친선 대사로 활동하며, 1994년부터 공연윤리위원회 위원, 1988년부터 제2 건국 범국민 추진위원회 위원으로 활동한 바 있다.

수상 경력으로는 "그 가을의 사흘 동안"으로 한국문학 작가상, "엄마의 말뚝'으로 제5회 이상 문학상, "꿈꾸는 인큐베이터"로 제38회 현대문학상 등을 받았다. 2006년에는 문화예술인으로서 처음이자 여성으로서도 처음으로 서울대학교 명예 문학 박사학위를 받았다. 평소 입버릇처럼 "전쟁의 상처로 작가가 됐다."고 고백해 왔던 그녀는 전쟁의 아픔을 온몸으로 겪은 경험으로 글을 써왔다. 여러 편의 장편소설과 수필집, 동화집을 발표하고, 2010년 8월 수필집인 『못 가본 길이 더 아름답다』를 마지막으로 2011년 1월 22일에 담낭암 투병 중에 별세했다.

묘소는 남편과 아들이 묻힌 용인 천주교 공원묘지에 있다.

마침, 다음번 문학기행은 불꽃처럼 살다가 31세의 젊은 나이에 자살한 수필가이자 번역가인 전혜린 편이 예정되어 있어서 그녀 또한 문학관 및 기타 자료실이 없어서 그곳 천주교 공원묘지를 방문할 예정이다.

이번 문학기행을 하면서 무척 아쉬운 것은 소천한 지도 벌써 14년이 지났는데도 아직 문학관 건립이 불투명하다.

자료실에 근무하는 분에 따르면 구리시에서는 문학관 건립에 대한 계획은 이미 세워져 있는데, 자금 문제로 인해서 아직 시행되고 있지 않다고 했다. 또한, 문학관을 건립하려면 보다 많은 자료들과 유품들이 있어야 하는데 구리시 아치울에서 거주하고 있는 고 박완서 작가의 딸인 호원숙 작가와 유족들이 많이 보관하고 있을 것이라 했다. 작가는 "젊었을 때의 내 몸은 나하고 가장 친한 벗(友)이더니 차차 나이가 들면서 내 몸(身)은 나와 틀어지기 시작했다. 인생말년(人生末年)의 내 몸은 나의 가장 무서운 상전(上典)이 되었다"고 했다.

작가의 대표작 3편에 대한 다이제스트 내용은 아래와 같다.

'그 많던 싱아는 누가 다 먹었을까'

자신의 경험을 소설 소재로 녹여내 왔던 박완서가 오롯이 본인의 경험만을 써 내려간 '자전적 이야기'다. 교육열이 높은 어머니의 손에 이끌려 논과 밭이 넓게 펼쳐진 개풍 본가에서 산꼭대기에 위치한 판잣집들이 다닥다닥 붙은 서울 산동네로 이사한 소녀가 겪은 문화적 충격, 일제강점기 국민학생으로서의 기억, 창씨개명 경험, 세계 2차대전의 종결, 서울대 입학, 그리고 6·25까지의 격변기를 지낸 작가의 유년 시절 경험이 고스란히 녹아 있다.

'나목'

1·4후퇴 후, 암담하고 불안한 시기에 텅 빈 서울에 남겨진 사람들의 전쟁 상흔과 사랑, 예술에 대한 사랑 등 생생한 이야기를 PX 초상화 부에 근무하는 스무 살 여성의 시각에서 담아낸 이 작품은, 박완서 작가가 스무 살에 PX 초상화부에 근무하며 만난 박수근 화백을 떠올리며 쓴 소설이다. 박완서는 1970년, 제1회 「여성동아」 여류 장편 공모에 "나목"이 당선되며 마흔에 작가로 데뷔했다. "나목"은 박완서 작가의 대표작인 동시에 '40세에 썼

지만, 가히 20세 미만의 젊고 착하고 순수한 마음으로' 쓴 가장 사랑한 작품이기도 하다

'못 가본 길이 더 아름답다'
"시대의 이야기꾼' 박완서의 산문집. 사람과 자연을 한없이 따뜻한 시선으로 바라봄으로써 건져 올린 기쁨과 경탄, 감사와 애정이 고스란히 담겨 있는 노작가의 글이다. "아직도 글을 쓸 수 있는 기력이 있어서 행복하다"는 작가는 등단한 지 40년이 지난 지금도 여전히 그 행복을 누리며 독자들을 만나고 있다. 이 책에는 죽음과 가까워진 생에 대한 성찰을 담은 글은 물론, 2008년 한 해 동안 '친절한 책 읽기'라는 제목으로 신문에 연재했던 글도 함께 실려 있다.

〈박완서 소설가의 문학사적 의의〉
'한국 문단에 박완서라는 존재가 있다'는 사실이 수많은 여성 작가에게 얼마나 든든한 희망이었는지.

박완서 작가는 그동안 남성 중심으로 이루어진 문학사 쪽에서, 여성 문학의 시대를 본격적으로 선언한 작가라고 여겨도 무방하다. 물론 그녀 이전에 여성 문학가가 없는 건 아니지만 현재 왕성하게 활동하고 있는 은희경, 공지영, 신경숙 그리고 2024년 노벨문학상 수상에 빛나는 한강 등 여성 문학가들의 등장이 이루어지기 전의 시대에는 월등히 여성 문학가보다는 남성 문학가의 활약이 두드러졌었던 것도 간과할 수가 없을 것이다.

시인 박용철

시인 박용철

제36차 문학기행(광주광역시, 2025년 5월 5일)

　5월 3일, 4일의 4남매 홍도, 흑산도 여행을 마치고 5일에 다시 목포로 넘어와 진안 마이산으로 가는 길에 광주광역시 북구 각화저수지 아래 시화 마을 옆에 자리한 광주 문학관을 들러보기로 했다. 목포에서 고속도로를 달려 나들목을 나오니 광주 문학관이라 글씨가 씌어져 있는 건물이 보여서 사거리에서 유턴해서 문학관 쪽으로 가다 보니 진입하는 도로 표시가 애매해서 잘못 들어서는 바람에 한 바퀴를 다시 돌아서 도착하는 수고를 겪기도 했다.

　주차장에 차를 세우고 문학관으로 향하는데 봄비가 간간이 내리고 있었다.

　1층에 들어서면 중앙에 카페가 있으며, 카페 옆에는 작은 도서관이 있다. 소장하고 있는 책은 아주 많지는 않지만, 성인 도서와 어린이도서가 꽤 갖추어져 있어서 아이와 함께 독소를 즐겨도 좋은 도서관이다.

　2층에는 기획전시실이 자리하고 있는데 3면 입체 구성으로 마련된 미디어아트를 통해 광주 문학 작품 원본 전시를 관람할 수가 있다.

　고전문학부터 1980년대까지 광주·전남 지역 문학의 형성과 역사적 흐름을 시대순으로 보여주는 3층에 마련된 상설 전시관에는 마침 입구에 2024년 노벨 문학상 수상(채식주의자)에 빛나는 한 강 작가의 대표 작품들이 전시되어 있어서 이 또한 가슴 벅찬 감동이 아닐 수 없다.

　내 기억으론 중학교 1학년 때인 1968년에 인도의 시인 타고르(1913년 노벨문학상 수상)에 이어 일본인 최초이자 아시아인으로서는 2번째 노벨문학상 수상자인 가와바타 야스나리(설국)가 그토록 부러웠었는데…. 드디어 우리나라에서도 노벨 문학상 수상자가 탄생해서 내가 그동안의 한을 풀었다….

　이곳 상설 전시실에는 마한, 백제, 고려, 조선시대를 거쳐 해방 전후의 근대문학을 아우르는 광주 문학의 대서사시가 펼쳐진다. 또한, 문병란, 정소파, 김현승 그리고 박용철 4대 문인들의 문학적 세계와 1980년대 5월 문학의 흐름을 상세히 다루고 있다. 특히, 1980년대 신군주 정권에 항거한 저항문학의 정수인 시문 학파의 작품들도 전시되어 있다.

박용철(朴龍喆)은 한국의 시인이며, 문학평론가와 번역가로도 활동을 한 그의 본관은 충주이며 아호는 용아이다.

일제강점기 시절 대표적인 민족시인을 떠올리자면 윤동주, 김영랑, 정지용, 이육사 시인 등을 뽑을 수 있지만, 용아 박용철 시인 역시 빼놓을 수가 없다.

박용철 시인은 서른다섯의 나이로 요절해서 짧은 생애를 살다 간 천재 시인으로 그가 태어난 광주 소촌동에는 그의 생가가 자리하고 있다.

광주광역시 기념물 제13호로 지정된 이 집은 선생의 고조부가 지었다고 전하지만 19세기 후반에 지은 것으로 추정하며, 슬레이트 지붕을 1995년 원래 초가로 복원하였는데, 본채와 사랑채, 행랑채 사당, 서재로 구성되어 있다.

한편, 광주공원에는 "떠나가는 배"가 새겨진 박용철 시비도 건립되어 있다.

매년 광주광역시 광산구에서는 용아예술제를 열고 있다.

시인은 1904년 6월 21일 전남 광산군(현 광주광역시 광산구)에서 출생하였고, 배재고등보통학교를 중퇴하고 일본으로 건너가 아오야마학원 중학부를 졸업했으며, 도쿄 외국어학교 독문과에 입학했지만, 그 당시 간토 대지진으로 부득이 귀국하여 연희 전문에서 잠시 수학을 하였으나, 수개월 후에 자퇴하고 문학에만 전념했다.

그는 일본에서 유학 중에 시인 김영랑과 교류하며 1930년 『시문학』을 함께 창간해서 문단에 등단했다.

1931년 『월간문학』, 1934년 『문학』 등을 창간해 순수문학 계열로 활동했다.

우리나라 현대문학 개척자의 한사람으로 초창기 시단을 빛낸 시인이었던 그는, 이곳에서 새로운 문명을 소개하며 자주독립 정신을 일깨워 주기도 하였고, 한국 현대시의 심미적 수준을 단번에 한 단계 향상한 선각자이자 한국 현대시의 창작과 비평 양면에서 매우 뛰어난 업적을 남긴 분으로서, 특히 교과서에도 실렸던 대표적인 시로 주목받는 '떠나가는 배'와 대표적 시론인 『시적 변용에 대해서』는, 오늘날까지도 독자들에게 두루 읽히며 널리 사랑받고 있음도 물론이다.

한국의 서정시 발전에 선구적 역할을 한 그는 김영랑, 정지용, 정인보, 변영로 등과 문학 동인으로 활동하였고, 1930년 『문예월간』을 창간하여 외국 문학을 소개하였으며, 1931년에는 김영랑, 정지용 등과 함께 순수시 전문지인 『시문학』을 발간하여 창간호에 대표작인 '떠나가는 배', '밤기차에 그대를 보내고' 등을 발간하였고, 극예술연구회의 동인으로 신극 운동을 전개하였으며, 해외 시의 이론을 번역하여 소개하기도 하였던 이 무렵의 문단은 프로문학에 깊은 영향을 받았으나, 그는 김영랑 등과 함께 순수시 운동을 펼쳤으며, 정열적이고 남성적인 그의 시 세계는 30년대 서정시 발전에 선구적 역할을 하였는데, 그가 시를 통하여 마음을 가다듬어 곱게 바치려 한세상은 티끌 없이 영혼이 맑고 향기로운 시혼의 순정 세계였다.

더욱이 1933년 12월에 또 하나의 문예지인 『문학』을 발간하여, 외국 문학을 소개하고 비평하였으며, 1936년에는 동인 중심의 문학지인 『청색파』를 계획하여 일부 인쇄에 넘기기도 하였으나, 불행히도 건강의 악화로 중단이 되고 말았다.

한편, 그는 영어와 독일어에 능통하여 번역에도 손을 대어 많은 시와 수 편의 희곡을 번역하였고, 유고집에 수록된 번역 작품은 괴테와 하이네 등 독일 시인의 시편이 70여 편, 영미의 시편이 200여 편에 달하였으며, 이 밖에도 『색동저고리』라는 제목으로 외국 동요를 100여 편을 번역할 정도로 번역에 대한 왕성한 의욕까지도 보였다.

시적 변용이나 기교주의에 대한 그의 글을 통해 볼 때, 시를 하나의 사상 선전의 목적이나 도구로 이용하려는 애매한 아류를 통박하였고, 시에 있어서 가능한 한 한자를 배제하고 한글로 감정을 표현하려 하였으며, 릴케와 키에르 케고르의 영향받은 애수, 회의, 상징이 주조를 이루어 섬세한 감각을 보여주기도 하였다. 1931년 이후로는 비평가로서도 크게 활약하여 『효과주의 비평논강』, 『조선문학의 과소 평가』, 『시적 변용에 대하여』 등을 발표하여, 계급주의와 민족주의를 동시에 배격하여 임화와 논전을 벌이기도 하였으며, 그는 시의 순수성을 표방하고 이에 입각하여 많은 시와 시조를 썼으나, 순수시 운동의 주창자 및 이론가로서만 어느 정도 평가되고 있어서 매우 안타까운 데다, 1938년에 그나마 후두결핵으로 젊은 나이에 타계한 그의 유해가 송정읍 솔머리 향리에 안장되었다.

대표작 '떠나가는 배' 등 식민지 설움을 묘사한 시로 세상에 알려졌으나 실상은 이데올로기나 모더니즘을 지양하고 순수 시적 경향을 보였다.

김영랑, 정지용 등과 함께 시문학파를 형성했다.

이후로는 주로 극예술연구회의 회원으로 활동하며 해외 시와 희곡을 번역하고 평론을 발표하는 방향으로 관심을 돌렸다.

『시문학』 동인 창립 기념사진1929년 앞줄 왼쪽부터 김영랑, 정인보, 변영로, 뒷줄 왼쪽부터 이하윤, 박용철, 정지용
| 출처 이동순, 『광주문학100년』 광주문화재단

떠나가는 배

나 두 야 간다
나의 이 젊은 나이를
눈물로 보낼 거냐
나 두 야 가련다

아늑한 이 항구인들 손쉽게야 버릴거냐
안개같이 물어린 눈에도 비치나니
골짜기마다 발에 익은 돌부리 모양
주름살도 눈에 익은-사랑하는 사람들

버리고 가는 이도 못 잊는 마음
쫓겨가는 마음인들 무어 다를거냐
돌아다보는 구름에는 바람이 회살짓는다
앞 대일 언덕인들 마련이나 있을 거냐

나 두 야 가련다
나의 이 젊은 나이를
눈물로야 보낼거냐
나 두 야 간다

시인은 자신의 작품집을 생전에 출판하지 못했으나, 그가 사망하고 1년이 지난 후 『박용철 전집』이 시문학사에서 간행이 됐다. 전집의 전체 내용 중 번역이 차지하는 부분이 절반이 넘어, 박용철의 번역 문학에 대한 관심을 알 수 있다.

괴테, 하이네, 릴케 등 독일 시인들의 시를 많이 번역했다.

또한, 번역 희곡으로는 셰익스피어의 "베니스의 상인", 입센의 "인형의 집" 등이 있다. 이는 그가 극예술연구회 회원으로 활동하며 번역한 작품들이다. 방대한 역시편(譯詩篇) 등을 통하여 해외 문학을 소개하는 역할을 하였다는 점에서 한국 근대 문학사에서 크게 기여했다는 평가를 받는다.

그런데 1935년(32세), 임화는 김기림을 비롯한 모더니스트들, 그리고 박용철이 속한 시문학파 등을 싸잡아 시대 현실을 외면한 채 '말초 신경'의 언어를 제작하여 '시적 언어'에 실패한 무리라고 비난한다.

이에 박용철은 '올해 시단 총평'을 통해 김기림의 시 '기상도'와 시론 "오전의 시론"을 분석하면서 김기림의 시 정신 결여와 지성 과잉을 지적하고, 동시에 임화의 편견을 적시하면서 과연 그렇게 말하는 임화는 '시적 언어'에 성공했느냐고 묻는다.

김기림과 임화 모두를 비판한 것이다.

하지만, 임화는 이듬해인 1936년 '기교파와 조선 시단'을 발표하여 박용철을 비롯한 순수파를 '기교파'라면서 다시 비난한다.

그러나 박용철은 '기교주의설의 허망'이란 글을 통해 '기교'란 시의 창작 기술이며 오랜 시 창작과 성숙 과정에서 자연스럽게 우러나오는 것이라고 반박하고 '시적 기교'는 불가피하다는 시론을 펼친다. 이런 일련의 기교주의 논쟁을 통해 박용철은 비평

가로서의 위치를 다지게 된다

박용철의 시는 김영랑이나 정지용과 비교해 시어가 맑거나 밝지는 않은 대신, 서정시의 바탕에 사상성이나 민족의식이 깔려 그들의 시에서는 없는 특색이라는 평가가 있다.

그는 릴케와 키에르 케고르의 영향받아 회의, 모색, 상징 등이 주조를 이룬다

광주 출신인 시인은 『시문학』, 『문예월간』, 『문학』 등 문예지를 간행하였고, 방대한 역시편(譯詩篇) 등을 통하여 해외 문학을 소개하는 역할을 하였다는 점에서 한국 근대 문학사에서 크게 기여했다는 평가를 받는다.

문학기행을 마친 우리 일행은 다음 목적지인 진안 마이산을 향하여 나의 애마(愛馬)는 달린다.

작가 전혜린

작가 전혜린

제37차 문학기행(용인시, 2025년 6월 19일)

1934년 그것도 1월 1일 평안남도 순천에서 출생한 그녀는 법률가인 전봉덕(田鳳德)의 1남 7녀 중 장녀이다.

평남 순천은 소천하신 내 장인(故 윤상수 목사님)과 고향이 같다.

그래서 더욱 애착이 간다.

1953년에 경기여자고등학교를 졸업하였고, 같은 해 서울대학교 법학과에 입학하였으나 1955년 3학년 재학 중 전공을 독문학으로 바꾸어 독일로 유학하였다. 그녀가 단신으로 독일의 뮌헨에 내린 것은 1955년 가을이었다. 우연히도 내가 태어난 것도 1955년 가을(10월 20)일이어서 소설가 박완서(1931년 10월 20일 출생)와의 인연에 이어 전혜린과도 절묘한 인연이 이어진 셈이다.

태어난 평남 순천과 학교에 다닌 서울은 각각 북조선과 한국으로 갈라져 한바탕 피의 제의를 치른 뒤끝이었다.

따라서 분단 한국의 딸 혜린은 또 다른 분단국 서독의 남부 도시 뮌헨을 찾았고 대학 근처의 동네인 슈바빙에 짐을 풀었다.

슈바빙은 발전해 가는 기계문명 속에 아직도 한 군데 남아있는 낭만과 꿈과 자유의 여지가 있는 곳, 그 속에 한 번 들어가서 그것을 숨 쉬고 그것에 익숙해지고 나면 다른 풍토는 권태롭고 위선적이고 딱딱하고 숨 막혀서 도저히 못 참게 되는 것 같다고 했다. 슈바빙은 한마디로 청춘의 축제라고 말할 수 있을 것이다.

희생도 적지 않게 바쳐지는, 그러나 젊은 목숨이 황금빛 술처럼 잔에 넘쳐흐르고 있는 꿈의 마을, 이것이 슈바빙이 아닐까 싶다. 전혜린에게 있어서 4년간의 슈바빙 시절은 한국에서는 맛보지 못한 본질적 삶의 세례를 받은 시기였으며, 그녀는 귀국해서 죽기 전까지 "복음(福音)"의 전파에 주력했다.

그 당시 한국이라는 나라가 얼마나 쉽게 인간의 의욕을 꺾는가를 절감한 그녀가 언제나 그리워하고 행수에 시달려야 했던 도시는 뮌헨이요 슈바빙이었다.

1959년 독일 뮌헨대학 독문학과를 졸업하고 이 학교에서 조교로 근무하였다. 그녀는 유학 중인 1955년 가톨릭에 귀의하여 막달레나(Magdalena)라는 영세명으로 영세를 받았으며, 이듬해 법학도인 김철수(金哲洙)와 혼인하였다. 1959년 5월 귀국하여 경기여자고등학교, 서울대학교 법과대학, 이화여자대학교의 강사를 거쳤고, 1964년 성균관대학교 조교수가 되었다.

펜클럽 한국본부 번역분과위원으로 위촉되어 일하기도 하였으나, 1965년 1월 11일 31세로 자살하였으며, 이러한 뜻하지 않은 그녀의 죽음은 전혜린의 총명을 기리는 모든 이에게 충격과 아쉬움을 남겼다. 독일 유학 때부터 시작된 전혜린의 번역 작품들은 정확하고 분명한 문장력과 유려한 문체의 흐름으로 많은 독자들에게서 사랑받았다.

사강의 『어떤 미소』(1956), 슈나벨의 『한 소녀가 걸어 간 길』(1958), 이미륵(李彌勒)의 『압록강은 흐른다(Der Yalu Fliesst)』(1959), 케스트너의 『화비안(Fabian)』(1960), 루이제 린저의 『생의 한 가운데』(1961), 뵐의 『그리고 아무 말도 하지 않았다』(1964) 등 10여 편의 번역 작품을 남겼다.

그밖에 수필집으로는 『그리고 아무 말도 하지 않았다』(1966)와 『미래완료의 시간 속에』(1966)가 있고, 『이 모든 괴로움을 또 다시』라는 제목으로 1976년 대문출판사(大文出版社)에서 그녀의 일기가 유작으로 출간되기도 하였다.

순수와 진실을 추구하고 정신적 자유를 갈망하던 전혜린의 모습은 지금까지도 당대의 새로운 여성상으로 평가받는 한편, 완벽한 정신세계를 지향하는 지성적인 현대 여성의 심리로서 분석되는 등 관심의 대상으로 지속되고 있다.

한편, 그녀의 마지막 글이 되었던 "죽음은, 누구의 죽음이나 엄숙한 사실이다. 더구나 그것이 의식적으로 선택되고 논리적으로 사유가 된 결과인 경우, 우리는 무엇이 그를 죽음에 던져 넣는가를 알고 싶어 해도 마땅하다."

전혜린은 이 글을 쓰고 며칠 후(1965년 1월10일) 향년 31세로 자살했다. 공식 사인은 수면제 과다 복용이었다.

그녀의 소울 메이트(soul mate)로 훗날 『전혜린 평전』을 쓴 작가 이덕희는 그녀가 죽기 하루 전에 전혜린을 그들의 단골다방인 〈학림〉에서 만났다.

전혜린이 '세코날(seconal, 수면장애 치료에 사용되는 약물) 마흔 알을 흰 것으로 구해서 아주 좋아 죽을 지경'이라고 말했을 때 이덕희는 조금도 이상하게 생각하지 않았다고 했다.

그들은 불면증으로 수면제를 상용했고, 때때로 신경을 마취

시키기 위한 '매개물'로 이용하고 있었기 때문이다.

학림다방은 종로구 대학로에 있는 다방으로 1956년에 개업해서 지금까지 69년을 이어오고 있으며 대학로에서는 가장 오래된 가게로 알려져 있는데 서울대가 관악산으로 이전하게 된 이후에도 그대로 남아 현재까지 명맥을 유지하고 있다.

현재의 건물은 1983년에 신축한 건물로 2014년 서울시로부터 서울 미래유산으로 지정되어 건물 전체가 영구 보존 구역으로 지정되었다. 그곳에서 유명한 메뉴는 오스트리아 수도인 비엔나(빈)에서 유래된 유럽풍 커피로 커피 위에 휘핑크림을 얹은 비엔나커피다. 그곳을 드나들던 유명 인사로는 시인 김지하, 소설가 이청준 그리고 시인 천상병 등이 있다.

독일에서 유학을 마치고 돌아온 그녀는 학림다방에서 작은 테이블에 앉아 비엔나커피를 마시며 종종 글을 썼다.

1950년대 후반부터 헤르만 헤세의 "데미안", "싯다르타" 같은 작품에 관심을 두었으며, 그의 철학과 문학적 세계를 국내에 소개할 뿐만 아니라, 괴테의 "젊은 베르테르의 슬픔"과 같은 독일 문학 작품을 번역했다.

"그리고 아무 말도 하지 않았다"는 이대의 내용을 담은 에세이로 괴테의 작품에서 인간 존재의 내면적 갈등과 이상을 탐구하는 데 영향받았으며 독일 유학 중에 느낀 이방인의 외로움과 고뇌를 괴테의 철학과 연결 지어 상징적으로 나타내느라 하루에 커피를 15잔까지 마시며 글을 썼다.

그녀의 눈빛은 언제나 그랬듯이 깊은 고독과 우울함에 잠겨 있었다.

나는 전혜린의 『그리고 아무 말도 하지 않았다』를 대학 시절부터 구입해서 읽었고, 그 후 지인들한테 생일 때 축하 선물로 또는 그냥 책 선물을 할 때는 이 책을 구입해서 주기도 했었다.

1995년도에는 분당에 사는 송도초등 동창 여학생인 K 양의 아파트를 방문했을 때도 어김없이 나는 그 책을 구입해서 선물했다. 그녀가 아직도 그 책을 간직하고 있는지는 모르지만…

아무튼 나는 누구나 그 책을 선물하고 싶었고, 또 그렇게 했었다. 그나마 내 책꽂이에 꽂혀있던 전혜린 수필집 "그리고 아무 말도 하지 않았다"는 2년 전 직장 동료 딸, 대학생(천예지)이 독일 함부르크로 유학을 떠나기 전에 회사에 인사차 들렀을 때 나는 그 책을 사서 주려고 며칠 전부터 서점을 들렀으나 오래전에 절판(絶版)이 되어서 더 이상 구매가 어렵다고 해서 집에 있던 책을 건네주면서 "유학 마치고 오면 다시 돌려줘야 한다"라고 했던 기억이 있다.

나는 전혜린 문학기행을 준비하면서 인천 창영동에 있는 헌책방엘 들러서 그 책을 어렵게 구입해서 다시 읽고 있다.

책머리에는 친 동생인 전채린(충북대 불문과 교수)이 "나의 언니 전혜린(田惠麟)"이란 제목의 글 중에서 일부를 발췌하면,

"언니의 생은 자기의 모든 것을(지식과 정렬과 그리고 사랑을) 모든 이에게 쏟아 부은 일생이며, 꿈과 기쁨과 괴로움이 터질 듯이 팽팽하게 찬 일생이었다. 언니의 생은 자유로우려는 정신과 현실 세계와 대결해 나가는 투쟁이었다.

마지막 2년 동안의 언니는 이를테면 한 개의 불꽃이었다. 기적과

같은 불꽃이었다. 불꽃처럼 짧게 살고 갔으나 그가 사랑하던 우리들 속에 뿌려 놓은 언어와 고독과 사랑의 씨는 우리 속에 자라나서 숲을 이루고 그 숲은 우리와 함께 커갈 것이다." -1966년 3월.

한편, 전채린은 고(故) 하길종 영화감독(배우 하명중의 형)의 부인이다. 하 감독은 UCLA 영화과 대학원에서 Corpola 감독과 같이 공부했는데 하나는 Hollywood와 영화사의 한 역사 이정표가 되고 또 하나는 여러 천재적이고 실험적인 작품을 시도하다가 결국은 "바보들의 행진"으로 타협을 보고 본인이 스스로 '천재 바보'가 되었다.

하지만, 테마곡인 '왜 불러' 그리고 '고래사냥' 같은 노래까지 모두 다 금지곡이 되는 형국에 무슨 영화를 찍겠냐고 하면서 결국 그는 37살에 스카라 극장 옆 맥줏집에서 종말을 맞이했다.

이는 그 당시 피할 수 없었던 유신시대의 비극이다.

수필의 차례 중에서 역시 감명 깊은 부분은 제2장 뮌헨의 몽마르트르 편에 나오는 '다시 나의 전설 슈바빙'이다.

또한, 제5장 '자라나는 숲(육아 일기)' 편에는 1956년 법학도인 김철수(헌법학자)와 결혼해서 낳은 딸 정화(貞和)에 대한 남다른 깊은 애정이 그려져 있다. 하지만, 나는 이 대목에서 그토록 사랑하던 어린 딸을 두고 왜 자살해야만 했을까? 에 대한 의구심이 든다. 그리고 "이미륵 씨의 무덤을 찾아서"란 글도 나온다.

이미륵은 대한민국의 독립 유공자이며 독일에서 활동한 한국인 동물학자, 문필가이자 반나치 운동가이기도 하다

이미륵 박사의 유일한 단행본인 "압록강은 흐른다"는 이 땅의

안온한 자연과 온화한 사람들의 모습을 절제된 언어로 담아낸, 이미륵 작가의 자전 소설이다. 1946년 5월 이미륵이 독일 피퍼(Piper)사에서 출판한 독일어로 쓴 장편소설이다.

'한국에서의 어린 시절'을 부제로, 고향에서 보낸 어린 시절부터 일제강점기에 한일합병 반대 운동에 가담하여 독립운동하다가 1910년 압록강을 밤과 안개 속에 건너 만주와 중국을 통해서 해로로 독일까지 와서 뮌헨의 슈바빙에 방을 얻어서 자취를 망명한 체험을 회상 형식으로 서술한 자전적 소설이다. 한국인이 쓴 소설이긴 하지만 독일에서도 문학적 가치를 인정받으며 독일에 한국의 표상을 형성하는 데 크게 이바지했다.

1959년 전혜린에 의해 한국어로 번역되었다. 이주와 망명 과정에서 조국과 고향에 대한 향수를 담아 한국인이 쓴 디아스포라 문학의 선구로 호명된다.

글 내용의 초반부는 이렇다.

3월 20일은 "압록강은 흐른다"의 저자인 이미륵(李彌勒, 본명은 이의경(李儀景))씨가 독일에서 병사한 날이다(1950년). 나는 조그마한 화환을 하나 들고 T와 또 나의 집 근방에 사는 S양과 함께 전차를 탔다. 몹시 추운 눈보라치는 날이었다. 이미륵씨의 무덤은 시골 교외의 거친 들판 한 가운데에 있는 작은 공동묘지에 있었다. 온갖 모양의 천사 등의 석상과 대리석 십자가 또는 상록수 등으로 알뜰하게 장식된 수많은 무덤 사이에 그의 무덤은 아무 장식도 없고 아무데나 굴러다니는 것 같은 작은 돌로 만든 작은 비석 위에 단 세 글자, 새겨진 한문 "이미륵" 때문에 누구의 눈에나 금방 띄었다…. - 중략 -

그녀가 독일로 유학하러 가서 4년 동안 살았던 동네가 바로 뮌헨의 북부에 있는 슈바빙(Schwabing)이라고 불리는 독특한 지대이자 뮌헨의 핵심구역이다.

그녀는 그곳 슈바빙을 뮌헨대학교 미술대학 주립 도서관을 비롯해 많은 새 책방과 헌책방, 화랑 등으로 특정 지어진 뮌헨 문화의 심장부이며 그곳 주민의 태반을 이루고 있는 가난한 학생과 대학생들, 시인, 작가, 화가, 교수, 음악가, 이방인들이 모여서 사는 이색적인 지대였다고 그 글에서 표현했다.

인천 신포동 시장 골목에는 "슈바빙"이란 경양식이 있어서 40대 초반까지는 가끔 들러서 비련의 작가 전혜린을 추억하는 시간을 가지곤 했다. 하지만, 얼마 후 그 경양식이 없어져서 참으로 아쉬웠다. 그곳을 가면 마치 전혜린을 만난다는 느낌이 들곤 했었기 때문이다.

실제로 나는 2000년 5월에, 남동공단에 있는 목공기계를 제작하는 "경인CO"에서 해외영업팀장으로 근무하면서 독일의 하노버에서 열리는 세계가구박람회에 membrane press 기계를 출품, 전시하러 출장을 갔었을 때 내심 독일의 저 남부 끝 쪽에 위치한 뮌헨으로 날아가 그 슈바빙엘 가보고도 싶었다.

하지만, 벌써 25년 전의 일이다.

꿈은 이루어진다고들 하는데 아들 내외가 현재 여행사에 근무하고 있으니 언젠가는 독일엘 여행 갈 일이 있게 되면 그 슈바빙을 반드시 가보고 싶다.

한편, 어느 문학평론 집에는 전혜린을 이렇게 평했다.

시인도 아니었다. 소설가도 아니었다. 그렇다고 평론가도 아니었다. 굳이 딱지를 붙이자면 "번역 문학가"라고나 할까.

헤르만 헤세의 "데미안"과 루이제 린저의 "생의 한 가운데", 이미륵의 "압록강은 흐른다"가 그녀의 이름을 뒷받침하는 번역서 목록의 일부다.

번역이 아닌 그 자신의 글이라고는 "그리고 아무 말도 하지 않았다"라는 산문집, 그리고 "이 모든 괴로움을 또다시"라는 제목으로 묶인 일기가 전부인 여자"라고.

우리는 그녀를 만나기 위해 6월 19일 그녀가 묻혀있는 용인시 처인구 용인천주교추모 공원을 가는 길에 근처 용인 공원 아너스톤에 있는 부모님 산소를 먼저 들러 성묘했다.

이어서 인근에 있는 천주교 추모 공원 관리사무소로 가서 전혜린 묘소 위치와 묘소 번호(NF-54)를 확인한 다음, 주차장에 차를 세우고 묘소를 찾아 나섰다.

장맛비가 그친 다음 날이라 그런지 점심때가 가까운 날씨는 몹시도 무더웠다. 추모 공원 묘역은 방대하고, 묘소 번호도 로마자 알파벳 순서로 되어 있는데 순서도 일정하지 않고, 벌초도 제대로 되어 있지 않아서 묘소를 찾는데도 무척 애를 먹었다.

오르락내리락을 여러 번 해서 간신히 전혜린 묘소를 발견했다. 묘소 뒤쪽에 문학기행 플래카드를 걸어 놓고 대한민국 대표 막걸리 인천 소성주를 한 잔 따라서 그녀에게 정중히 예를 올렸다. 그런데 놀라운 것은 묘비에 전혜린 작가의 이름이 "전헤린"으로 잘 못 새겨져 있는 것을 발견했다.

한편, 묘비의 뒷면에는 "하늘이 주신 시간에 시간을 보태고 사랑에 또 사랑을 보탠 다음 눈감아 여기 잠든이 전헤린 여사여"라는 김남조 시인의 조문이 새겨져 있는데, 여기 또한 "전헤린"으로 잘 못 새겨져 있다.

그동안 유족들 그리고 전혜린을 기억하는 많은 사람이 이 묘소를 방문했을 것인데 묘비에 있는 이름이 "전혜린"으로 올바르게 고쳐지지 않은 것이 아주 안타까웠다.

우리는 묘소 방문으로 그녀에 대한 문학기행을 마무리하면서 전혜린의 짧은 생애를 돌이켜 보았다.

그녀는 남성과 여성이 집안이나 사회에서 상하관계가 아니라 동등한 동료로서의 관계를 맺어야 한다고 주장했다.

남녀 간의 관계가 단순한 성별의 차이를 넘어, 인류를 위한 숭고한 목적을 공유하며 동료애와 우애를 바탕으로 한 감정으로 나아가야 한다고 했다.

이는 기존의 여성상을 모성에 국한하는 전통적인 사고방식을 벗어난 혁신적인 관점이었다.

특히, 전혜린은 여성의 해방이 단순히 가정과 가사를 버리는 데 있는 것이 아니라, 가정을 지키면서도 자기실현과 사회적 역할을 통해 여성으로서의 잠재력을 발휘하는 데 있다고 강조했다.

이러한 그녀의 주장은 1950~60년대 당시로는 매우 앞선 사고방식이다. 만약, 그녀가 서른둘의 젊은 나이에 세상을 떠나지 않고 더 많은 글을 남겼다면, 여성의 사회적 역할과 인권 증진에 대해 심도 있는 논의를 이어갔을 것이라는 아쉬움이 큰 대목이다. 전혜린의 이러한 사상은 그녀가 짧은 생애 동안에도 시대를 초월하는 메시지를 남겼다는 점에서 여전히 많은 이들에게 영감을 준다. 이렇듯, 근엄한 우리의 문학사에서는 전혜린의 이름을 발견할 수 없다. 그도 그럴 것이, 그 여자의 글들은 이른바 문학적 가치나 문학사적 의미와는 거리를 두고 있기 때문이다.

그것들은 차라리 '사회사적, 정신사적 범주'에 놓고 이해하는 것이 더 적절해 보인다. 그 여자를 형성시킨 것은 한국전쟁을 전후한 시기의 상처와 폐허였으며, 그 여자가 형성에 기여한 것은 1960년대 한국의 미숙한 '실존주의적 분위기'였다.

그러다가 그사이에 1950년대 후반, 4년간의 독일 체험이 놓인다. 인간 실존의 근본적 조건에 절망하고 삶의 구체적 세목이 보이는 평범과 비속을 혐오했던, 그럼에도 더욱더, 순간순간을 불꽃처럼 치열하게 살고자 했던 여자, 한국이라는 박토에 뿌리내리기보다는 뮌헨의 자유를 호흡하고자 했으며, 여자의 좁은 울타리를 뛰어넘어 보편적 성을 지향했던 여자, 인간이라는 육체적 현존이 아닌 정신과 관념만의 그 어떤 추상적 존재를 열망했던, 그리하여 당연하게도 마침내는 좌초했던 여자, 그 여자의 이름은 전혜린(田惠麟).

아, 전혜린 나는 그녀가 지금도 보고 싶다.

소설가 김말봉

소설가 김말봉

제38차 문학기행(서울 망우동, 2025년 6월 27일)

    1901년 4월 3일 부산 중구 영주동에서 태어났으며 일신여학교(지금의 동래여자고등학교) 고등과 3년을 수료했다. 그 뒤 1917년 서울로 올라와서 정신여학교 3학년에 편입한 뒤 4년 과정을 졸업하고, 황해도 명신학교에서 1년간 교원으로 근무하다 1920년 일본으로 건너가 고등학교를 거쳐 교토에 있는 도지샤대학(同志社大學)에서 영문학을 공부했다.

    1929년 귀국하여 중외일보의 기자로 취직할 때까지도 문학에 큰 관심이 없었다. 하지만, 그 후 작가는 기자 생활을 하면서 쓴 탐방기나 수필이 주위에서 좋은 반응을 보이자, 소설에 관심을 두기 시작했다. 1932년 중앙일보 신춘문예에 '보옥'이란 이름으로 응모했던 단편 『망명녀(亡命女)』가 당선되어 문단에 등단했다. 1935년에 『신가정』에 '5월의 노래'를 발표해서 인기를 얻으면서, 동아일보 편집국장인 설의식과 학예부장인 서항석의 주선으로 1935년 동아일보에 애욕과 금전에 얽힌 음모를 이겨내는 여주인공의 곧은 마음을 그린 장편소설『밀림』(1935. 9. 26~1938. 12. 25)을 연재했다. 『밀림』을 쓸 당시에는 거처인 부산 동구 좌천동에 머물고 있었다.

『밀림』은 인기를 얻었고, 김말봉은 저널리즘 스타가 되었다.

1년 뒤 조선일보에는 『찔레꽃』(1937. 3. 31 ~ 10. 3)을 연재하면서 일약 인기 작가로 발돋움했다.

스스로 통속소설(교양이나 문화적 수준이 높지 않은 사람들에게도 널리 통용되는 소설)을 쓰겠다고 주장했으며, 순수문학에만 집착하는 문단에 '순수귀신을 버려라'고 했다.

작가는 첫 남편과 사별한 뒤 재혼하여 부산에 살면서 소설을 썼다. 그 후 일제가 조선 청년들을 징용하고 있을 때, 어떤 조선 청년이 찾아와 일본어로 소설을 쓰라고 말했다. 처음에는 "일본어를 몰라서 못 쓴다"고 둘러댔지만, 김말봉이 일본에 유학을 갔다 왔다는 사실이 온 조선에 퍼져서 그 변명이 소용없게 되자, 결국 일시적으로 절필하고 주부 생활을 하며 은둔했다.

해방 후에는 서울로 올라와 공창(관청의 허가를 얻고 몸을 파는 행위를 하는 여자) 폐지 운동을 펼치면서 박애원(博愛院, 부산 해운대구 우동에 있는 사회복지법인)을 경영하고, 6·25전쟁 때는 피난지 부산에서 여러 문인에게 경제적 도움을 주기도 했다.

김말봉은 문학의 순수성을 중점으로 하는 문예 사조와는 달리, 처음부터 흥미에 중점을 둔 통속소설을 썼다. 애정의 욕구로 인한 갈등 속에서도 '정의는 이긴다'는 도덕성을 갖추되, 독자에게 재미를 줄 수 있는 소설을 쓴다는 신조를 지녔다.

해방 이전에는 서구식 사조를 받아들여서 사람 사이에 생길 수 있는 애욕 문제에 초점을 맞추었으나, 해방 이후에는 사회에 눈을 돌려 인간의 애욕 문제와 동시에 사회문제에 초점을 맞추었다. 김말봉의 작품 세계는 대중적인 멜로드라마의 원류라고 할 수 있다.

『찔레꽃』이후, 청순하고 가련한 여학생과 가난하지만, 재능 있는 청년인 두 주인공을 둘러싼 복잡하고 단계적인 애욕의 갈등이 벌어지면서 나타나는 고난과 그 고난을 극복해 나가는 서사 구조는 대중적인 멜로드라마의 한 유형화된 틀을 이루고 있다.

또한, 『생명』은 사회 비판적인 요소를 담고 있으나, 마찬가지로 이러한 서사구조를 토대로 집필되었다. 작가는 인간의 현실적 상황에 눈을 돌려 대중과 함께 살아가야 한다는 것을 신념으로 삼았다. 때문에, 예술성과 인간을 탐구하는 것을 문학의 제일 가치로 둔 순수문학을 옹호하는 사람들에게 "문학의 본질을 벗어났다"는 비판받기도 했다. 하지만, 반대로 김말봉은 순수문학에만 초점을 맞춘 문단을 비판하면서 "순수귀신을 버리라"고 말했다. 작가는 이상형의 남자 주인공을 연모하는 여성들의 애정관을 명쾌하고 섬세하게 그린『푸른 날개』(조선일보, 1954. 3~9) 외에도 장편『화려한 지옥』(1952), 『생명』(1957), 『이브의 후예』(1960), 『바람의 향연』(1962) 등을 단행본으로 펴냈다.

    세모시 옥색 치마 금박 물린 저 댕기가
    창공을 차고 나가 구름 속에 나부낀다
    제비도 놀란 양 나래 쉬고 보더라

    한 번 구르니 나무 끝에 아련하고
    두 번을 거듭 차니 사바가 발 아래라

마음의 일만 근심은 바람이 실어가네

내가 즐겨 부르는 위의 가곡 '그네'는 1946년 김말봉의 시에 사위인 작곡가 금수현이 곡을 붙인 노래이며, 한편 김말봉은 지휘자 금난새의 외할머니이기도 하다.

이 곡은 8분의 9박자의 변화된 5음 음계 구사로 의식적으로 민요 음계에 접근하여 시의 내용과 밀착된 작품이다.

그녀는 시 6편도 남겼는데, '그네'는 시조로 쓴 것이다.

그러나 첫수 종장 두 번째 음절을 석 자로 씀으로써 시조의 정격을 깨고 있다. 두 번째 수에서는 시조의 정형성을 지켰다.

이 시조는 사위 금수현이 곡을 붙이면서 파격의 음절을 둘째 수에 맞춰 '노올라안 양'으로 노래하게 함으로써 완벽한 시조가 되었다. 단순하지만 세심한 민요 음계의 멜로디가 대중적인데 오랫동안 꾸준하게 애창되고 있는 가곡으로 1948년 한국가곡 발표회에서 초연되었으며 이후에 교과서에도 실렸다.

또한 민요조를 구사한 1950년 이전 가곡 중 가장 오랜 기간 사랑받는 곡이라 할 수 있다.

동아일보와 조선일보 양대 일간지에 장편 소설을 잇달아 연재해 폭발적 인기를 끌었던 김말봉 작가는 30여 년의 작품 활동 기간에 장편소설 31편과 단편소설 20편, 동화 6편이라는 방대한 양의 작품을 발표했다.

그녀는 시 6편도 남겼는데, '그네'는 시조로 쓴 것이다.

연극 '통속소설이 머 어때서?!'에서는 통속 작가로서의 김말봉만 그리지 않는다.

김말봉이라는 한 인간의 생애를 들여다본다. 덕분에 무대 위에 선 김말봉에게선 소설가의 모습뿐만 아니라 여성운동가의 모습, 그리고 일본 식민주의에 나름의 방식으로 저항했던 식민지인의 모습이 함께 보인다.

김말봉은 여성 캐릭터에 크게 신경을 쓴 소설가였다.

자유연애 소설인 '찔레꽃'의 내용을 간추리면 아래와 같다.

주인공 안정순은 아버지가 병으로 입원하자 생계를 잇기 위해 은행장 조만호 집에 가정교사로 들어간다. 조만호와 그의 아들은 모두 안정순을 좋아하게 되어 서로 얽히고설키는 연애담으로 발전한다. 정순은 조만호 부자오의 구애와 만호 처의 의심 때문에 힘들어하면서도 생계를 위해 가정교사 자리를 지킨다. 이와는 반대로 조만호의 달 경애는 가정교사 안정순의 애인인 이민수를 사랑한다. 그러던 차에 조만호는 상처를 하고, 안정순을 재취로 맞아들이려는 의도에서 침모에게 중매를 부탁한다. 그러나 그 재취 자리를 탐내고 있던 침모는 조만호를 속이고 그녀의 딸을 대신 방에 들어가게 해 조만호와 합방하게 하려 한다. 그러나 공교롭게도 이때 조만호와 오래 사귄 기생 옥란이 이러한 사실을 알고 질투심을 일으켜 침모의 딸을 살해한다.

이러한 욕망의 와중에서 누명이 벗겨진 안정순은 찔레꽃과 같은 그녀의 순결을 온전히 간직한 채 그 집을 나온다는 내용이다.

이렇듯 이 작품은 표면상 단순한 애욕의 갈등 극인 것처럼 보이지만, 그러한 갈등이 삶에 내재한 욕망으로 빚어지는 근원적 문제임을 보여주고 있으며, 또한 일반적으로 기대된 가치, 즉 순

결한 가치의 성취가 이루어지지 않는 반어적 사태에 관한 작가의 운명론적 삶의 통찰이 드러나고 있다.

물론 이 작품은 통속적 주제와 감상주의, 오해로 인한 사건의 뒤틀림 등 전형적인 대중적인 대중소설의 약점을 그대로 노출하고 있으나, 삶의 온전성을 일반 대중의 수준에서 그들 나름대로 유지하게 하려는 도덕적 건강성을 일깨운 것으로, 이후 대중소설의 전범(典範, 본보기가 될 만한 모범) 이 되었다는 점에서 그 문학적 의의가 있다고 할 수 있다.

이처럼, 『찔레꽃』에서는 아버지의 뜻을 거스르는 것이 자식의 도리냐고 묻는 아버지 앞에서 되레 아비가 된 도리를 질문하며 자신이 원하는 남성을 당당히 말하는 여성을 그려낸다.

소설에 등장하는 아버지는 가부장주의의 최고 권력자일 뿐 아니라, 은행장으로 사회경제적 지위도 높은 인물이었다.

이런 아버지에게 굴하지 않은 여성이라니, 통속적인 이야기로 주체적 여성상을 제시한 김말봉이 대단하게 느껴지는 대목이다. 나는 이 『찔레꽃』 소설책을 1985년 6월 21일에 동인천 대한

서림에서 구매해서 읽었다.

무려 402페이지나 되는 방대한 장편소설이다.

김말봉은 가부장주의에도 맞섰지만, 일본의 식민주의에도 맞섰다. 연극은 해설자의 입을 빌려 김말봉의 항일 의지도 드러낸다. 일본이 우리말로 글 쓰는 것을 금지하자 김말봉은 절필했으며 그렇게 시간이 흘러 김말봉은 해방 후에 다시 작품 활동을 이어갔다. 김말봉은 예술적 가치보다는 흥미 위주의 통속적인 소재를 다룬 소설, 즉 '통속소설'을 쓴 근현대 작가다.

연극 '통속소설이 머 어때서?!'는 김말봉의 소설 3편을 차례로 무대 위에 구현한다. 아내에게 바람피우는 사실을 들키지 않기 위해 벽장 속에 숨어버린 남자의 이야기인 "고행", 청춘 남녀의 자유연애 소설 "찔레꽃", 기생으로 살아가는 여성의 수난사를 다룬 "화려한 지옥"까지.

이를 통해 김말봉의 작품 세계를 소개함과 동시에 관객으로 하여금 왜 김말봉의 작품이 문단으로부터 예술로 인정받지 못했는지 질문케 한다.

『미학 이론』이라는 책으로 미학계에 한 획을 그은 독일의 철학자 테오도르 아도르노(Theodor Wiesengrund Adorno)는 예술에 자명한 것은 없다고 천명한 바 있다.

그는 헤겔, 칸트, 쇼펜하우어 등을 섭렵하였으며 프랑크푸르트대학에서는 철학, 사회학, 심리학을 익혔고, 음악이론과 작곡에도 뛰어난 재질을 보인 아도르노가 1903년에 태어나 1969년에 사망했고, 김말봉은 1901년에 태어나 1961년에 사망했으니, 둘은 활동 시기가 겹친다.

만약 아도르노가 김말봉을 지워버린 한국의 문학계를 봤다면 통렬하게 비판하지 않았을까 싶다.

보통 사람들의 생활 세계를 들여다본 통속적 시도를 천박한 것으로 취급해 애써 외면한 문학계를 말이다.

김말봉 문학비는 부산 강서구 명지동 262 녹산배수펌프장 입구 좌측 화단에 있다.

우리는 김말봉 문학기행을 계획하면서 지난 6월 27일에 인터넷에 김말봉 문학비가 세워져 있는 주소가 강서구 명지동 262로 되어 있어서 내비게이션에 주소를 입력하니 조회가 안 되었다.

나는 당연히 강서구라서 서울에 있는 줄로 알았다.

자세히 검색하니 부산시 강서구였다. 순간 멘붕이 왔다.

그렇다고 당장 부산으로 달려갈 수는 없는 노릇이고 해서 한참을 멍하니 있다가 묘소를 검색해 보았다.

망우동에 있는 망우역사문화공원에 묘소가 있다는 사실을 확인하고 그리로 차를 몰아 달려갔다.

주차장에 차를 세우고 관리사무소에 가서 묘소의 위치 및 번호를 알아낸 다음 묘소로 향했다.

6월의 한낮은 몹시 더웠지만 가끔 들려오는 향수 어린 뻐꾸기 소리와 묘소 주변에 널려있는 산딸기를 따 먹으며 묘소에 도착했다.

『찔레꽃』 소설책과 국대급 막걸리 인천 소성주 한 잔을 따라서 묘 앞에 놓은 다음 예를 올렸다. 우리는 준비해 간 플래카드를 묘소 위에 걸쳐놓고 인증 사진을 찍었다.

묘소 옆에는 망우역사문화공원에서 세워놓은 김말봉의 일대기 중간에는 "1937년 조선일보에 찔레꽃을 연재하여 폭발적인 인기를 얻었다. 일제 말에는 필봉을 꺾고 지내다가 해방 후에는 공창폐지 등의 사회활동에도 나서는 한편, 여성 인권 문제 등의 사회성을 띤 작품도 발표했다"고 기록되어 있다.

나는 이 대목에서 작가의 애국심 그리고 항일 정신에 더욱 애착이 갔다.

그랬다, 해방 직후인 1946년에 쓴 그네라는 시의 마지막 문장에도 나와 있듯이 '마음의 일만 근심은 바람이 실어가네', 이는 작가가 일제 말기에 절필해서라도 일본 말을 해서도 또 사용해서도 안 된다는 굳은 심경으로 지낼 때야 그 마음이 오죽 근심되고 답답했으면 그 '모든 근심은 바람이 실어 가네'라고 유유자적했으리라.

시인 조지훈

시인 조지훈

제39차 문학기행(경북 영양군, 2025년 8월 16일)

　조지훈(趙芝薰) 시인은 1920년 12월 3일 경북 영양군 일월면 주곡리 주실마을에서 재선 국회의원을 지낸 아버지 조헌영과 어머니 전주 류씨 류노미(柳魯尾) 사이의 3남 1녀 중 차남으로 태어났다. 본명은 동탁(東卓), 본관은 한양(漢陽)이며, 민족 주체 의식이 강한 집안에서 태어나 어린 시절부터 일제식 교육을 일절 거부하고 할아버지인 조인식(趙寅錫)으로부터 한문을 수학했으며, 영양보통학교 3년을 다니고 1936년에 상경하였다.

　1939년 19세에 잡지 『문장(文章)』에 추천받아 '고풍의상', '승무' 등을 발표하며 시인으로 등단하였고, 20세에 김난희(金蘭姬)와 혼인하였다.

　1940년 조지훈은 '아침' 등을 계속 쓰기는 하나 일제의 억압이 강화되자 오대산으로 들어가 1941년 월정사강원(月精寺講院)의 외전강사(外典講師)로 일하며 당시(唐詩)와 불경을 탐독하는 등 일제말기의 현실과 일정한 거리를 두는 관조적 생활을 한다.

　광복 후에는 경기여고 교사와 서울여자의과대학교와 동국대학교 강사, 고려대학교 교수를 역임하였다.

　고려대학교 재직 시절에 발발한 6·25전쟁에서 초대와 2대 국회의원이었던 아버지 조한영이 최린, 이광수 등의 여러 지식인과 함께 납치되는 비운을 겪는다.

 1·4 후퇴 때 조지훈은 피난처인 대전에서 종군 기자단에 참가하고 이후에는 문총, 한국문인협회의 중앙위원과 대표이사를 지낸다. 1941년 혜화전문학교 문과를 졸업하고 오대산 월정사에서 불교전문강원 강사를 지냈다. 서당에서 공부한 후, 독학으로 검정고시를 거쳐 동국대학의 전신인 혜화전문학교에 입학하고 졸업하였다.

 학우지 《백지》를 통하여 습작 활동을 하던 중 2학년 때인 1939년 『문장(文章)』지 3월호에 '고풍의상(古風衣裳)'을 투고하여 초회 추천을 받았으며 이 뒤로 '승무(僧舞)', '봉황수', '향문' 등의 작품으로 세 번의 심사를 거쳐 '자연과 인공의 극치'를 이룩한 시인이라는 찬사를 들으면서 1940년 2월 등단하였다.

 그의 대표 시인 '승무(僧舞)'에서는 승무의 동작과 분위기가 융합된 고전적인 경지를 노래하였다.

 아래는 그의 대표적인 시 "승무(僧舞)"의 전문이다.

  얇은 사(紗) 하이얀 고깔은
  고이 접어서 나빌레라.

  파르라니 깎은 머리
  박사(薄紗) 고깔에 감추오고

  두 볼에 흐르는 빛이

정작으로 고와서 서러워라.

빈 대(臺)에 황촉불이 말없이 녹는 밤에
오동잎 잎새마다 달이 지는데

소매는 길어서 하늘은 넓고
돌아설 듯 날아가며 사뿐이 접어 올린 외씨버선이여.

까만 눈동자 살포시 들어
먼 하늘 한 개 별빛에 모우고,

복사꽃 고운 뺨에 아롱질 듯 두 방울이야
세사에 시달려도 번뇌는 별빛이라.

휘어져 감기우고 다시 접어 뻗는 손이,
깊은 마음 속 거룩한 합장인 양하고,

이밤사 귀또리도 지새는 삼경인데
얇은 사 하이얀 고깔은 고이 접어서 나빌레라.

위의 시는 고등학교 때는 대학 시험에 곧 잘 나온다고 해서 줄줄이 외웠던 기억이 있으나 지금은 저 위 초반부 3구절만 입가에서 맴돌 뿐이다.

나는 이번 광복절 국경일 연휴를 맞이하여 막냇동생이랑 경북 영양군에 있는 조지훈 시인 문학관을 기행하기로 계획하고 15일(금)에 단양에 있는 온달동굴 그리고 고수동굴을 탐방하고, 이어서 영주 부석사 무량수전 그리고 풍기 소수서원을 들러 봉화에 있는 이종사촌 누나네 집에 도착했다.

2년 만에 누나네 식구들과 재회의 기쁨을 나누었다.

다음 날(16일) 오전 8시 반에, 우리는 차량 2대로 영양군 일월면 주실길 55에 있는 시인 조지훈 문학관을 찾았다.

8월 늦더위가 한창인 조용한 주실마을 주차장에는 일부 관람객들이 속속들이 도착한다.

2004년에 개관한 한옥 구조의 단층 기와 건물로 조성되어 청정 자연과 푸른 감성이 어우러진 지훈 문학관은 청록파 시인이자 지조론의 학자 조지훈 시인을 기리기 위해 건립한 문학관이다. 시인의 부인 김난희 여사가 쓴 현판이 걸려 있다.

문학관으로 들어서면 안내데스크를 지나 조지훈 동상, 소년회 활동, 청년 조지훈 활약상, 광복과 청록집, 전쟁이 남긴 슬픔,

가족이야기, 남편(조지훈)의 시를 서예 작품으로 남긴 부인 김난희 여사, 지조론 영상, 지훈의 문학과 사상, 유물 진열 코너, 추모사업 코너, 추모의 발자취 영상 순서로 잘 전시되어 있다.

문화해설사를 만나지 못해서 좀 더 자세한 이야기를 들을 수 없어서 아쉬웠다.

한편, 관람을 마치고 문학관을 나서는데, 입구에 관람안내 표지에는 휴관일 안내 글 내용 중에 1월 1일(신정), 설(구정)이란 문구를 보고 놀라지 않을 수 없었다.

조지훈 시인은 일제의 국어말살정책이 심화하면서 그에 반하여 절필(絶筆)을 해가면서까지 저항을 해온 시인이다.

그런데 그런 시인의 문학관 초입에 신정, 구정이란 안내 글씨를 새겨놓았으니, 이것은 시인의 반일 운동에 역행하는 것이다.

앞으로는 절대로 구정이란 말 그리고 신정이란 말은 쓰지 말아야 한다.

신정은 "새해 첫날"로 구정은 "설날"로만 사용해야 할 것이다.

시인은 또 하나의 시 '고풍의상(古風衣裳)'에서는 전아한 한국의 여인상을 표현하였다.

하늘로 날을 듯이 길게 뽑은 부연 끝 풍경이 운다.
처마 끝 곱게 늘이운 주렴(珠簾)에 반월(半月)이 숨어
아른아른 봄밤이 두견(杜鵑)이 소리처럼 깊어 가는 밤

곱아라 고와라 진정 아름다운 지고

파르란 구슬빛 바탕에

자주빛 호장을 받힌 호장저고리

호장저고리 하얀 동정이 환하니 밝도소이다.

살살이 퍼져나린 곧은 선이

스스로 돌아 곡선을 이루는 곳

열두 폭 기인 치마가 사르르 물결을 친다.

치마 끝에 곱게 감춘 운혜(雲鞋) 당혜(唐鞋)

발자취 소리도 없이 대청을 건너 살며시 문을 열고

그대는 어느 나라의 고전(古典)을 말하려는 한 마리 호접(胡蝶)

호접인 양 사풋이 춤을 추라, 아미(蛾眉)를 숙이고…

나는 이 밤에 옛날에 살아

눈 감고 거문고 줄 골라 보리니

가는 버들인 양 가락에 맞추어

흰 손을 흔들어지이다.

조지훈(趙芝薰)은 해방 이후 『청록집』, 『풀잎단장』, 『역사 앞에서』 등을 저술한 시인이자 국문학자이다.

1939년 잡지 『문장(文章)』에 추천받아 '고풍의상', '승무' 등을 발표하며 시인으로 등단하였고, 1942년에 조선어학회 『큰사전』 편찬위원이 되었으며 조선어학회 사건으로 검거되어 심문받고 해방이 될 때까지 고향에서 지냈다. 또한, 1947년부터 고려대학교 교수로 재직하며 고려대학교 민족문화 연구소 초대 소장으로 『한국문화사대계(韓國文化史大系)』 제6권을 기획 및 출간하는 등 한국학의 기틀을 마련한 국문학자이다.

1942년에 조선어학회『큰사전』편찬위원이 되었으며 조선어학회 사건으로 검거되어 심문받고 낙향하여 해방될 때까지 고향에서 지냈다.

1946년에 전국문필가협회 중앙위원과 청년문학가협회 고전문학부장으로 활동하고 박두진(朴斗鎭), 박목월(朴木月)과의 3인 시집 『청록집(靑鹿集)』을 간행하였다.

조지훈은 1947년부터 고려대학교 교수로 재직하였고, 6·25 전쟁 때는 문총구국대(文總救國隊) 기획위원장, 공군 종군 문인단(空軍從軍文人團) 부단장으로 종군하여 평양에 다녀온 이력이 있다.

1957년에 한국시인협회 초대 사무 간사를 맡았고, 1961년에는 벨기에에서 열린 국제시인회의(International Biennale of Poetry)에 한국 대표로 참가하였다.

그 후에 한국시인협회장, 한국 신시 60년 기념사업회 회장을 역임하였다. 1963년에 고려대학교 민족문화 연구소 초대 소장으로『한국문화사대계(韓國文化史大系)』제6권을 기획 및 출간하였으며,『한국문화사서설』과『한국민족운동사』를 간행하였다.

작품 활동은 잡지『문장』에 1939년 3월에 '고풍의상(古風衣裳)', 12월에 '승무(僧舞)', 1940년 2월에 '봉황수(鳳凰愁)'로 제3차 추천을 받고 시작되었다. 추천 작품들은 제재부터 형태, 기법까지 전통 지향성의 한국적인 미의 세계를 추구하고 있다.

특히, '봉황수'에서는 주권 상실의 슬픔과 민족의 역사적 연속성이 중단됨을 고지(告知)시키고 있다.

벌레 먹은 두리기둥, 빛 낡은 단청, 풍경소리 날러간 추녀 끝에는 산새도 비둘기도 둥주리를 마구 쳤다. 큰 나라 섬기다 거미줄 친 왕좌(王座) 위엔 여의주 희롱하는 쌍용 대신에 두 마리 봉황새를 틀어 올렸다. 어느 땐들 봉황이 울었으랴만 푸르른 하늘 밑 추석(秋石)을 밟고 가는 나의 그림자. 패옥소리도 없었다. 품석 옆에는 정일품종구품 어느 줄에도 나의 몸둘 곳은 바이 없었다. 눈물이 속된 줄울 모를량이면 봉황새야 구천에 호곡하리라.

조지훈의 작품 경향은 『청록집(靑鹿集)』(1946), 『풀잎단장(斷章)』(1952), 『조지훈시선(趙芝薰 詩選)』(1956)의 작품들과 『역사(歷史) 앞에서』(1957), 『여운(餘韻)』(1964)의 작품들로 대별된다.

『청록집』의 시편들에서는 주로 일제강점기 말 민족의 역사적 맥락과 고전적인 미의 세계가 드러나고 자연 풍경을 묘사하는 가운데 영원한 생명에의 동경과 아울러 '선취(禪趣)'의 세계가 시에 형상화되었다.

"고사(古寺) 1", "고사 2" 그리고 아래의 '낙화(落花)'가 그 대표적인 예이다.

꽃이 지기로소니
바람을 탓하랴.

주렴 밖에 성긴 별이
하나 둘 스러지고
귀촉도 울음 뒤에
머언 산이 다가서

촛불을 꺼야 하리
꽃이 지는데

꽃지는 그림자
뜰에 어리어

하이얀 미닫이가
우련 붉어라.

묻혀서 사는 이의
고운 마음을

아는 이 있을까
저허 하노니

꽃이 지는 아침은
울고 싶어라.

 『청록집』 등에서 나타난 시 세계와는 달리 '역사 앞에서'에는 시대와 사회에 대한 경험과 인식을 표현한 시편들이 수록되어 있다.
 일제 말기의 울분과 해방기의 이념적 분열, 종군 문인으로서 목격한 6·25전쟁의 참상 등은 '화비기(華悲記)', '역사 앞에서', '다부원(多富院)에서', '전선(戰線)의 서(書)' 등의 작품으로 드러난다.

기타 저서로는 시집 『여운(餘韻)』(1964)과 수상록 『창에 기대어』(1956), 시론집 『시의 원리』(1959), 수필집 『시와 인생』(1959), 지조론, 번역서 『채근담(菜根譚)』(1959) 등이 있다.

조지훈은 박두진(朴斗鎭), 박목월(朴木月)과의 3인 시집 『청록집(青鹿集)』을 간행하여 일제의 단말마적 국어말살정책의 어려운 상황 속에서 우리말의 리듬과 토속적 아름다움을 잘 살려내면서 좌절한 한글에 생명의 숨결을 불어 넣었을 뿐만 아니라 전통적 소재와 애상성, 더 나아가 자연과 인간의 조화를 보여주는 서정성을 포착한 한국의 대표적인 서정시인이다.

'을유문화사'에서 나온 이 공동 시집의 제명 『청록집』은 박목월의 시 「청노루」에서 따온 것이다.

시집은 주로 세 사람의 『문장』지 추천 작품들로 채워지는데, 박목월 편에는 「임」, 「윤사월」, 「청노루」, 「나그네」 등 15편, 조지훈 편에는 「고풍 의상(古風衣裳)」, 「승무(僧舞)」, 「완화삼(玩花杉)」 등 12편, 박두진 편에는 「묘지송(墓地頌)」, 「도봉(道峰)」, 「설악부(雪岳賦)」 등 12편이 실려 모두 합쳐 39편의 시로 엮인다.

조지훈, 박목월 그리고 박두진 이 3명의 시인은 애초에 특별한 유파 의식을 바탕으로 공동 시집을 펴낸 것이 아니면서도 이들의 시에 함께 나타나는 소재의 뚜렷한 자연 지향성, 그리고 일제가 국어 말살 정책으로 숨통을 조이던 어려운 상황 속에서 우리말의 리듬과 토속적 아름다움을 잘 살려낸 점 때문에 이 3명의 시인은 공동 시집 발간 뒤에 '청록파' 시인으로 불리게 된다.

특히, 조지훈 시인은 격동의 시대, 좌파 경향이 대세였던 당시 한국 문단의 보편적 흐름에 반(反)하여, 보수 우파적 사고(思考)로 일관하면서도 오염된 민주주의에는 앞장서서 철퇴를 내렸던 대쪽 같은 선비였다.

그의 그림자 뒤로 세계에 우뚝 선 대한민국의 자유 민주 기틀을 다져낸 선각자(先覺者)의 풍모가 바위처럼 새겨져 있다.

시인의 시편들은 불교적 인간 의식의 심화하는 면에서는 혹자에 따라 일가를 완성하지는 못했다 평가하지만, 언제나 유교적 도덕의식의 격조 의식 속에 반듯한 선비의 기개와 풍모를 유지하였으며, 당시 진보성향으로 흐르던 보편적 문단의 성향과는 달리 어느 정도 보수의 경향이 강했다고 한다.

신경림 시인에 의하면 '부도덕하고 경박한 진보주의자들보다는 도덕적이고 성실한 보수주의자가 역사에 더 여러 가지 기여를 한다는 것'이 그의 지론이었다고 전해진다.

이들 초기 시편에 담긴 불교적 인간 의식은 사상적으로 심화하지 않았으나, 유교적 도덕주의의 격조 높은 자연 인식 및 삶의 융합을 보인다는 점에서 시문학사적 의의가 있다고 평가받고 있다. 또한, 『풀잎단장』과 『조지훈시선』은 『청록집』에서 보인 전통지향적 시 세계를 심화시켰다는 점에서 의미가 있다.

한편, 학자로서 자신의 학문을 민족 문화 운동의 하나로 이해하고, 새로운 문화 창조를 위하여 전통과 민족 문화의 현대적 탐구와 학적 체계화를 달성하였다.

혼란의 시대에도 불구하고 불의에 타협하지 않고, 곧고 반드이 정의를 지켜낸 그의 기품은 아직도 회자하고 있는 영원한 선비였다. 정부는 1982년 금관문화훈장을 추서하였다.

조지훈 시인은 1950년대 말기, 정치적, 사회적 혼란과 부정부패, 자유당의 반민족적 모습과 친일파들의 반성이 없는 정치 참여 등, 신념이나 지조 없이 시대 상황에 수필집 『지조론』을 통해 이러한 세태를 냉정한 지성으로 비판하였다.

"지조란 것은 순열한 정신을 지키기 위해 불타는 신념이요, 눈물겨운 정성이요, 냉철한 확집(確執)이기도 하다. 지조가 없는 지도자는 믿을 수 없고, 믿을 수 없는 지도자는 따를 수 없다. 자기의 명리(名利)만을 위하여 그 동지와 지지와 추종자를 하루아침에 함정에 빠뜨리고 달아나는 지조 없는 지도자의 무절제와 배신 앞에 우리는 얼마나 실망하였는가"

이상은 지조론 중에서 일부를 발췌한 것이다.

한편, 조지훈 시인의 남겨진 이야기는 아래와 같다.

조지훈 시인은 강직한 선비정신의 이면의 야사에서는 '시험지를 날려 멀리 날아가는 순서에 맞춰서 채점하기' 등 해학적인 재미도 발견할 수 있었다고 하며, 음주를 즐기고 매우 좋아하여 바둑에 빗대어 '주도(酒道) 18단'이라는 별명을 가진 것으로도 유명하다.

또한, 시인은 1947년부터 사망할 때까지 고려대학교 국어국문학과 교수로 재직하였는데, 재직 당시 지은 고려대학교 교가와 '호상비문', 이 호상비문에서 따온 민족의 아리아라는 응원가가 아직도 고대생들 사이에 사랑받고 있다. 1960년에는 4·19혁명의 기폭제가 된 제자들의 4·18의거를 지켜보고는 이틀 후인

4월 20일 「늬들 마음을 우리가 안다-어느 스승의 뉘우침에서」라는 헌시(獻詩)를 지어 고대신문에 투고하여 일약 센세이션을 일으키기도 했다.

그리고 시인의 부인인 김난희 여사는 경북 영주 무섬마을의 독립운동가 김성규(金性圭 1904-1946)의 딸인데 본명은 김위남(金渭男)이었으나, 이름이 남자 같다고 해서 결혼 직후에 조지훈이 난희(蘭姬)라는 새 이름을 지어주었다고 하는데 뛰어난 서화가(書畵家, 글씨를 잘 쓰고 그림을 잘 그리는 사람)이다.

시인은 만성 기관지염으로 고생하다가 1968년 5월 17일 서울 중구 을지로6가 국립 메디컬센터에서 청록파 시인 가운데 가장 먼저 삶을 마감한다.

그런데, 부인인 김난희 여사는 2025년 현재에도 향년 103세이며 건강한 모습으로 장수(長壽)를 누리고 있다고 한다.

시인의 3남 1녀 중 장남 조광렬 씨는 미국에서 수필가로 활동하고 있으며, 막내아들 조태열은 오랜 시절 대한민국의 외교관으로 활약하고 있는데, 외교부 차관을 역임하고 UN 대한민국대사도 역임하였으며, 윤석열 정부 출범 후 외교부 장관에 지명되어 제41대 외교부 장관으로 재직한 바 있다.

별 하나에 사랑과

지은이 | 김수현
펴낸이 | 노우혁, 정현덕
펴낸곳 | 앤바이올렛

초판 인쇄 | 2025년 10월 13일
초판 발행 | 2025년 10월 18일
등 록 | 2021년 9월 29일, 제 2021-30호
주 소 | 02046 서울특별시 중랑구 동일로144가길 25-18(중화동)
전 화 | (편집) 02-491-9596
e-mail | powerbrush88@naver.com
ISBN 979-11-992401-4-8
ⓒ 2025, 김수현

* 책값은 뒤표지에 있습니다.
* 잘못 만들어진 책은 구입하신 서점에서 교환해 드립니다.